핵과 일본인

히로시마·고질라·후쿠시마

어문학사

핵과 일본인
히로시마·고질라·후쿠시마

야마모토 아키히로 지음

서동주·양지영 옮김

어문학사

◆일러두기

i 이 책의 인명, 지명 등 고유명사는 국립국어원 외래어 표기법에 따라 표기하였고, 일부는 관용을 따랐습니다.

ii 단어의 의미를 명확하게 제시할 필요가 있는 경우에만 한자를 병기했습니다.

iii 책과 기사의 제목, 드라마, 만화, 영화 등의 작품명은 번역해 표기하는 것을 원칙으로 삼았고, 의역의 정도가 심한 경우에만 원제를 병기했습니다.

iv 인용 부호는 단행본, 만화, 신문은 『』, 개별 작품, 논문, 기사는 「」, 드라마 시리즈물은 《 》, 영화와 드라마 개별 작품은 < >로 표기했습니다.

v 옮긴이 주는 본문에 삽입하는 것을 원칙으로 하였으나, 주의 내용이 두 줄 이상인 경우에는 본문의 가독성을 고려해 페이지 하단에 각주로 처리하였습니다.

◆ 이 책은 2019년 대한민국 교육부와 한국연구재단의 지원을 받아 수행된 연구의 성과입니다.
(NRH - 2019S1A6A3A02102886)

이 책을 읽는 한국 독자들에게

『핵과 일본인』은 2015년에 출판되었다. 이후 5년이 지나서 한국어로 번역이 된다는 예상치 못한 소식을 들었다. 이 책의 질문은 "일본사회는 핵에너지에 어떻게 대처해 왔는가?"라는 간단하지만 거대한 문제이다. 이 질문에 답하기 위해 필자는 핵무기와 원자력 발전을 구분하지 않고, 나아가 문화에 주목하기로 결정했다. 그것이 이 책의 독창성이었다.

한국어판 발행을 계기로 다시 한 번 최근 일본사회와 핵에너지의 관계를 돌아보고자 한다. 일본사회의 인식에는 변화한 부분과 거의 변하지 않은 부분이 공존하고 있는 것처럼 보인다.

거의 변하지 않은 것으로 보이는 부분 세 가지를 사회적 인식의 양면성이라는 관점에서 지적해두고 싶다. 다양한 인간과 집단으로 이루어진 사회에 정착된 특정한 인식은 언제나 양면성을 띠기 마련이다. 그러나 이러한 일반론으로 회수하려는 것이 아니라, 양면성에 착목해 일본사회의 현재적 위치를 드러내는 것이 목적이다.

첫 번째 양면성은 핵무기와 원자력 발전을 엄격히 구분한 뒤에 전자를 부정하고 후자를 인정하는 것이다. 이것은 전쟁에서 피폭을 당한 일본이 1950년대에 원자력의 '평화적 이용'이라는 세계적 흐름 속에서 미국 측의 일원으로 가담했던 역사적 조건에서 탄생한 양면성이다. 다만 이에 대해서는 신중함이 필요하다.

핵무기에 대해서 일본사회의 대다수는 부정적인 인식을 갖고 있지만, 안전 보장의 측면에서는 실질적으로 미국의 핵무기에 의존하고 있다. 그런 이유로 일본은 유엔의 핵무기금지조약에 참여하지 않고 있다. 일본은 핵무기금지조약의 목적인 핵폐기를 부정하지는 않지만 접근 방식은 다르다는 것이 아베 신조 전 총리의 견해였다.

또한 일본은 2011년의 원전 재해로 인해 원전에 대한 거부감이 강해졌지만, 새로운 기준에 따라 원전을 재가동하고 있다. 즉, '핵무기를 부정하고 원전을 긍정한다.'라는 단순한 역사적 양면성에 더해, 현대 일본사회에서는 핵무기를 부정하면서도 긍정하고, 원전을 부정하면서도 긍정한다는 인식이 자리 잡고 있다고 말할 수 있다.

두 번째로 '위험하다는 것을 알면서도 핵전쟁이나 원전 사고가 일어나지 않을 것이라고 믿고 있는' 양면성을 지적할 수 있다. 이는 일본사회뿐만 아니라 핵무기 보유국과 원전 보유국에 공통되는 특징이다.

핵에너지는 우리의 일상생활을 규정하고 있지만 좀처럼 의식되지 않는다. 예를 들어 스마트폰을 충전할 때 '이 전기가 어디서 왔는지'를 의식하는 일은 거의 없다. 또한 안보에서 핵무기는 중요하다고 여겨지지만, 평온한 일상에서 핵무기의 존재를 상상할 기회는 매우 드물다.

그러나 핵에너지는 대중문화에서 중요한 요소로 존재해 왔다. 할리우드 영화나 인기 게임(예를 들어 Fallout 시리즈)이 보여주는 것처럼, 핵전쟁이나 심각한 원전 사고는 '포스트 아포칼립스'라는 무대장치를 쉽게 만드는 요소였다.

그렇기 때문에 우리는 핵에너지의 위험성을 잘 알면서도 '하지만 핵전쟁이나 원전 사고는 일어나지 않을 것'이라고 예상하는 것이다. 여기에서 핵에너지에 대한 인간 의식의 양면성을 확인할 수 있다.

양면성은 그것만이 아니다. 마지막 세 번째 양면성은 핵에너지의 실용화가 근본적으로 정의롭기 어려운 거대 산업의 형태로 세상에 자리 잡고 있는 점과 관련이 있다.

이 문제는 '원전 머니 문제'라고도 불리는 사례를 통해 설명하고자 한다.

2019년, 간사이전력의 경영진들이 오랫동안 후쿠이현 다카하마초의 전 부시장으로부터 거액의 금품을 수수했다는 사실이 발각되었다. 간사이전력은 일본의 전력회사 중에서도 특히 원전 의존도가 높았다. 다카하마초에는 간사이전력의 원전이 4기 존재했다. 전력회사는 관련 단체에 협력금이나 기부금이라는 형태로 많은 돈을 지불해 왔다. 또한 이 책에서도 언급한 것처럼 국가도 원전이 입지한 지자체에 대해 '전원3법(電源三法)'에 따라 교부금을 지불해 왔다.

다카하마초 전 부시장의 사례를 좀 더 살펴보자. 그는 1987년에 부시장을 퇴임한 후, 간사이전력 자회사의 고문으로 취임했다. 이 회사는 원전 관련 일을 하청받아 그것을 지역 내 기업에 할당해 왔다. 즉, 그는 간사이전력과 지역 내 기업을 연결하는 파이프 역할을 하면서, 많은 일감을 간사이 원전으로부터 수주하는 대가로 간사이 원전의 간부들에게 대금을 건넸던 것이다. 이런 불투명한 관계는 적어도 1980년대 후반에 상습화되었고, 2011년 원전 사고 이후에는 금품의 액수가 급증했다. 2017년에는 연간 1억 엔을 넘어선 것으로 알려졌다.

원자력발전소 관련 공사의 수주를 통해 다카하마초에 건네진 돈의 일부가 전 부시장을 통해 간사이전력의 임원에게 전달되었다는 의혹이 일었다. 공공성이 높은 전기요금이 간사이전력 임원에게 오갔을 가능성이 있다는 것이 문제였다.

그러나 이 책에서 영화 <원자력 진쟁>과 만화 『백룡 LEGEND』를 예로 들어 고찰한 것처럼, 원전을 둘러싸고 불투명한 자금이 움직이고 있으리라는 것을 일본사회는 잘 알고 있었다. 결정적인 증거는 없지만 부정과 유착, 부패가 만연해 있다고 느낀다. 여기에도 핵에너지에 대한 양의적인 인식을 발견할 수 있다. 즉, 많은 일본인들은 거대한 자금이 움직이는 산업에는 부정, 유착, 부패가 뒤따른다는 것을 느끼면서도(기업의 은폐 체질도 있음) 그것을 묵인해 왔다.

이상과 같이 세 가지 양면성을 지적했다. 다시 정리하면 "핵무기와 원자력을 구분한다", "위험하지만 괜찮다", "정의롭지 않다고 느끼면서도 '그 정도 일이야'라며 묵인한다"라는 양면성이다. 이것을 일반화하면 핵에너지에 국한된 것이 아니라, 우리가 공공의 문제를 어떻게 인식하고 있는지를 즉시 이해할 수 있다.

그럼 공공의 문제에 참여하는 주체를 형성하려면 어떻게 해야 좋을까? 나는 시위나 청원 같은 사회운동과 함께 일상적인 실천인 '대중문화 수용'에 주목하고 싶다. 대중문화에는 언론과 다른 의제설정 기능이 있다. 우리는 선거나 사회운동만이 아니라 TV, 영화, 만화, 소설을 통해서도 공공성에 접근하고 있으므로 그런 회로에 주목하는 것이 이 책의 목적이었다. 이 목적이 잘 실현됐는지에 대해서는 한국 독자들의 판단을 기다린다.

나는 한국 상황에 대해서는 잘 모르지만, 한국 또한 원전 대국이며 미국의 핵우산 아래에 있다는 점을 생각하면 일본과 공통점이 있을지도 모르겠다. 한국 독자들 중에는 '야마모토가 지적하는 정도는 이미 알고 있어.'라고 생각하는 사람이 있을 수도 있지만, 그런 사람들에게는 이 책에서 소개하는 다양한 사례가 도움이 되지 않을까. 어쨌든 이 책이 한국 독자들에게 어떻게 받아들여질지 저자로서 매우 기대된다.

마지막으로 번역을 담당해 주신 서동주, 양지영 두 분 선생님과 출판을 맡아 주신 어문학사 윤석전 대표님께 진심 어린 감사를 올린다.

2023년 6월, 야마모토 아키히로

역자 서문

피폭의 기억과 함께 시작된 전후 일본은 2011년 또 한 번의 피폭을 경험했다. 이번에는 원자폭탄이 아니고 원자력발전소가 원인이었다. 즉, 2011년 3월 11일 동일본 지역에서 발생한 대지진과 쓰나미의 영향으로 후쿠시마 원전의 원자로가 폭발하면서 그 주변으로 방사능이 유출되는 사고가 일어났다. 원자폭탄의 충격과 함께 시작된 일본의 '전후'는 원전 폭발이 안겨준 충격 앞에서 몰락의 징후를 드러냈다. 실제로 후쿠시마 원전 폭발 사고 이후 많은 일본인들은 이 사건에서 안전하고 평화로운 시기로서의 '전후'는 더 이상 계속될 수 없다고 생각했다. 그와 동시에 다음과 같은 물음을 스스로에게 던지지 않을 수 없었다. 왜 앞서 있었던 피폭의 체험은 그 이후의 피폭을 방지하는 교훈이 되지 못했을까? 전후의 일본인들은 폭탄이 될 수도 있고, 전력도 될 수도 있는 핵에너지를 어떻게 생각했던 것일까?

전후일본에 대한 독창적인 문화사적 연구로 주목받고 있는 역사사회학자 야마모토 아키히로 교수가 2015년에 출간한 『핵과 일본인(核と日本人)』은 바로 이런 질문을 '전면적'으로 다루고 있는 책이다. 내가 이

책을 '전면적'이라고 말한 것은 다음과 같은 이유 때문이다. 첫째, 전후 일본의 핵/원자력 인식을 다루고 있는 많은 책들이 대체로 원자력 발전 체제가 형성된 1950-60년대에 초점을 맞추고 있는 반면, 이 책의 시야는 1945년부터 2010년대까지 전후의 거의 전 기간에 걸쳐 있다. 즉, 이 책은 현재를 이해하기 위해 '기원'으로 돌아가는 방식이 아니라, 기원에서 현재까지의 궤적을 시야에 넣고 변천의 전체상을 그려 내고 있다. 둘째, 이 책은 시간적 범위만이 아니라 분석 대상의 측면에서도 전면적이다. 이 책은 전후 일본의 핵 '인식'을 지식인들의 발언과 주요 미디어의 담론은 물론이거니와 만화, 극화, 영화, 애니메이션 등과 같은 대중문화를 비롯해 심지어 방송사와 내각이 발표한 여론조사 결과까지 다양한 성격의 자료들을 종횡무진 섭렵하고 있다. 그런 점에서 이 책이 상정하고 있는 '인식'이란 지식인이나 미디어에 의해 '대표'되는 성질의 것이 아니라, 말 그대로 일본인의 '집단적 (무)의식' 그 자체라고 해도 과언이 아니다.

왜 '히로시마'와 '나가사키'의 비극은 '후쿠시마' 사고의 교훈이 되지 못했던 것일까? 이 질문에 답하기 위해 이 책은 핵에너지를 기피하면서 동시에 욕망했던 일본인의 '양면적' 태도에 주목한다. 저자가 거론하는 양면성의 사례는 다음과 같다. 즉 핵무기에 반대하면서도 미국의 핵우산은 거부하지 않는 것. 원전의 위험을 알면서도 이미 가동하고 있는 원전을 줄이는 데는 소극적인 것. 핵무기의 파괴력에 공포를 느끼면서도 대중문화에서는 그것을 즐겨 소재로 사용하는 것 등이다. 그런데 이런 태도는 다른 나라의 경우에서도 찾아볼 수 있다. 오히려 일본만의 특징은 핵무기와 원자력이 같은 원리에 기초하고 있음을 알고 있으면서도 양자를 '용도'의 수준에서 철저히 분리시키는 사고법에 있다. 요컨대 핵무기를 핵에너지의 '군사적 이용'이라고 부르며 부정하면서도, 원자력 발전을 핵에너지의 '평화적 이용'이라 부르며 긍정하는 태도다. 1950년대 중반 이후 원수폭 반대 운동이 전개될 때 동시에 원자력 개발 체제가 만들어졌다는 사실은 이런 핵에너지에 대한 이분법이 아니면 설명하기 어렵다.

나아가 피폭의 기억이 원자력에 대한 욕망을 제어하기는커녕 오히려 부채질했다는 점도 일본인의 핵에 대한 인식에서 간과할 수 없는 특징이다. 예를 들어 그것은 원수폭금지대회에서 나왔던 다음과 같은 발언이 잘 보여준다. 즉, 일본은 피폭의 기억을 살려서 '파괴와 사멸'의 방향으로 향할 우려가 있는 원자력을 인류의 '행복과 번영'의 방향으로 전환시켜야 한다는 식의 주장이다. 다른 책(『核エネルギー言説の戦後史 1945~1960』)에서 저자가 사용한 표현을 빌리자면, 전후 일본에서 '피폭의 기억'은 '원자력이라는 꿈'과 강하게 접속하고 있었다.

그런데 여기서 놓쳐서는 안 될 것은 이런 '분열적' 태도 안에 특정한 주체의 관념이 자리 잡고 있다는 사실이다. 저자는 원전을 반대하는 입장도 원전을 지지하는 입장도 피폭이라는 '고통의 기억'에 뿌리를 두고 있기에 제3자의 공감을 얻기 쉬운 반면, 견해의 차이에 감정적으로 대립하기도 쉽다고 말한다. 이것은 분열적 인식의 사례이지만 동시에 그 저변에는 피폭의 고통을 기억함으로써 일본인은 핵에너지에 대해 절대적으로 '선한' 주체가 된다는 발상이 존재한다. 달리 말하면 여기서 확인하게 되는 것은 일본인은 피폭의 기억을 갖고 있기 때문에 핵에너지의 평화적 이용에 가장 적합한 주체라는 신념이자, 동시에 같은 이유로 핵무장을 해도 일본인은 그것을 군사적으로 '남용'할 리 없다는 믿음이다. 이렇게 피폭의 기억은 핵무장마저도 정당화하는 논리가 된다.

역자 서문을 쓰고 있는 2023년 6월 현재 후쿠시마 원진 내 오염수를 바다로 방출하겠다는 일본정부의 결정에 국내 여론의 관심이 쏠리고 있다. 여론의 동향은 오염수 방출에 반대하는 의견이 다수를 점하고 있다. 일본산 수산물의 안전성에 대한 사람들의 불안감이 반대 여론을 이끌고 있다는 분석이다. 그런데 1980년대 중반 일본에서도 이와 비슷한 일이 있었다. 1986년 4월 26일, 당시 소련의 체르노빌 원전에서 폭발 사고가 일어나 방사성 물질이 동북부 유럽까지 확산되는 사건이 벌어졌다. 체르노빌 원전 사고는 당시 일본인들의 핵/원자력 인식에 충격과 변화를 가져왔다. 그해 8월 『아사히 신문』의 여론조사에서는 핵에너지에 대한 여론조사가 실시된 이래 처음으로 원전 추진을 반대하는 의견이 찬성을 앞서는 결과가 나왔다(찬성 34%, 반대 41%). 또한 일본인들은 유럽에서 수입되는 식품의 방사능 오염 여부에 촉각을 곤두세웠고, 주부와 청소년을 중심으로 새로운 형태의 반원전 데모가 일어났다. 외부로부터 닥쳐오는 오염의 공포에 불안을 느낀다는 점에서 1980년대 후반의 일본과 2023년의 한국은 많이 닮아있다. 다만 일본의 입장이 달라졌을 뿐이다. 즉 과거에 방사능의 피해를 우려했던 국가(일본)가 이번에는 타국에게 피해의 불안을 안겨주는 입장이 되어버렸다.

내가 오늘날 한국 사회의 모습이 체르노빌 원전 사고 직후의 일본과 닮았다는 것을 알게 된 것은 이 『핵과 일본인』 덕분이다. 이 책의 번역을 맡지 않았더라면 이런 역사의 반복을 깨닫는 데 좀 더 시간이 걸렸을 것이다. 그리고 이것은 비단 나에게만 적용되는 문제는 아닐 것이다. 그리고 후쿠시마 오염수 방류 문제가 불거지면서 이 책은 뜻하지 않게 '중대한' 시국적 의미를 띠게 되었다. 그런 의미에서 이 책에 기록되어 있는 일본이라는 타자의 역사는 남의 역사가 아니라 지금 우리의 현실과 이어지고 있다는 느낌이 강하게 다가온다.

이 역서의 출간까지 다음과 같은 분들의 도움을 받았다. 먼저 어문학사 윤석전 대표님에게 감사의 뜻을 전하고 싶다. 대표님의 지원과 격려 덕분에 '지금' 한국사회에 필요한 책을 소개할 수 있는 행운을 가졌다. 그리고 조은별 편집자님의 수고에도 특별한 감사의 말을 전하고 싶다. 조은별 편집자님의 성실함과 예리함은 가히 내가 만난 편집자 중 최고였다. 편집자님 덕분에 이 책이 한결 좋아졌다는 것을 고백하지 않을 수 없다. 마지막으로 이 힘든 작업을 함께 해준 양지영 선생님에게도 마음으로부터 감사를 전하고 싶다. 훌륭한 연구자이자 전문 번역가이기도 한 양 선생님 덕분에 이 역서는 세상에 내놓을 만한 모습을 갖출 수 있었다. 특히 선생님은 번역 작업 내내 저자의 의도와 독자의 가독성 사이에서 최선의 번역어를 찾기 위한 노력을 결코 소홀히 한 적이 없었다. 선생님은 든든한 협력자이자 존경스러운 번역자였다. 이렇게 많은 분들의 수고에 힘입어 나온 이 책이 일본에 대한 한국 사회의 이해를 높이는 데 기여할 수 있다면 더 바랄 것이 없다. 마지막으로 번역상의 문제는 모두 역자들의 책임이라는 점도 밝혀둔다.

2023년 6월

서 동 주

목 차

제1장
피폭에서 '평화적 이용'으로 - GHQ하의 점령기 ~ 1950년대

제2장
핵의 현실과 디스토피아 세계 - 1960년대

제3장
원자력발전소의 추진·정착과 회의 - 1970년대

제4장
소비된 핵과 반핵 - 1980년대

제5장
안정된 대립구조로 - 1990년대부터 3.11후

부록

들어가며 – 아톰의 눈물

1985년 여름, 데즈카 오사무(手塚治虫, 1928-1989)는 신주쿠에서 개최된 「데즈카 오사무 만화 40년 기념전」을 위한 한 장의 풍자 만화를 발표했다. 한 컷짜리 풍자 만화 왼쪽 아래에는 바다에 떠 있는 어선이, 오른쪽 아래에는 낫처럼 생긴 어구를 쥔 어민들이 그려져 있다. 어민들은 하늘을 쳐다보면서 뭔가에 항의하고 있고, 그중에는 주먹질을 하는 사람도 있다. 어민들의 시선 끝에는 버섯구름처럼 생긴 하얀 구름이 떠 있고, 그 위로는 도망치듯 날아가고 있는 철완 아톰이 있다.

아톰의 동력은 핵에너지다. 아톰의 발끝에서 흩날리며 떨어지는 가루는 아마도 '죽음의 재'라 불리던 방사성 물질일 것이다. 아톰이 눈물을 흘리는 이유는 정의의 편이라 믿었던 자신이 실은 '죽음의 재'를 배출해서 자연을 오염시키고 사람들을 위험에 빠트리고 있다는 현실을 자각했기 때문일까. 그림 속 어선은 핵실험으로 피폭된 많은 어선 중 하나로 짐작할 수 있다.

1954년 미국 핵실험으로 인해 일본 어선과 선원들이 피폭당한 것은 잘 알려진 사건이다. 제5후쿠류마루호 사건 혹은 비키니섬 사건으로 불리는 이 사건이 일어난 해는 마침 만화 「철완 아톰」이 잡지 『소

0-1 데즈카 오사무, 릿푸 베스트무크⑦ 미발굴 보물상자

년』에 연재되던 시기였다. 그 당시 아톰은 원자력을 동력으로 삼아 악과 싸우는 감정이 풍부하고 정의로운 로봇이었지만, 1985년 풍자 만화에서는 그런 모습을 찾아볼 수 없다.

그리고 1985년부터 25년이 지난 2000년대에 만화 속에서 표현되는 핵에너지의 이미지는 확실히 달라졌다. 그 원인은 굳이 설명할 필요도 없이 2011년 3월 11일에 일어난 동일본대지진과 그 여파로 발생한 쓰나미가 불러온 원전 재해에 있다.

만화가 시리아가리 고토부키(しりあがり寿, 1958-)의 작품 「해변마을」을 보자. 2011년 4월 『월간 코믹 빔(コミックビーム)』에 발표된 이 작품은 50년 후 미래의 일본을 그리고 있다. 50년 동안에 동해 지진과 남해 지진을 겪은 일본은 결국 원자력 발전을 포기하기에 이른다. 전 세계의 석유도 이미 고갈되었고, 일본은 전력의 중심에 재생 가능 에너지를

0-2 시리아가리 고토부키, 「해변마을」

둘 수밖에 없었다. 하지만 전력이 충분하지 않아서 과거처럼 쾌적하고 풍족한 생활을 누리기 어려워졌다. 사람들의 집은 볼품없고 지붕이나 벽은 태양광 패널로 덮여있다. 원자력발전소가 가동되던 시절을 기억하는 사람은 고령자뿐이고, 대부분은 원전을 낯설고 위험한 폐허로 생각한다. 마치 그 생각을 드러내듯이 만화에 등장하는 사람들이 화제로 삼는 원자력발전소는 '겐빠쓰(ゲンパツ)'[1]라는 가타카나로 표기된다.

1 일본어 '겐빠쓰(原発, ゲンパツ)'는 원자력발전소(原子力発展所)의 줄임말이면서 동시에 직접 병을 일으키는 원인이라는 뜻도 있다. -옮긴이 주

짧은 이야기의 마지막 부분에는 '진화'해서 날개를 달고 태어난 아이들이, 가까이 가지 말라는 어른들의 경고에도 불구하고 '겐빠쓰' 위를 비행하는 매우 흥미로운 장면이 나온다. 폐허로 변해 야생 수목으로 덮인 '겐빠쓰' 사이사이에는 풍력 발전용 풍차가 줄지어 서 있고, 그 위로 날개를 단 벌거벗은 아이들이 무리를 지어 날아가는 장면이 좌우 양쪽에 그려져 있다. 풍차를 돌리는 바람은 천사와 같은 아이들이 잘 날아갈 수 있도록 도와주는 바람이기도 하다.

만화만이 아니라 영화나 애니메이션, 음악에서 탈원전과 탈성장을 비롯한 재생 가능 에너지의 선택에 관한 문제를 제기하는 장면은 전후 70년 동안 거의 없었다고 해도 과언이 아니다.

*

이 책은 미디어의 보도, 지식인의 담론, 여론조사 그리고 대중문화를 통해 전후 일본에서 나타난 핵 인식의 변용을 살펴본다.

히로시마 경험의 중요성에 대해 발언해 온 오에 겐자부로(大江健三郎, 1953-2023)는 과거 『핵시대의 상상력』(1970)에서 시민의 생활 속으로 흘러 들어가는 전기의 원천인 핵에너지가 무기로 사용된다면 그것은 바로 인류 멸망의 길을 가리키는 것이라고 하면서 핵에너지의 모순을 지적한 바 있다. 하지만 바로 이어서 '핵개발이 필요하다는 주장에는 나도 찬성합니다. 이 에너지원을 인류 생명의 새로운 요소로 보탠다는 주장에는 절대 반대하지 않습니다.'라는 말을 덧붙였다.

이렇게 '군사적 이용'에 대한 강한 거부와 '평화적 이용'에 대한 긍정이라는 이율배반적인 인식이 널리 공유되고 있었다는 것은 여론조사 결과에서도 볼 수 있다. 앞서 오에 겐자부로의 발언이 있던 1970년의 사례를 보면, 『산케이 신문』이 1973년에 실시한 여론조사에서는 '모든 핵실험은 반대해야 한다'라는 의견이 전체의 87% 이상을 차지하고 있다. 한편 원자력 발전에 대한 1974년 『산케이 신문』의 조사에 따르면, 전력 사정 문제를 생각했을 때 원자력발전소가 '필요하다'는 의견이 80%라는 높은 수치를 나타낸다.

그러나 전후 일본을 살아온 사람들의 핵 인식이 신문의 보도와 종합잡지의 논설, 지식인의 저서 또는 교육과 같은 일종의 '각인' 된 정보에만 의존해서 형성된 것은 아니다. 물론 이러한 것들이 중요한 요소라는 점은 의심할 여지가 없다. 하지만 동시에 만화, 영화, 음악과 같은 다양한 대중문화를 통해 핵에 대한 특정 이미지와 고정관념을 만들었을 것이다.

우리는 만화나 영화를 통해 원폭의 공포를 배우는 한편, 그렇게 무서운 원폭을 오락거리로 소비하기도 했다. 상상의 세계에서 파멸을 초래하는 핵무기와 거대 산업으로 변한 원자력발전소는 안성맞춤의 무대장치로 활용됐다. 세계의 파멸을 떠올리게 하는 핵무기는 긴박한 서스펜스를 낳는 소재로 자주 사용되었다. 또한 특수촬영을 이용한 TV 프로그램에서는 원자력발전소를 공격하는 괴물이나 괴인이 등장하고 어김없이 정의로운 우리 편이 그들을 퇴치했다.

이처럼 사람들은 대중문화를 통해 핵에 대한 두려움을 가지면서 동시에 핵을 환영했다고 할 수 있다. 각 개인이 대중문화를 통해서 형성해온 핵에 대한 이미지가 지식인의 발언이나 여론조사의 결과와 반드시 일치한다고는 볼 수 없다. 대중문화를 통한 사회문제와의 접촉은 예를 들면 신문 보도나 사회 평론을 통한 접촉과는 다르고, 수동적이라고는 할 수 없지만 주체적인 관여의 정도가 낮은 만큼 오락적인 요소가 강해진다. 그런 의미에서 대중문화에 주목함으로써 신문 보도나 사회 평론의 분석만으로는 파악할 수 없는 부분까지 깊숙이 파고들 수 있다. 이러한 관점에서 이 책에서는 신문 보도와 종합잡지의 논설, 지식인이 쓴 책과 마찬가지로 대중문화도 중요한 대상으로 삼는다. 여기서 말하는 대중문화란 연령, 성별, 학력과 상관없이 일상에서 누구나 즐기는 문화를 가리킨다.

핵무기나 핵실험으로 대표되는 '군사적 이용'의 문제, 원자력 발전으로 대표되는 '평화적 이용'의 문제, 나아가 양쪽에 공통되는 방사능 문제를 전후 일본인들은 어떻게 이야기하고 쓰고 그려 왔을까? 그리고 그것을 어떻게 수용해 왔을까?

피폭에서 '평화적 이용'으로 - GHQ하의 점령기 ~ 1950년대

원폭 투하는 '신의 섭리'
원자력의 꿈 - 유가와 히데키의 노벨 물리학상 수상
비참함과 분리된 핵 이미지
'피카돈'과 '수소폭짱'
핵전쟁의 리얼리티
점령 종결에 의한 두 개의 '해금'
피폭자 고난의 전파
원폭에 대한 규범의식
비키니섬 사건과 선원의 피폭
'제3자의 피해자' - 원수폭금지서명운동
<고질라>와 <산 자의 기록>
아동문화 속에서
'평화적 이용'과의 접속
미디어 캠페인
'평화적 이용'의 영웅과 '군사적 이용'의 피해자
원폭 피해자들의 '모습'
'박복한 피폭자'의 정형화
핵 이미지의 패치워크화
원자력발전소 도입으로
논의의 축소 - 연구의 전문화, 세분화
불안한 원자력 시설

제1장

원폭 투하는 '신의 섭리'

1945년 8월 6일과 9일, 히로시마와 나가사키에 원자폭탄이 투하되었다. 도시는 순식간에 파괴되었고, 사람들은 인류 역사상 최초의 참화를 입었다. 즉사와 급성 방사능증(피폭 후 4개월 내 발병에 한함)으로 죽은 사람을 합하면, 어림잡아 히로시마에서 약 14만 명, 나가사키에서 약 70만 명이 사망했다. 피폭의 영향은 장기간에 걸쳐 지속되기 때문에 사망자를 어느 시점까지 포함하는지에 따라서 숫자가 달라진다. 정확한 사망자 수를 특정할 수 없다는 것 자체가 원자폭탄의 성격을 말해준다.

히로시마와 나가사키에서 필사적인 구호 활동이 이루어지던 8월 14일, 일본정부는 포츠담선언을 수락한다는 뜻을 통고하고, 9월 2일 항복문서에 조인한다. 이로써 일본은 정식으로 미국이 주축을 이룬 연합군 점령기에 놓인다. 피폭을 경험한 패전국으로서의 재출발은 전후 일본인이 가진 핵에 대한 의식에도 큰 영향을 미쳤다.

점령기의 전반인 1945년부터 1949년까지 원폭은 대부분의 사람들에게 특별히 두려운 존재도 피해야 할 존재도 아니었다. 점령군의 검열 제도로 원폭 피해와 관련된 보도가 검열 삭제의 대상이었기 때문에 원폭의 두려움이 강조될 기회는 거의 없었다. 오히려 원폭은 종종 '평화의 초석'으로 이야기되었다. 예를 들면, 패전 이듬해인 1946년 8월 5일 히로시마의 호국 신사 광장에서 열린 '부흥제'에서 원폭은 '구민救民의 도구'로 언급되기도 했다.

이와 같은 추세를 사회에 널리 공유시킨 것은 나가이 다카시(永井隆, 1908-1951)와 그에 관련된 보도였다. 나가이 다카시는 방사선의학 전문가로 원폭이 투하되기 전에 이미 직업 피폭으로 인한 백혈병을 앓고 있었다. 그리고 나가사키에 떨어진 원폭으로 피폭을 당해 중상을 입고 아내를 잃은 상황에서도 원폭으로 피해를 입은 부상자의 구호 활동에 나섰다. 그가 쓴 『이 아이를 남겨두고』(1948)나 『나가사키의 종』(1949)은 널리 읽혔는데, 후자는 영화로 제작되었고 대중가요로도 만들어져 오랫동안 불렸다. 『이 아이를 남겨두고』는 1949년 베스트셀러 1위, 『나가사키의 종』은 4위를 차지할 정도로 많이 팔렸다. 이 책들에서 나가이는 원폭 투하를 '신의 섭리'로, 원폭으로 죽은 사람을 '신에게 바치는 제물'이자 '평화를 위한 신성한 희생'으로 표현했다. 나가이가 독실한 가톨릭 신자였다는 점을 고려하더라도 지금의 관점에서 보면 극단적인 표현처럼 보인다. 하지만 당시 사회에서 나가이는 비판받기는커녕 인격자로 칭송받았다. 원폭을 원망하지 않고 도리어 자신들의 만행을 반성하면서 평화로운 일본을 얻었다는 사실에 감사하는 태도가 일종의 미덕으로 수용된 것이다.

나가이 다카시

또한 핵폐기라는 생각 자체도 점령기에는 거의 나타나지 않았다. 오히려 사람들의 의식은 원폭의 파괴력을 어떻게든 유리하게 이용하려는 쪽으로 향하고 있었다. 상상을 초월하는 핵의 파괴력이 알려지면 전 세계 사람들이 전쟁을 일으키려는 마음을 버리게 될 것이라는 기대가 신문에 게재되기까지 했다. 핵에너지의 '군사적 이용'인 원폭을 평화를 위해 사용하려는 발상이다. 전전戰前부터 일본 원자력 연구의 일인자로 알려진 물리학자 니시나 요시오(仁科芳雄, 1890-1951)는 다음과 같이 제안했다.

> 오히려 과학의 획기적인 진보로 위력이 더욱 커진 원자폭탄이나 이에 필적하는 무기를 만들고, 만약 전쟁이 일어나면 히로시마·나가사키

와는 비교도 되지 않을 정도의 큰 피해가 발생한다는 사실을 세계에 알려야 한다. (중략) 만약 지금과는 비교도 할 수 없는 강력한 원자폭탄이 생겼다는 것을 세계의 민중이 숙지하고, 그 위력을 드러내는 실험을 본다면 전쟁 폐기에 대한 목소리가 한층 높아질 것이다.

-『요미우리 신문』, 1948년 8월 1일

당시는 아직 전쟁의 상처가 생생하게 남아있던 시기였기에 두 번 다시 전쟁이 일어나서는 안 된다는 결의가 널리 공유되고 있었다. 그러나 인류는 원폭을 손에 넣고 말았다. 만약 원폭을 인류를 위해서 사용한다면 전쟁을 막는 데 사용하는 길밖에는 없다는 일종의 절박한 기대가 작용하고 있었다.

그 외에도 원폭의 폭발력을 인류를 위해 사용한다는 생각이 다양한 형태로 언급되었다. 예를 들면 태풍을 향해 원폭을 폭발시켜서 진로를 변경한다는 기상조정법, 대규모 난방 시설, 토목 공사나 광물 채취에 응용하는 가능성도 제시되었다(「원자에너지를 평화 산업에 활용한다면 은혜로운 비를 부르고 태풍을 멈추게 할 것이다」, 『요미우리 신문』, 1946년 7월 26일). 게다가 의학, 생물학, 식물학, 농학 분야에서의 응용도 기대되었다. 과학자, 특히 물리학자들이 이러한 인식을 여러 미디어를 통해 주장했다.

원자력의 꿈 - 유가와 히데키의 노벨 물리학상 수상

핵에너지의 부정적인 측면인 방사선 피해에 대한 지식을 갖고 있었을 물리학자들이 이런 '원자력의 꿈'에 대해 이야기하고 있었다면, 같은 내용의 담론이 미디어를 통해 유포되는 것도 전혀 이상한 일은 아니다.

점령기 일본에서 핵에너지의 이용을 비롯해 과학을 긍정적으로 평가하는 인식이 퍼진 요인 중 하나는 유가와 히데키(湯川秀樹, 1907-1981)의 노벨 물리학상 수상이었다.

1949년 11월 유가와 히데키의 노벨상 수상 뉴스를 당시 일본인들은 패전국의 물리적, 정신적 고통을 씻어주는 국민 모두의 명예로 받아들였다. 『요미우리 신문』의 사설은 핵에너지 이용을 전제로 하는 이론물리학에서 일본이 가장 앞서있다며 다음과 같이 말하고 있다.

> 오늘날 원자력하면 바로 원자 무기와 관련해서 생각되는 면이 있지만, 그것이 반드시 무기하고만 관련되는 것은 아니다. 머지않아 원자력이 생산에 응용되어 인류 문명에 새로운 시대를 여는 날이 올 거라는 기대가 꼭 몽상이라고는 할 수 없다. 세계 문명에 이처럼 큰 의미가 있는 원자력 이론의 초석을 일본인이 다졌다는 사실에 각별한 관심을 가져도 좋을 것이다.
>
> - 사설 「유가와 박사 수상을 헛되게 하지 말자」,
> 『요미우리 신문』, 1949년 11월 5일

유가와 히데키의 노벨상 수상은 일본이 이론물리학에서 세계 최첨단을 달리고 있다는 자부심만이 아니라, 핵에너지의 '평화적 이용'으로 펼쳐질 장밋빛 미래가 일본인 과학자에 의해 약속되었다는 기대감을 낳았다.

또한 유가와의 노벨상 수상 이후에는 핵에너지 해방원리를 해설하

1-1「과학교육만화 원자주사위놀이」

는 핵물리학관련 계몽서와 해설서 등이 연이어 출판되었다. 그중에서도 특히 흥미로운 것은 아동용 주사위놀이인 「과학교육만화 원자주사위놀이 - 유가와 박사 노벨상 수상 기념」(일본 발명 신문사, 발행 연월 미기재)이다.

게임을 하면서 원자의 세계를 공부한다는 이 주사위 놀이는 X선의 발견이 '출발점', 유가와 히데키의 노벨상 수상이 '도착점'으로 되어있다. '군사적 이용'과 관련된 것으로 미국의 핵실험 칸이 있는가 하면 '평화를 위한 원자력'이라고 적힌 칸도 있다. '군사적 이용'과 '평화적 이용'의 양면을 소개하면서도 전체적으로 유쾌한 이미지 속에서 원자핵에 관한 해설이 이루어지고 있다. 그렇다면 점령기 아동만화에서는 핵에너지가 어떻게 그려지고 있었을까?

비참함과 분리된 핵 이미지

점령기 아동만화는 핵에너지의 '평화적 이용'이 가져올 밝은 미래를 그리지도, 그렇다고 '군사적 이용'으로 인한 참화를 그리지도 않았다. 핵에너지에 관한 이야기나 이미지는 표준에서 벗어난 규모의 어떤 것을 나타냈고 선한 영웅이나 일상의 친밀함과 관련되어 있었다.

점령기 일본의 인기 만화가 중 한 명으로 나중에 성인만화가로 변신한 다나카 신이치(田中晋一, 1928-)의 『초인 아톰 - 괴기성』(1948)이라는 작품이 있다. 권선징악 이야기로 주인공에게는 '아톰'이라는 이름이 붙어 있다. 전전戰前에서 전중戰中에 걸쳐 아동문화에서 권선징악 이야기는 주로 시대극이었지만, 점령기에는 점령군에 의해 시대극이 제약을 받고 있었다. 게다가 전후 소년문화에 유행했던 과학에 대한 밝은 이미지로 인해 미래사회를 무대로 한 만화가 증가했다. 그러나 이 작품에서는 이름에 '아톰'이라는 단어가 사용될 뿐, 이야기 속에서는 원폭이 사용되지도 않고 나중에 나오는 「철완 아톰」처럼 원자력이 동력이라는 설명도 없다.

1-2 다나카 신이치, 『초인 아톰 - 괴기성』

'아톰'이라는 이름의 주인공은 다른 이야기 속에서도 존재했다. 1940년대에 여러 모험 소설에 사진이나 삽화를 제공했던 하라 겐지(原研児, 생년미상)가 그린 「아톰 소년」(『소년소녀 단카이(少年少女譚海)』, 1949년 7월 특대 호)이라는 책이 있다. 주인공은 히로시마에서 태어난 소년으로 '아톰 소년'이라고 불린다. '아톰 소년'은 경이로운 두뇌와 씨름꾼도 당해내지 못할 정도의 괴력을 가진 아이로, 사람들은 그를 '피카돈(ピカドン)의 손자'라고 불렀다. 소년의 존재는 학계에서도 주목을 받았는데, 학자들은 '원자폭탄의 방사능이 모체에 어떤 작용을 일으켜 이런 이상 체질의 아이가 태어난 것이다.'라는 식으로 설명한다. 초인적인 능력의 요인으로 히로시마의 원폭이 사용되고 있는 것이다.

1-3 하라 겐지, 「아톰 소년」

이처럼 이 그림책은 태내 피폭으로 인한 능력의 향상을 시사하고 있다. 방사선의 영향을 표현해도 그것을 긍정적으로 다루면 검열 단계에서 문제가 되지 않았기 때문일지도 모른다. 점령기에는 원자폭탄의

아가와 히로유키

방사선 때문에 생물에 변이가 생길 수 있다는 생각이 어느 정도 퍼져 있었다. 문학작품에서 그 예를 한 가지 들어보겠다.

소설가 아가와 히로유키(阿川弘之, 1920-2015)는 단편소설 「소년만세」(『세카이(世界)』, 1946년 9월 호)에서 등장인물의 입을 통해 방사선으로 인해 돌연변이가 생겨났다는 소문을 전하고 있는데, 그중 일부는 점령군의 검열에서 삭제되었다. 삭제된 부분은 다음과 같다. 전쟁이 끝난 후 히로시마로 돌아온 주인공이 조카와 대화를 나누는 장면이다.

> "히지야마산으로 도망치다가 겨우 도착했는데, 많은 사람들이 녹색 토사물을 게워내고 죽었대. 그래서 히로시마 출신 여자를 아내로 얻으면 다리가 세 개이거나 눈이 하나인 아이가 태어날지도 모른대."
>
> "에이, 설마."
>
> "진짜야. 식물 중에서도 괴상한 모양을 한 게 많이 생겼잖아."

이와 같이 방사선으로 생긴 변이가 부정적인 견해와 함께 쓰일 때는 검열의 대상이 되었다. 그러나 '아톰 소년'처럼 아동문화 속에서 긍정적으로 표현되는 경우에는 삭제되는 일 없이 출판되고 유통되었다. '아톰'의 이름과 그것이 전제하는 무한한 에너지라는 이미지, 여기에 히로시마의 피폭으로 생긴 경이로운 능력 등은 점령기 아동문화에서는 친숙한 것이었다.

'피카돈'과 '수소폭짱'

핵에너지의 '군사적 이용'에 관한 이미지가 결코 부정적이지 않았다는 사실을 보여주는 또 다른 예를 살펴보자. 전전부터 전중에 걸쳐 인기를 누렸던 만화가 샤바나 본타로(謝花凡太郎, 1891-1963)의 만화 『피카돈형(ピカドン兄さん)』(1951)은 '피카돈형'이라 불리는 청년이 주인공으로 나오는 슬랩스틱 코미디이다. 주인공은 허둥거리다가 집안의 가구나 물건들을 뒤집어엎는다는 이유로 아버지한테 '피카돈'이라 불린다. '피카돈'이란 원자폭탄의 속칭인데, 작품에 원폭은 등장하지 않고 원폭과 관련된 이야깃거리도 없다. 단지 밝고 명랑한 이미지의 별명으로 '피카돈'이 사용되고 있을 뿐이다.

1-4 샤바나 본타로, 『피카돈형』

1-5 노로 신페이, 『수소폭짱』

전후 다수의 소녀만화를 발표한 노로 신페이(野呂新平, 1915-2002)의 『수소폭짱(水素ばくちゃん)』(1951)은 주인공 '수소폭짱'이 정글을 탐험하는 이야기인데, 작품 속에서 이름의 유래는 언급되지도 않고 수소폭탄도 나오지 않는다.

이야기 속에서 핵에너지에 관한 화제가 등장하지도 않는데 관련된 호칭을 사용한다는 점에서는 데즈카 오사무의 만화 「아톰대사」(『소년(少年)』, 1951-1952 연재)도 마찬가지이다. '철완 아톰'의 모태가 된 이 만화는 '아톰'이라 불리는 로봇이 우주인과 지구인 사이에서 '대사'의 역할을 맡아 평화를 위해 활약한다는 이야기이다.

소년만화만이 아닌 성인용 오락 작품에도 비슷한 예가 있다. 스기우라 유키오(杉浦幸雄, 1911-2004)의 만화 『아토믹 오봉(アトミックおぼん)』이다. 성인용 대중오락 잡지 『호프(ホープ)』에 1947년부터 연재된 이 만화는 섹시한 여자 소매치기를 둘러싸고 벌어지는 억지스러운 코미디 이야기로 당시 큰 인기를 끌었다. 이 만화도 핵에너지와는 아무 관련이 없다. 밝고 파워풀한 성격의 등장인물이 사람들의 이목을 끌기 때문에 '아토믹'이라는 단어가 사용됐을 뿐이다.

이와 같이 '아톰'이나 '피카돈'이라는 말과 수소폭탄이 주는 이미지가 히로시마·나가사키의 원폭으로 생긴 비참함과 분리되어 왠지 좋은 것, 또는 새로운 규모의 거대한 무언가를 나타내는 용어로 점령기 대중문화에 등장했다는 사실은 매우 흥미로운 지점이다. 언어는 사회 속에서 반복적으로 사용됨에 따라 지시 대상과의 관계가 희박해지고 기호화된다. 그런데 점령기의 검열 제도에서 '아톰'과 '피카돈'이라는 말은 처음부터 현실에 존재했던 피폭의 참화와 단절되어 있었다.

1-6 사이조 야소, 『슬픈 풀피리』

소녀 취향 소설에도 원폭은 그려지고 있었다. 예를 들어, 시인이며 작사가로도 유명한 사이조 야소(西條八十, 1892-1970)가 전후에 발표한 소녀 취향 소설인 『슬픈 풀피리』(1948)가 있다. 주인공 '와카바'는 서두에서 "히로시마에서 태어나 전쟁에서 원자폭탄으로 부모도 집도 재산도 친척도 모두 다 잃어버린 천애의 고아였습니다."라고 설명된다. 하지만 방사선 장애에 대한 기술이나 피폭자에 관한 묘사도 없고, 주인공 자신이 피폭을 당했는지도 분명하지 않다. 그리고 소녀 취향 소설의 정형화된 패턴에 따라 행복한 결말을 맺는다.

당시 소녀 취향 소설은 불행한 소녀를 주인공으로 설정해서 그녀가 고난과 역경을 이겨내고 성장하는 과정을 그리는 이야기가 많았다. 『슬픈 풀피리』가 보여주는 것처럼 피폭의 고난은 단순히 불행한 처지를 나타내는 설정으로 이용되었다. 점령기에 발행되었기 때문인지 원폭은 어디까지나 여타의 재난과 다르지 않은 전쟁의 비극 중 하나로 간주되고 있다. 따라서 방사선 피폭으로 인한 건강 문제나 유전적인 영향에 대한 언급은 보이지 않는다. 이런 점에서 피폭으로 경이로운 능력을 갖게 되는 '아톰 소년'의 설정과는 대조적이다. 방사선의 영향이 긍정적인 변화를 가져오는 것이라면 다뤄도 괜찮지만, 불행한 설정으로 원폭 고아가 그려질 때는 언급되지 않았다.

아마도 당시 사람들에게 핵에너지는 새로운 시대의 도래를 나타내는 말로 수용되고 있었을 것이다. 그리고 그런 이미지는 미증유의 파괴력으로 한정되기 일쑤였다. 그러나 그것이 전부는 아니었다. 미디어의 담론으로 시선을 돌려보면 점령기 후반에는 핵전쟁에 대한 위기감이 높아지고 있었다.

핵전쟁의 리얼리티

유가와 히데키의 노벨상 수상으로 뜨거웠던 1949년부터 50년 사이 일본에서는 핵에너지의 '군사적 이용'에 대한 위기감이 높아지고 있었다.

1949년 4월에 미국의 트루먼 대통령이 원자 무기의 사용을 주저하지 않겠다고 공언했고, 9월에는 소련의 원폭 보유가 세상에 알려졌다. 10월에는 중화인민공화국이 성립되어 동서냉전 체제가 형성되었다. 그리고 한반도의 긴장감이 높아지면서 1950년 6월에는 한국전쟁이 발발한다. 게다가 일본 국내에서는 일본의 주권 회복과 관련해서 강화조약의 조건을 둘러싼 논쟁이 일어났다. 당시 도쿄대학 총장이던 난바라 시게루(南原繁, 1889-1974)는 1950년 3월에 열린 도쿄대학 졸업식에서 미국 등의 서방 국가만이 아니라 소련 등 동방 국가들을 포함하는 전면강화[1]를 호소했다. 그는 전면강화를 달성하지 못하면 전쟁도 일어날 수 있다고 말하며 "원자폭탄이나 수소폭탄에 근대 과학의 정수를 집약시킨 또 한 번의 총력전은 아마도 유사 이래의 대전쟁, 인류의 운명을 건 전쟁이 될 것이다."라고 말했다. 이 연설은 「세계의 파국적 위기와 일본인의 사명」이라는 제목으로 잡지 『세카이』(1950년 5월 호)에 게재되어 도쿄대학 졸업생만이 아니라 일반인에게도 널리 알려졌다.

세계대전에 대한 위기감은 소년만화에도 흘러들어 왔다. 예를 들어 데즈카 오사무의 『다가올 세계』(1951)에서는 그런 위기감이 다음과 같이 그려진다.

'스타국'의 핵실험장이 된 '마제국'에서는 방사선의 영향인지 동식물에서 돌연변이가 나타나기 시작한다. 그런 와중에 인간에서 진화한 '푸문'이라는 새로운 종족도 출현한다. 한편 '우라늄 연방'의 북극해에서도 '원자폭발'이 일어나고 얼음 속에서 다수의 푸문이 발견된다. 일본의 '야마다노 박사'는 '국제원자력회의'에서 푸문의 발견을 보고하지만, 회의의 초점은 '스타국'과 '우라늄 연방'의 대립에 있었고, '야마다노 박사'의 보고에 귀를 기울이는 사람은 없다. 결국 두 나라의 대립이 격화되어 관계가 회복 불능 상태에 빠지자 전쟁이 일어난다.

이와 동시에 신성의 폭발로 생긴 성운이 우주공간을 서서히 침식해 들어가기 시작한다. 블랙홀과 같은 성운이 이대로 팽창한다면 언젠가 지구도 삼켜버릴 것이다. 대국 간의 전쟁과 성운의 팽창, 두 가지 위기에 직면한 푸문들은 노아의 방주처럼 우주선에 세계의 동식물들을 조금씩 모아서 지구 탈출 계획을 세운다. 우주선에 탈 수 있는 인간은 500명뿐이다.

성운이 빠르게 접근해서 인류가 멸망하려는 찰나, 두 대국의 수뇌

1 전면강화론(全面講和論): 강화조약의 대상에서 공산주의 진영을 제외하자는 단독강화론에 대해 비무장·중립주의의 입장에서 전쟁의 모든 당사국과 조약을 체결해야 한다는 입장. -옮긴이 주

는 결국 화해에 이르러 서로 부둥켜안고서 평화를 외친다. 파멸할 위기에 직면해서야 평화의 존엄을 깨닫는다는 아이러니한 이야기다. 이후 성운 가스가 태양광으로 인해 화학작용을 일으켜 산소로 변하면서 최종적으로 지구는 멸망을 피하게 된다는 결말이다.

1-7 데즈카 오사무, 『다가올 세계』

데즈카는 '스타국'과 '우라늄 연방'이 '국제원자력회의'에서 대립하다가 전쟁을 일으킨다는 이야기를, 1949년 이후 동서 냉전 체제가 고착화되고 원자력국제관리에 관한 미국과 소련의 교섭이 결렬되는 가운데 한국전쟁까지 발발했던 일련의 국제정세에서 착상을 얻었다고 밝힌 바 있다. 또한 방사선과 동식물 변이 간의 관계가 시사되고 있다는 점에서 당시 방사선이 생물에 미치는 영향이 어느 정도는 알려져 있었음을 확인할 수 있다.

한국전쟁의 발발로 '이제 전쟁은 신물이 난다.'라는 생각이 더욱 강해진 데즈카 오사무는 허무한 마음으로 『다가올 세계』를 그렸고, 당초에는 불행한 결말로 끝낼 생각이었다고 고백한 바 있다. 그러나 "이듬해 한국전쟁이 일단 휴전에 들어가고, 불완전하게나마 일본이 강화조약에 조인했기 때문에 대단원에서 '만약 인류가 다시 과오를 반복한다면 위기가 또 찾아올 것이다.'라는 의미의 거창한 경고를 덧붙였다."라고 말한다(『나는 만화가(ぼくはマンガ家)』).

한국전쟁과 나란히 미일 간에 강화조약에 관한 교섭이 진행되었다. 1951년 9월, 공산권 국가들을 배제한 형태이긴 해도 샌프란시스코 강화조약이 조인되어 1952년 4월에 발효되었다. 동시에 일본은 미국과 '미일안전보장조약'을 체결하면서 서구권 국가의 일원으로 새 출발에 나섰다. 더불어 핵에너지와 사회의 관계를 변화시킨 두 개의 해금이 이루어졌다.

점령 종결에 의한 두 개의 '해금'

두 개의 해금이란 핵에너지 연구개발과 원폭 보도의 해금을 말한다. 우선 전자부터 확인해보자.

핵에너지 연구개발이 해금되자 연구개발의 방향성을 둘러싼 과학자들의 논의가 시작되었다. 논쟁은 과학잡지와 종합잡지 등 다양한 매체에서 이루어졌고, 신문에서도 중요한 논의가 전개되었다. 그중에는 일본이 피폭국이기 때문에 핵에너지 연구개발에 자격이 있다는 주장도 있었다. 당시 오사카대학 이학부 교수였던 후시미 고지(伏見康治, 1909-2008)는 다음과 같이 말했다.

> 일본에 우라늄은 없지만, 세계 최초로 원폭의 비참한 세례를 받은 일본인은 세계를 향해 우라늄을 요구할 권리가 있다. 우라늄을 보란 듯이 평화적으로 이용해서, 원폭을 만들고 그것을 투하한 사람들이 그런 우리를 보도록 해야 한다.
>
> -『아사히 신문』, 1952년 11월 4일

원폭으로 잃어버린 국가적 자신감을 핵의 '평화적 이용'을 통해 회복하려는 인식은 결코 드문 일이 아니었다. 일본 핵에너지 연구개발의 여명기에 저명한 물리학자가 이와 같은 주장을 미디어를 통해 발신했다는 점을 고려하면, 국책으로 핵에너지 연구개발이 추진될 때 이러한 논의가 심리적인 동기가 되었을 가능성도 배제할 수 없다. 대부분의 과학자들은 일본이 원자력 연구개발에 적극적으로 참가하는 데 의문을 품지 않았다.

과학자들 사이에서 논점이 된 것은 어디까지나 연구개발의 방향이었다. 그때 우려되었던 것은 미국의 영향 아래서 이루어지는 핵에너지 개발이 군사연구로 이어질지도 모른다는 점이었다. 이후 1954년에 연

1-8『아사히 구라부』19252년 8월 6일 호

구자들의 대표 기관인 일본학술회의는 핵에너지의 연구개발 지침으로 '공개', '민주', '자주'라는 '원자력 3원칙'을 의결한다.

강화조약의 발효와 더불어 두 번째로 해금된 것은 원폭 보도였다. 1952년 4월 이후 수개월 동안 히로시마와 나가사키에서의 피폭 직후의 참상을 담은 그림과 사진이 잇따라 출판되었다. 이로써 일본사회는 피폭의 참화와 이와 관련된 시각적 이미지를 공유하게 된다. 원폭이 투하된 직후의 히로시마와 나가사키를 방문한 적이 없는 사람들은 폐허로 변한 거리와 몸에 화상 자국이 있는 피폭자를 처음 보게 되었다.

특히 『아사히 구라부(アサヒグラフ)』(1952년 8월 6일 호)의 특집 「원폭 피해의 첫 공개」는 사람들에게 강한 충격을 안겨주었다. 거기에는 피폭 직후의 히로시마와 피폭자의 사진이 대대적으로 게재되었다. 이 특집호는 당시 50만 부가 팔렸고, 바로 증쇄될 정도로 사람들의 큰 관심을 모았다.

피폭자 고난의 전파

일본이 독립하자 영화에서도 원폭을 다루기 시작했다. 점령 후반기에 앞서 언급한 나가이 다카시를 다룬 <나가사키의 종>(오바 히데오(大庭秀雄)감독, 1950)이 제작되었고, 미일 간의 화해를 그린 <나가사키의 노래를 어찌 잊으리오>(다사카 도모다카(田坂具隆)감독, 1952)가 공개되었다. 이들 영화는 피폭을 등장인물들이 극복해야 할 장벽으로 그리고 있지만, 피폭의 참화나 피폭자의 고난에 대한 시선은 찾아보기 어렵다.

예를 들면, 히로시마에서 피폭을 당했던 다사카 도모타카(1902-1974)의 영화 <나가사키의 노래를 어찌 잊으리오>는 피폭으로 실명한 미망인을 동정적인 시선으로 그리고 원폭 투하에 대한 죄의식을 가진 미국인 병사를 등장시키고 있지만, 영화는 미망인과 병사의 화해에 중점을 두고 있다.

동시대를 살아가는 피폭자의 고난을 영화에 담을 수 있게 된 것은 점령이 종결된 이후였다. 기노시타 게이스케(木下惠介, 1912-1998)의 영화 <카르멘 사랑에 빠지다>(1952, 쇼치쿠(松竹))는 피폭을 직접적인 테마로 삼고 있지는 않았지만, 원폭과 깊게 관련된 인물이 등장한다. 이 영화에 등장하는 가정부는 일상생활의 모든 것을 원폭과 관련해서 생각하는 습관이 있다. 그녀는 밖에서 화재가 발생해서 떠들썩한 소리가 들려오면 "원폭인가요?"라고 묻고, "원폭은 정말 신물이 나요."라고 개탄한다. 또한 이야기의 화제가 아이들한테 옮겨지면 갑자기 화가 난 것처럼 "그 아이는 원폭으로 죽었습니다."라며 매섭게 말을 내뱉는다. 그 외에도 예술가의 부탁으로 기상천외한 옷을 입은 그녀의 모습을 본 손님이 놀라거나 하면 "원폭으로 죽었다 생각하고 포기하고 있어요."라고 대답하는 장면도 있다. 그녀가 피폭자인지 여부는 영화 속 정보만으로는 확인할 수 없지만, 대화 중간에 갑자기 '원폭'이 튀어나오는 탓에 원폭이 일상생활에 기묘한 이물질처럼 침투해있는 모습이 그려지고 있다.

당시 히로시마의 피폭자를 그린 영화로는 신도 가네토(新藤兼人, 1912-2012)의 <원폭의 아이>(1952)가 가장 유명하다. 히로시마의 아이들이 쓴 수기집 『원폭의 아이 - 히로시마 소년 소녀의 호소』(나가다 아라타(長田新) 편, 1951)를 바탕으로 신도가 각본을 맡아 제작된 이 영화는 전후를 살아가는 피폭자의 고난을 그려냄으로써 피폭이 현재도 진행중인 문제라는 메시지를 전하고 있다. 특히 방사능증으로 일을 할 수 없어 구걸로 생계를 이어가는 피폭자나 죽을 지경에 처한 피폭자 소녀를 다큐멘터리로 찍은 전반부에서는 기존의 영화에서 전쟁이 낳은 재난 정도로 다루어졌던 피폭자의 고뇌와 생활 실태가 생생하게 묘사되고 있다. 이 영화는 당시 큰 반향을 일으켰고 독립프로덕션이 제작한 영화로서는 이례적으로 5,000만 엔의 수익을 올렸다.

영화 <원폭의 아이>가 개봉된 이듬해인 1953년에는 일본교직원조합이 제작한 영화 <히로시마>(세키가와 히데오(関川秀雄)감독, 1953)가 공개되었다. 이 영화는 영화 <원폭의 아이>와 마찬가지로 수기집 『원폭의 아이』를 원작으로 하고 있지만, 내용은 다소 정치색이 짙은 편이다. 제작에 관여한 일본교직원조합은 재군비로 향하는 국내 정세에 대해 '제자들을 다시 전쟁에 보내지 말라'라는 슬로건을 내거는 등 강한 비판 의식을 드러냈는데, 그런 태도가 영화에도 반영되었다. 작품에서는 원폭 투하 직후 히로시마의 참상이 분명하게 재현되고 있으며, 히로시마의 고교생이 일본의 재군비를 비판하는 장면이 인상적으로 그려지고 있다.

원폭에 대한 규범의식

<원폭의 아이>가 공개될 당시 영화 평론가인 오기 마사히로(荻昌弘, 1925-1988)는 이 작품을 두고 "원폭의 참화를 반복하지 말자는 우리의 마음은 특정 국가에 대한 원망이나 한탄이 아닌 인류를 향한 기원이어야 한다. 그런 입장에 서야만 우리 일본인은 세계를 향해 당당히 원폭 피해의 진상을 공개하고 회상하며 원폭 사용이 얼마나 불공정한 일인지 그 이유를 호소할 수 있는 것이다. 영화 <원폭의 아이>는 그런 의미에서 훌륭한 태도와 유의미한 효과를 가진 작품이다."(「일본영화비평 - 원폭의 아이」, 『기네마 순보(キネマ旬報)』, 1952년 10월 하순 호)라고 평가했다. 다만 이와 동시에 영화 <원폭의 아이>가 "반복적으로 눈물샘을 자극하는 전통적인 영화 제작술"에 지나지 않는다는 불만도 덧붙이고 있다.

여기에는 점령이 끝난 직후에 원폭을 다룰 때 요구되는 하나의 규범의식이 엿보인다. 원폭을 다루는 작품은 '특정 국가에 대한 원망이나 한탄'이라는 부정적인 심정을 초월한 '인류를 향한 기원'(그것은 '평화'라는 말로 바꿀 수 있다)으로 이어지는 메시지가 있어야 한다는 속박이다.

원폭에 대한 규범의식은 실제 사회에서도 마찬가지로 작용하고 있었다. 그것은 피폭자, 특히 젊은 여성 피폭자를 표현하는 방법에서 현저하게 드러났다.

점령이 끝난 직후인 1952년 9월, 여성 피폭자들을 지원하는 활동의 일환으로 도쿄에서 모금 운동이 시작되었다. '원폭소녀', '원폭아가씨' 등으로 불리던 그녀들을 지원하는 이 모금 운동은 하세가와 가즈오(長谷川 一夫, 1908-1984)와 야마구치 요시코(山口淑子, 1920-2014)라는 당시 저명인도 참가하면서 어느 정도 주목을 받았다. 그녀들에 대한 관심은 1955년 그들이 치료를 위해 미국으로 건너갔을 때 다시 뜨거워진다. 미국 문예잡지의 편집장이며 평화운동가인 노먼 커즌스(1921-1990)가 힘쓴 덕분에 16세부터 30세까지의 '원폭소녀' 25명이 화상 흉터 치료

1-9 후쿠이 에이이치, 「이가구리 군」

를 위해 미국으로 건너갈 수 있었다. 그들에 대한 치료는 미국과 일본의 화해를 상징하는 감동적인 이야기로 보도되었다.

이런 사례들을 통해 '원폭에 관한 이야기는 평화의 기원으로 이어져야 한다.'라는 당대 규범이 냉전 상황 속에서 두 개의 방향으로 갈라지고 있었음도 알 수 있다. 하나는 원폭의 비극을 응시하면서 서방세계의 일원으로 근거지를 만들어가는 일본을 비판적으로 보는 방향이고, 또 하나는 여성 피폭자를 동정적으로 표현하고 미일의 화해를 강조하면서 '서방세계의 한 귀퉁이를 차지하는 일본'을 보강하는 방향이었다. 둘 다 평화를 지향하면서 각각 다른 규범으로 전후 일본을 관통하고 있었다.

점령이 끝난 후 아동문화에서는 구체적인 비극과는 분리되어 규격에서 벗어난 규모의 무언가를 나타내는 기호로 핵에너지를 표현하는 경향이 점령 시기에 이어 여전히 계속되고 있었다.

당시 데즈카 오사무와 인기만화가의 자리를 놓고 다투던 후쿠이 에이이치(福井英一, 1921-1954)의 유도 만화 「이가구리 군(イガグリくん)」(『모험왕』, 1952-1954)은 유도 만화 붐에 불을 지핀 작품이다. 점령군에 의해 금지된 무도 중 하나인 유도는 1950년에 해금되어 다시 교육 현장에 도입되

기 시작했다. 그런 배경 속에서 「이가구리 군」은 아이들 사이에서 널리 읽혔는데, 작가인 후쿠이가 과로로 사망한 후에도 새 작가를 구해 연재를 이어갈 정도로 큰 인기를 모았다. 「이가구리 군」에는 '원폭 던지기'라 불리는 기술이 나온다. 그런데 악역인 '홋카이중학교의 구마가와'라는 남자가 원폭 던지기로 주인공의 앞을 가로막는다.

강력한 기술의 이름에 원폭이 사용되면 핵무기가 초래하는 방사선 장애에 대한 공포는 제거되고, 그것의 파괴력만이 강조되면서 통쾌한 즐거움이 채워진다. 점령 종결 후 원폭 피해의 실상이 공개되자 일본 사회에는 화상 흉터를 가진 여성 피폭자를 동정하는 분위기도 생겼지만, 아동문화에서는 여전히 그 파괴력만이 강조되고 있던 셈이다.

그 배경에는 피폭자의 실태에 대한 이해가 없었다는 사정이 있었다. 하지만 비키니섬 핵실험을 계기로 피폭자의 실태가 어느 정도 알려지면서 관련 법의 정비가 진행되기 시작했다. 비키니섬 사건 이후 원수폭금지운동이 일어났고 그 과정에서 히로시마와 나가사키가 재발견되었다.

비키니섬 사건과 선원의 피폭

1954년 3월 1일, 마셜제도 비키니환초에서 미국의 수소폭탄 실험인 '캐슬작전(브라보)'이 실행되었다. 참치잡이어선 제5후쿠류마루호는 미국이 실험을 위해 지정한 '위험구역'을 벗어나 있었음에도 불구하고 '죽음의 재'라 불리던 방사성 낙하물을 뒤집어썼다. 그 결과 선원 23명이 피폭을 당했고 어획물도 오염되었다.

이 사건은 1954년 3월 16일 『요미우리 신문』 석간에서 최초로 보도되었고, '방사능증'에 걸렸다는 선원들은 여론의 주목을 받았다. 또한 '죽음의 재'라 불리던 방사능 물질에 오염된 참치가 시장에서 팔리고 있다는 보도는 사람들의 불안을 부채질하면서 수산업에 심각한 타격을 주었다.

그렇다면 이 사건이 밝혀진 후 일본사회의 관심은 어디로 향했을까? 보도를 따라가보면 다음과 같은 두 지점에 관심이 집중되었다는 것을 알 수 있다. 하나는 핵실험과 거기에 수반되는 '죽음의 재'에 대한 불안이고, 또 하나는 피해를 입은 환자의 동향이다.

핵실험과 그에 따른 '죽음의 재'에 대한 불안은 식품 오염에 대한 불안으로 이어지면서 점점 확산되었다. 홋카이도에서 규슈, 게다가 미군 통치하에 있는 오키나와까지 전국 각지의 빗물에서 방사능 물질이 검출되었다. 1954년 5월 22일에 후생성은 전국 도도부현 지사에 "수도, 채소를 정밀 조사하고, 특히 채소는 깨끗이 씻어서 조리하도록 지도하라."라는 지시를 내렸다.

대부분의 일본인은 식품 오염으로 인한 건강 피해의 가능성을 원수폭이 초래한 피해로 받아들였다. 많은 일본인들은 제5후쿠류마루호로 대표되는 어선의 선원들만이 아니라, 일본에 살고 있는 자신들도 재해를 당했다는 의식을 갖고 있었다. 당시 여론조사를 보면 "앞으로 일본인이 원자폭탄이나 수소폭탄의 피해를 입을 우려가 있다고 생각합니까?"라는 질문에 '그렇다'라는 답변이 70%인데 반해, '그렇지 않다'는 5%, '관심없다'는 25%였다(『아사히 신문』 석간, 1954년 5월 20일).

재해를 입은 제5후쿠류마루호 선원들의 동향도 사람들의 관심을 끌었다. 보도가 과열 기미를 보이면서 사망자가 나올 것이라는 추측이 등장하기도 했다. 예를 들면 시즈오카현 야이즈시를 조사한 도쿄대학 조사단 단장 쓰즈키 마사오(都築正男, 1892-1961)는 1954년 3월 22일 중의원 후생위원회에서 "아무래도 이번 23명 중에서 약 10% 정도의 희생자가 나올 것 같습니다. 그러나 꼭 부정적이지만은 않다고 생각하는 이유는 현실적인 숫자로 말하면 2명이나 3명이기 때문입니다. 따라서 최선을 다해 치료해 희생자 제로라는 결과를 만들어 일본의학의 성과

久保山さん遂に死去

死因は「放射能症」

きのう午後6時56分

1-10「구보야마 씨 결국 사망」, 『아사히 신문』, 1954년 9월 24일

로 만들고 싶습니다."라고 말했다.

재해를 입은 선원들에 대한 관심이 가장 높아진 것은 배의 통신장으로 당시 40세였던 구보야마 아이기치(久保愛吉)의 건강이 악화된 후였다. 1954년 5월 1일 구보야마 아이기치가 중태에 빠졌다는 사실이 전해지자 신문과 라디오의 보도량은 최고조에 달했고, 선원들에게 보상하라는 여론도 강해졌다. 그리고 피폭으로부터 6개월이 지난 9월 23일에 구보야마가 사망하자 각 신문은 대대적으로 보도했다.

구보야마의 죽음은 철학자 다니카와 데쓰조(谷川徹三, 1895-1989)가 「구보야마의 죽음」(『가이조(改造)』, 1954년 11월 호)에서 말하는 것처럼 "단순히 한 인간에게만 벌어진 일이 아닌, 어쩌면 가까운 장래에 일어날 수 있는 인류 전체의 운명에 관한 사건을 예견케" 하는 것으로 받아들여졌다. 또한 1953년에 히로시마 원폭을 소재로 다룬 『악마의 유산』이라는 작품을 발표한 소설가 아가와 히로유키(1920-2015)가 "히로시마, 나가사키에도 구보야마 씨와 같은 케이스의 환자가 비참한 상태로 방치되어 있는 현실을 한 번 더 떠올리길 바란다."(『아사히 신문』 석간, 1954년 9월 24일)라고 말하는 것처럼 히로시마와 나가사키의 피해자가 다시 소환되었다.

이렇게 여론이 고조되자 일본정부는 사건 수습에 박차를 가했다. 연말에는 오염된 참치에 대한 조사의 종결이 결정되었고, 이듬해인 1955년 1월에는 '법률상의 책임 문제와는 무관한 위자료'라는 명목으로 미국이 일본정부에 200만 달러를 지불했다.

'죽음의 재'를 불안하게 보는 관점은 핵에너지의 '평화적 이용'의 연구개발을 제언하는 방향으로 이어지기도 했다. 물리학자인 다케타니 미쓰오(武谷三男, 1911-2000)는 방사선은 아무리 미량이더라도 신체의 세포를 파괴한다고 말하며, '평화적 이용'도 위험성을 피할 수 없다고 지적했다(『가이조』, 1955년 1월 호).

'제3자의 피해자' - 원수폭금지서명운동

비키니섬 사건 이후 전국 각지의 지자체와 평화단체는 성명을 발표하는 등 구체적인 운동을 시작했다. 그중에서도 여성들의 운동이 사람들의 시선을 끌었다. 주목해야 할 단체는 도쿄 스기나미구 주부들의 모임인 스기나미 부인단체협의회이다. 스기나미 부인단체협의회는 1954년 5월 9일, 국제법학자로서 과거 도쿄제국대학 법학부 교수였던 야스이 가오루(安井郁, 1907-1980)를 의장으로 하는 수폭금지서명운동 스기나미협의회를 결성해서 서명운동을 견인했다.

야스이는 전시기의 일본을 '진정한 동아시아의 해방자'로 평가하며 전쟁수행의 이념을 설파했다는 이유로 전후 교직에서 추방되었다. 이후 시간적인 여유가 생긴 그의 시선은 자신이 거주하는 스기나미구와 주민들에게 향했다. 1950년 추방해제와 동시에 야스이는 호세이대학 등에서 다시 교편을 잡는 한편, 지역사회와의 관계를 더욱 돈독히 하면서 스기나미구 도서관장, 스기나미구 공민관장 등을 역임했다. 그리고 1954년 1월에는 스기나미 부인단체협의회 설립에도 참여했다. 야스이와 스기나미 부인단체협의회는 비키니섬 사건이 일어나자 수폭 금지를 외치며 서명운동을 시작했던 것이다.

서명운동이 확산되자 야스이는 '스기나미 어필'이라는 성명과 슬로건을 발표한다. 성명 첫머리에서 야스이는 비키니섬 사건을 히로시마와 나가사키에 이은 '제3의 핵피해'로 자리매김했다. 서명운동 과정에서 비키니섬 사건은 '피폭의 기억'에 편입되어 갔다.

서명운동은 3,200만 명에 이르는 서명을 모았다. 당시 유권자의 반수를 넘는 서명을 모은 이 운동은 1955년 8월 원수폭금지세계대회로 이어졌다. 이 대회는 세계 각국의 대표자가 히로시마에 결집해서 핵무기에 반대하는 의견을 확인하는 행사로, 이후 매년 8월에 개최되었다. 그렇다면 스기나미구에서 시작된 서명운동은 어떻게 이렇게 엄청난 수의 서명을 모을 수 있었던 것일까?

우선 핵실험으로 인한 피해의 불안감이 널리 공유되고 있었다는 점을 들 수 있는데, 그것만으로는 서명운동이 사상 초유의 규모로 확장된 이유를 설명하기 어렵다. 서명운동이 확장된 이유는 '전략'에 있었다.

원수폭금지서명운동은 서명을 호소하면서 히로시마·나가사키·비키니섬을 나란히 두었지만, 히로시마와 나가사키의 피해자 구호 문제까지 다루지는 않았다. 또한 구체적인 정치 목표를 제시하지 않고, 어디까지나 원수폭실험에 반대인지 아닌지 라는 하나의 쟁점에만 집중했다. 그로 인해 다양한 사상과 신조를 가진 사람들이 서명에 참여할 수 있었다. 서명운동 초기에는 지역의 주민자치조직·부인회·청년단과 같은 보수적인 색채가 강한 단체가 큰 역할을 했는데, 이러한 보수단체를 영입하는 데 성공했기 때문에 사상 초유의 운동으로 발전할 수 있던 것이다.

원수폭금지세계대회를 성공시킨 후 원수폭금지서명운동의 실행위원회는 원수폭금지일본협회(원수협)를 결성해서 핵무기 반대와 피폭자 지원 등의 운동으로 이어갔다. 그러나 널리 공유된 피폭의 기억은 일본인의 피해자 의식을 강조하는 형태로 이어졌다. 히로시마와 나가사키를 이야기할 때 다른 전쟁의 기억(특히 아시아에 대한 가해의 기억)이 의식되기 어려워졌다는 점은 지적해 둘 필요가 있다.

<고질라>와 <산 자의 기록>

한편 비키니섬 사건을 민감하게 다루는 영화도 제작되었다. 가장 유명한 작품은 혼다 이시로(本多猪四郎, 1911-1993) 감독의 <고질라>(1954)일 것이다. 전시 중에도 영화 <하와이·말레이 해전> 등을 통해 특수촬영 기술을 갈고닦은 쓰부라야 에이지(円谷英二, 1901-1970)가 참가한 대작으로, 새삼 설명할 필요도 없는 '괴수 영화'라는 장르를 성립시킨 기념비적 작품이다. 배급 수입은 1억 5,214만 엔으로 그해 흥행 베스트 8위를 차지할 정도로 많은 사람이 관람했다.

비키니섬 사건으로부터 약 반년이 흐른 1954년 11월 3일에 '수폭대괴수 영화'라는 광고와 함께 개봉된 이 영화는 시작부터 제5후쿠류마루호의 재난을 연상시킨다. 항해 중이던 화물선이 갑자기 섬광이 나타난 직후 가라앉는다. 이것은 '고질라'가 벌인 일이었다. '고질라'는 수폭 실험으로 인해 평화롭게 살던 땅에서 쫓겨난 쥐라기 시대 공룡으로 몸에 방사선을 띠고서 몇 번이나 일본을 공격한다. 일본인은 손쓸 방법이 없다. 이런 장면을 보면 '고질라'의 존재는 수폭 실험과 거의 비슷하고 '고질라'의 공포가 핵실험의 공포를 나타내고 있음은 분명하다.

또한 '고질라' 최후에도 당시 핵무기에 관한 의식이 투영되어 있다. 최종적으로 '고질라'는 '옥시전디스트로이어'라는, 수중의 산소를 파괴하는 신무기로 퇴치된다. 신무기를 개발한 과학자는 이 무기가 악용되는 것을 막기 위해서 설계도를 태우고, 급기야 자신의 뇌 속에 남은 설계도마저 없애기 위해 '고질라'와 함께 바닷속으로 사라진다. 신무기의 사용과 절멸을 동시에 그린 마지막 장면에는 핵무기에 대한 비판과 더불어 핵무기가 영원히 사라지기를 바라는 마음까지 담겨있다.

핵에 대한 비판적인 의식은 영화의 마지막에 생물학자 야마네 박사가 내뱉는 말에서도 확인할 수 있다. 그는 "저 '고질라'가 마지막 한 마리는 아닐 것이다. 만약 수폭 실험이 계속된다면 저 '고질라'와 같은 괴물이 다시 세상 어딘가에서 나타날 것이다."라는 경고를 중얼거린다.

괴수 '고질라'는 강한 상징성을 띠고 있어 많은 평론가들로부터 그 의미에 관한 다양한 해석이 이루어졌다. 즉, 고질라가 밤이 내려앉은 도쿄를 덮치는 장면이나 사람들이 도망치려고 우왕좌왕하는 장면 때문에 '고질라'를 2차 세계대전 중에 일어난 도쿄대공습을 의미하는 것으로 보는 해석이 있는가 하면, 남쪽 바다에서 반복적으로 일본을 찾아오는 섬뜩한 모습을 태평양에서 전사한 일본병사의 망령으로 해석하는 논의도 있다.

당시 핵무기에 대한 공포는 구로사와 아키라(黒澤明, 1910-1998)의 작품 <산 자의 기록>(1955)이 가장 치밀하게 그려내고 있다.

영화의 주인공인 주물공장 경영자 '나카지마 기이치'는 원수폭 실험과 핵전쟁으로 인한 방사성 낙하물을 피하기 위해 가족과 애인을 데리고 브라질로 이주할 계획을 세운다. 그러나 원수폭과 '죽음의 재'에 대한 공포를 공유하지 못한 가족들은 주인공의 계획에 동의하기는커녕 그가 정상적인 판단력을 잃었다고 생각해 그를 '한정치산자'로 만들려고 법원에 소송을 건다. 가족들이 공포를 공유하지 못하는 이유를 공장이나 재산 때문이라고 생각한 주인공은 결국 자신이 경영하는 공장에 불을 질러버린다. 영화는 핵무기가 두려운 나머지 이성을 잃어가는 주인공과 그를 '광인' 취급하는 주변 사람들. 이들 중 누가 '정상'인지 날카로운 문제를 제기하고 있다.

원수폭금지운동이나 그 배경에 있는 냉전 체제의 핵개발 경쟁에 대한 언급은 <산 자의 기록>에서는 전혀 드러나지 않는다. 아마도 구로사와는 그런 직접적인 '정치성'을 피해서 원수폭에 대한 본능적인 공포를 주인공을 통해 구현한 것이리라. 그러나 그런 점이 오히려 원수폭에 대한 공포를 개인의 문제에 가두고 있다는 비판을 초래했다. 예를 들면 다케타니 미쓰오(1911-2000)는 다음과 같이 평한다.

> 영화 <산 자의 기록>은 관객에게 원수폭에 대한 공포를 특수한 광인의 개인적인 심리로 한정한 듯한 인상을 줄 우려가 있다. (중략) 작가가 가진 원수폭에 대한 공포는 이해되지만, 조금 더 일본에서 일어나는 원수폭금지운동 현상과 성격을 이해한 후에 이와 같은 야심작을 만들어야 했다.
>
> -「상징주의의 한계」,『기네마순보』, 1955년 12월 상순 호

다케타니는 소련의 핵무기만이 아니라 미국의 핵무기도 마찬가지로 부정했고, 보통 사람들이 외치는 원수폭 실험에 반대하는 목소리를 환영했다. 이런 생각을 가진 다케타니에게 <산 자의 기록>은 당시의 상황에 대해 체념적인 태도를 취하는 것처럼 보인 것이다. 이러한 평가는 비단 다케타니에만 국한되지 않았다. 다른 평론가들도 비슷한 평가를 내렸다. 원수폭에 의한 세계 파멸이라는 문제를 개인적인 공포심에 가둬두지 않고 '행동'이나 '운동'이라는 형태로 이어가기를 바랐던 것이다.

원수폭에 대한 태도를 둘러싸고 '누가 광인이고 누가 정상인인가'라는 질문을 던진 동시대 영화로 <억만장자>(이치가와 곤(市川崑) 감독, 1954)도 있다. 이 작품에는 히로시마의 원폭으로 부모와 형제를 잃은 여성이 등장한다. 그녀는 자신이 믿는 평화를 위해서 스스로 원폭을 만들려고 한다. 사람들의 왕래가 많은 도쿄 스키야바시 다리에서 "우리는 원폭을 만들어야 합니다. 수폭도 만듭시다. 연약한 평화를 지키기 위

해서 우리는 원폭을 만들어야 합니다."라고 연설하는 장면도 있다. 핵무기의 공포를 알고 있기에 평화를 위해서 핵무기가 필요하다고 주장하면서 핵무기의 제조를 시도한다는 것은 일종의 아이러니이다. 그녀는 광인일까? 광인이라면 평화를 위해서 재군비를 주장하는 정치가나 평론가나 이를 찬성하는 사람들은 과연 정상인인 것일까? 이 영화는 이런 질문을 던지는 작품이다.

아동문화 속에서

비키니섬 사건 이후에는 소년만화도 원수폭의 공포를 그렸다. 데즈카 오사무는 「다가올 인류」(『오모시로북(おもしろブック)』, 1956년 6월)에서 신형무기 실험으로 인해 방사능 물질로 뒤덮인 지구와 그곳에서 살아가는 나약한 인류를 그리면서 방사선 장애의 공포를 제시하고 있다. 모험 이야기에서 소녀만화까지 다수의 인기 작품을 그려온 오토모 요시야스(オオトモ·ヨシヤス, 1934 -1995)의 『검은 태양』(1956)에서는 '원폭의 재'가 태양광을 가려서 지구가 한랭화되는 '핵겨울'이 그려지고 있다.

이와 같이 사회가 원수폭의 공포를 공유할수록 영화나 만화도 이에 공명해서 원수폭의 공포를 그렸다. 그러나 한편에서는 '버섯구름'과 '죽음의 재'가 유쾌하고 재미있는 것으로 그려지기도 했다.

유머가 넘치는 만화로 인기를 끈 스기우라 시게루(杉浦茂, 1908-2000)의 「호빵 방사능(アンパン放射能)」(『만화왕』, 1955년 1월-1956년 8월 연재)에서는 방사선이 일종의 마법처럼 사용된다. 주인공이 가진 '호빵 방사능'이라는 액체형 비밀 도구는 인간을 작게 만들 수 있고 동작도 멈추게 할 수 있다. 이 작품에는 당연히 방사선의 공포 같은 것은 그려지지 않았다.

비슷한 경향의 만화나 일러스트도 결코 드물지 않았다. 잡지 『오모시로북』(1955년 11월 호)의 부록 「걸작 만화 전집」의 표지 그림에도 방사

1-11 데즈카 오사무, 「걸작 만화전집」 표지

1-12 『오모시로북』 1957년 9월 호 부록

능은 천진난만하게 그려지고 있다.

데즈카 오사무가 그린 표지그림 속에는 아이들이 신이 나서 허수아비를 조종하며 벼 이삭으로 모여드는 참새를 향해 농약과 같은 흰 가루를 뿌리는데, 흰 가루가 나오는 탱크에 '방사능'이라는 글자가 적혀 있다. 놀란 참새의 표정을 통해 방사능이 농약과 같은 물질로 인식되고 있음을 알 수 있다. 그러나 두 아이의 웃는 얼굴과 허수아비의 얼빠진 표정에서는 방사선에 대한 공포를 읽을 수 없다.

이런 식의 표현은 다른 만화에서도 찾아볼 수 있다. 『오모시로북』 1957년 9월 호의 부록은 단편 만화와 네 컷 만화의 선집으로 구성되었다. '오로지 핵실험만 하는 인간계로 보내진 신형 폭탄이 야기한 웃음 방사능'이라는 주제로 모은 단편 만화들이 수록되었고 표지에는 버섯구름의 주변에 쓰러져서 데굴데굴 구르며 웃고 있는 아이들의 모습이 그려져 있다.

이와 같은 만화가 보여주는 것은, 아동문화에서는 방사능 물질에 의한 피폭의 공포가 표백되어 방사능 물질이 생물에 어떤 영향을 주는 정도로만 이해되었고, 종종 작품 속에서 긍정적인 이미지로 이해되고 있었다는 사실이다. 이를 가능하게 한 것은 단지 방사선에 대한 지식의 부족만이 아니라, 핵에너지를 선용할 수 있다는 의식이 하나의 '상식'처럼 통용되던 사회적 배경도 있었을 것이다.

'평화적 이용'과의 접속

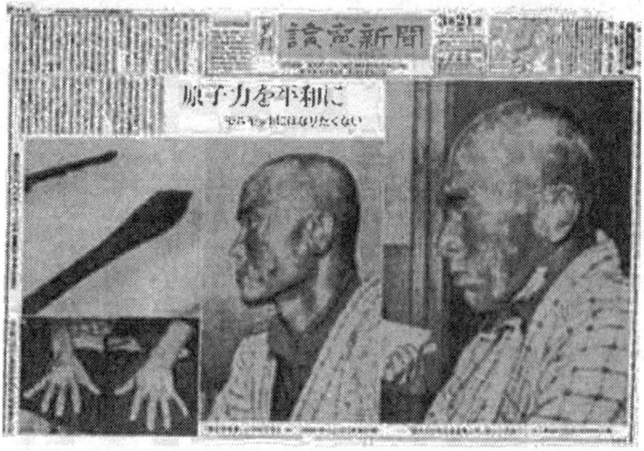

1-13 「원자력을 평화를 위해」, 『요미우리 신문』, 1945년 3월 21일

핵실험에 대한 거부감과 공포심은 비키니섬 사건 이후 원수폭금지 운동을 통해 사회로 확산되었다. 그러나 그것이 핵에너지의 '평화적 이용'과 모순되는 것은 아니었다. 오히려 핵실험에 의한 피해는 핵에너지의 사용 방법이 잘못된 사례로 언급되었고, 그것을 선한 가치로 만들 수 있다는 '평화적 이용'에 대한 기대감이 점점 커졌다.

이를 단적으로 보여주는 것이 『요미우리 신문』 1945년 3월 21일 석간의 지면이다.

방사성 낙하물을 뒤집어써서 변색된 피부 사진이 실린 기사에는

「원자력을 평화를 위해」라는 제목이 붙어있다. 기사는 선원의 증언을 소개한 후에 다음과 같이 끝을 맺는다.

> "실험 쥐 취급은 참을 수 없지."라고 말하는 마스다 군의 외침도 당연하다. 아무리 원하지 않아도 원자력 시대는 도래한다. 가까운 이웃들이 전부 한다고 나서면 무섭다는 이유로 수수방관하고 있을 수만은 없는 일이다. 극복할 방법은 딱 하나, 그것과 대결하는 일이다. '무서운 것'은 사용 방법에 따라서는 '근사한 것'과 같은 말이 된다. 그쪽으로 길을 열어 우리도 원자력 시대에 발을 들일 때가 온 것이다—.

'원자무기의 실험'과 '대결'해서 '무서운 것'을 '근사한 것'으로 바꿔야 한다고 말하고 있다. 이와 같이 비키니섬 사건에 의한 불안과 분노를 원자력의 '평화적 이용'으로 바꾸려는 인식은 단지 『요미우리 신문』에 국한된 것이 아니었다.

제5후쿠류마루호의 모항이었던 시즈오카현 야이즈시의 시의회에서도 제5후쿠류마루호 피폭 직후인 1954년 3월 27일에 결의한 성명문에서 같은 견해를 표명했다.

성명문은 '공포에 떠는 시민의 의견을 대표해서 인류의 행복을 위해 다음과 같이 요구한다. 하나, 원자력을 무기로 사용하는 것을 금지. 하나, 원자력의 '평화적 이용'이라고 주장하고 있다. 원자력은 무기로 사용되어서는 안 되며, '평화적으로 이용'되어야 한다는 의식은 당시 사회에 널리 침투해 있었다.

지식인이나 학자도 예외는 아니었다. 1954년 4월, 일본학술회의 제17회 총회에서 발표된 「원자무기의 폐기와 원자력의 효과적인 국제관리의 확립을 바라는 성명」에서는 학술회의에 참가한 연구자들 전체 의견으로 '군사적 이용'의 부정이 '평화적 이용'의 추진과 연결되는 논리를 엿볼 수 있다.

'비키니섬 사건'은 핵무기 개발 결과와 관련해서 우리에게 중요한 우려를 가중시켰다. 그러나 한편으로 우리는 원자력 에너지를 평화적으로 이용한다면 인류의 미래에 크게 기여할 수 있다는 사실을 강하게 인식하고 있다. 특히 일본 국민은 우리의 생활 수준을 향상시키기 위한 새로운 기술과 에너지원을 찾아야 하는 국면에 처해있다. 그리고 우리 과학자들은 원자력기술 연구개발이야말로 우리의 책임이라는 점을 충분히 인식하고 있다.

그런데 주의할 점은 지식인부터 신문사, 시민회까지 널리 공유된 이러한 인식에 대해 아주 미세하긴 해도 의심이 생기기 시작했다는 것이다. 제5후쿠류마루호를 조사한 쓰즈키 마사오는 앞에서도 언급한 1945년 3월 22일 중의원 후생위원회에서 다음과 같이 '평화적 이용'에 수반되는 방사선 피해에 주의해야 한다는 취지의 발언도 했다.

원자력이 평화적으로 응용되어 석탄보다 단가가 낮아진다고 해서 당장이라도 뛰어들고 싶다는 듯이 말씀하십니다. 그리고 그 연구를 하라고 하시지만, 그런 말씀을 들을 때마다 우리는 아직 '피부'에 소름이 돋는 공포를 느낍니다. 원자력을 발생시키면 어쩔 수 없이 방사능도 발생하게 됩니다. 따라서 그것을 평화적으로 응용하려면 안전장치, 방어장치라는 것을 염두에 둬야 하지요. 이것은 굉장히 어려운 문제입니다.

그러나 비키니섬 사건과 원자력의 '평화적 이용'에 관한 보도가 관련될 때 쓰즈키 마사오가 언급한 문제제기는 크게 다뤄지지 않았다.

미디어 캠페인

핵에너지에 의해 문명이 새로운 단계로 접어들었다는 주장은 점령 당시부터 있었지만, 1950년대 중반이 되자 매스미디어가 한목소리로 원자력의 '평화적 이용'을 다루기 시작했다. 그 배경에는 미국의 국제 원자력정책이 있었다.

1953년 12월, 미국의 아이젠하워 대통령은 UN 총회에서 「평화를 위한 원자력(Atoms for Peace)」에 대해 연설하고, 국제원자력기관의 창립과 '평화적 이용' 추진의 필요성을 역설했다. 이에 호응해서 일본에서도 제5후쿠류마루호가 재해를 당했음에도 1954년 3월에 원자력예산이 계상되었고, 그해부터 매스미디어가 주도하는 원자력 캠페인이 시작되었다.

주지하는 바와 같이 '평화적 이용' 캠페인을 주도한 것은 『요미우리 신문』이었다. 이미 『요미우리 신문』은 1954년 1월 1일부터 2월 9일까지 총 31회에 걸쳐 연재기사 「드디어 태양을 잡았다」를 통해 '평화적 이용'에 관한 계몽적 기사를 게재했다. 이 기사는 방사선의 발견, 핵분열의 발견을 비롯해 일본에 대한 원폭 투하, 전후세계에서 핵에너지 연구의 진행까지를 통시적으로 해설하고 있다. 연재의 최종회에서는 '평화적 이용'에 의한 장밋빛 미래에 대해 "어쩌면 주변의 냄비나 솥을 손으로 살짝 찌부러뜨리기만 해도 원자력이 확 쏟아져 나올지도 모른다는 꿈 같은 희망을 버려서는 안 된다."라고 강조한다(『요미우리 신문』, 1954년 2월 9일).

그런데 원자력이 가져올 밝은 미래를 전망하면서 연재를 마치는 방향 설정이 단지 『요미우리 신문』에서만 이루어진 것은 아니었다. 이듬해에는 『아사히 신문』이 「원자 구름을 넘어서」라는 연재(1955년 8월 6일-17일)를 게재했는데, 그 최종회에는 「미래의 꿈」이라는 제목으로 다음과 같은 내용이 실려 있다.

目で見る原子力平和利用

雑きんがけまで

精巧に動く魔法の手

1-14「눈으로 보는 '원자력 평화이용'」, 『요미우리 신문』 1955년 5월 8일

> 만약 '죽음의 재'가 생기지 않는 수폭에너지를 사용할 수 있다면 원자력으로 산을 무너뜨리고 운하를 파서 호수나 바다를 만드는 일도 가능하다. 머지않아 태풍을 물리치는 일도 실현될 것이다. 이처럼 자연의 개조가 진행되면 지구는 더욱 많은 사람에게 살기 좋은 곳을 제공할 수 있을 것이다. (중략) 원자력 시대에는 자동화(오토메이션)도 함께 발전할 것이다. 공장은 무인화될 것이다. 인간은 하루 2시간만 일하면 된다. 노예를 두고 책상다리하고 앉아 문화를 즐기던 옛날 그리스인처럼, 미래의 인류는 원자력과 기계를 노예로 삼아 예술과 시와 스포츠를 즐기게 될 것이다.

원자력에 관한 마지막 기사를 밝은 미래상으로 끝낸다는 흐름은 핵에너지의 '평화적 이용' 캠페인을 하던 시기의 신문 기사에서 공통되는 특징이었다.

신문의 캠페인과 병행해서 '평화적 이용'을 계몽하기 위한 전람회와 박람회가 전국에서 개최되었다. 1954년 8월 12일부터 22일까지 요미우리 신문사의 주최로 신주쿠 이세탄백화점 전시회장에서 「누구에

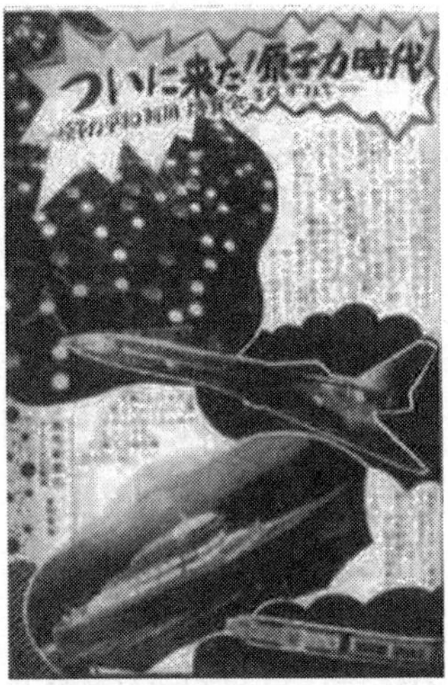

1-15 「드디어 왔다! 원자력 시대」, 『5학년 학습』 1956년 2월 호

게나 알기 쉬운 원자력전」이 개최되었다. 이 전람회의 중심작품 중 하나는 제5후쿠류마루호의 키였다. 원자력에 관한 계몽적인 전람회에서 피폭당한 지 얼마 되지 않은 제5후쿠류마루호의 키가 전시된 것은 원자력의 '군사적 이용'을 상징하는 것으로 전시회를 찾은 손님들의 관심을 끌었고, 그것을 '평화적 이용'에 대한 관심으로 유도하려는 목적이 있었다.

1955년 11월 1일부터는 '원자력평화이용박람회'의 전국 순회가 시작되었다. 이 박람회에 각지의 신문사가 관여하면서 '평화적 이용' 캠페인은 본격화된다. 도쿄 히비야 공원에서 개막한 원자력평화이용박람회(요미우리 신문사 주최)는 이후 각지의 신문사가 주최하는 형태로 전국을 순회한다. 나고야(추부니혼 신문사), 교토(아사히 신문 오사카 본사), 오사카(아사히 신문 오사카 본사), 히로시마(추고쿠 신문사), 후쿠오카(니시니혼 신문사), 삿뽀로(홋카이도 신문사), 센다이(가호쿠 신문사), 미토(이바라키 신문사), 오카야마(산요우 신문사, 단 주최가 아닌 후원), 다카오카(요미우리 신문사, 기타니혼 신문사, 홋코쿠 신문사, 후쿠이 신문사)에서 개최되고, 총 260만 명이 넘는 입장자 수를 기록했다.

'원자력평화이용박람회'에 주목한 것은 신문만이 아니었다. 어린이 대상 학습잡지도 대대적으로 박람회를 다루며 아이들에게 기대감을 심어주었다. 예를 들어 학습연구회가 발행하던 『5학년 학습』을 보자. 1956년 2월 호에 실린 '드디어 왔다! 원자력 시대'라는 특집에는 밝은 미래 이미지가 사진과 함께 제시되고 있다.

이와 같이 원자력평화이용박람회는 세대를 초월한 미디어 이벤트로 일본국내에서 핵에너지의 '평화적 이용'에 대한 기대감을 높이는 역할을 했다.

'평화적 이용'의 영웅과 '군사적 이용'의 피해자

1-16 데즈카 오사무, 『철완 아톰 - 기체인간 편』

1950년대의 대중문화는 핵에너지의 '평화적 이용'이 낳을 밝은 미래에 대한 기대감을 표현하고 있었다. 그 대표적인 존재가 데즈카 오사무가 그린 전후일본을 대표하는 영웅 만화 『철완 아톰』이다.

1952년부터 1968년까지 월간만화잡지 『소년』에 간헐적으로 연재된 『철완 아톰』은 주인공의 이름이 나타내는 것처럼 원자력으로 움직이는 로봇이다. 그러나 이 작품에서 핵이라는 주제가 명확하게 다뤄지지는 않는다. 『철완 아톰』은 인기작이 되었고, 1960년대에는 TV 애니메이션으로 제작되어 최고 시청률이 40%를 넘을 정도로 대중의 큰 지지를 받았다. '아톰'이 원자력으로 움직인다는 설명은 핵에너지의 '평화적 이용'이 가져다주는 눈부신 이미지를 일본에 확산시키기에 충분했다.

그렇다면 『철완 아톰』에서 구체적으로 그려지고 있는 핵의 이미지는 어떤 것이었을까? 이 작품에서 핵의 '평화적 이용'은 미래의 새로운 과학 기술로 그려지는 경향이 있었다. 예를 들면 원자력 냉동장치(「기체인간 편」, 『소년』, 1952)와 난방용 원자로(「화성대장 편」, 『소년』, 1954) 같은 것이 여기에 해당된다.

정의의 편과 핵에너지를 연결해서 인기를 누린 것은 『철완 아톰』만이 아니었다. 현재는 『철완 아톰』의 지명도가 압도적이지만, 당시 그에 뒤지지 않는 인기를 얻은 것이 1957년에 공개되고 이후 시리즈로 만들어진 특수촬영물 <슈퍼 자이언트>와 그것을 만화로 만든 작품이다. 이 시리즈의 히어로는 『철완 아톰』 이상으로 핵에너지와 깊은 관련이 있다. 주인공의 손목시계에는 '가이거 뮐러 계수기'가 내장되어 원수폭이나 그것을 제조하는 연료의 소재를 파악할 수 있다는 설정이다. 시리즈 첫 편으로 공개된 <강철 거인>(이시이 데루오(石井輝男)감독, 1957)은 이후 구와타 지로(桑田二郎, 1935-)에 의해 만화로도 제작되었다(『우리들(ぼくら)』, 1957). 그 내용을 살펴보자.

지구에서 이루어지는 원수폭 실험은 우주인에게도 피해를 주었다. 우주인들은 회의를 열어 지구에 실험 중지를 요구하기 위해 사자를 파견하기로 결정한다. 그 사자가 '슈퍼 자이언트'이다. 일본에 온 슈퍼 자이언트와 원폭 제조를 꾀하는 악의 조직 '아톰 AB단'과의 싸움이 그려지고 있다.

원폭 피해자들의 '모습'

이와 같이 만화 『철완 아톰』이나 영화 <슈퍼 자이언트>와 같은 소년 취향의 대중문화는 미래의 핵에너지를 친근하고 믿음직한 것으로 그렸다. 그렇다면 동시대의 영화나 만화는 현실에서 폭탄으로 사용된 핵에너지의 피해자를 어떻게 그렸을까?

패전 이후 행정기관이 전후 부흥에 주력한 탓에 피해자에 대한 보상은 지연되고 있었다. 헌신적인 의사들이 무료 진료와 같은 활동을 펼쳤지만, 피해자에 대한 국가적 보상은 이루어지지 않았다. 히로시마와 나가사키의 피해자 운동이나 원수폭금지서명운동으로 차츰 히로시마와 나가사키의 피폭자에게 관심이 모이기 시작했고, 1956년에는 일본원수폭피해자단체협의회(피단협)가 결성된다. 그리고 1957년 4월, 드디어 '원자폭탄피해자의 의료 등에 관한 법률(이하 원폭의료법)'이 시행되었다. 즉 법적으로 피해자의 범주를 정하고 피해자에 대한 국가 배상을 시작한 것이다. 원폭의료법으로 약 20만 명에게 피폭자 건강수첩이 교부되었고, 의료비 지급과 정기적인 무료 건강검진이 개시되었다.

역경 속에서 살아가는 피해자를 그리려는 시도는 원폭의료법의 성립을 전후로 한 사회적 상황 속에서 국가보상의 지연을 부각시키는 현실적인 문제제기로 작용하기도 했다. 이와 같은 작품으로 영화 <살아있어 다행이다>와 <순애 이야기>가 있다.

<살아있어 다행이다>(가메이 후미오(亀井文夫) 감독, 1956)는 원수폭금지세계대회 이후 피폭자 구조 운동의 일환으로, 당시 발족한 지 얼마 되지

않은 원수폭금지일본협의회(원수협)가 기획한 다큐멘터리이다.

작은 헛간을 빌려서 생활하고 '전기세조차 못 낸다'라고 한탄하는 피해자의 가족이나 일일근로직 여성 피폭자, 피폭으로 거동 못하는 남편을 간병하면서 일하는 여성 등에 초점을 맞춰 피폭자와 그 가족들의 생활고를 중점적으로 그리고 있다.

한편 원수폭금지운동 장면에서는 운동에 참가하는 사람들의 연대가 강조된다. 제1회 원수폭금지세계대회의 단상에서 나가사키의 야마구치 미사코(원폭 소녀 모임 주재자)가 "우리가 지금 죽으면 이 원폭에 대한 공포를 누가 세계 사람들에게 알려줄 것입니까?"라고 눈물로 호소한다. 이후 그녀가 나가사키로 돌아온 장면에서는 "우리 편이 많이 있다는 사실을 알고 너무 기뻤다고 (그녀는) 말합니다."라는 내레이션이 삽입된다.

이처럼 <살아있어 다행이다>는 피폭자 운동에 밀착해서 피폭자 개개인의 역경만을 그리는 것이 아니라, 그것들을 전부 연결해서 운동이 확산되는 모습을 그리고 있다. 한편 <순애 이야기>(이마이 다다시(今井正) 감독, 1957, 도에이)의 주인공은 17세 '미쓰코'. 그녀는 원폭투하 직후 할머니와 함께 어머니를 찾기 위해 히로시마 시내를 돌아다닌 것이 원인이 되어 '방사능증'에 걸린다. 미쓰코는 몸 상태가 괜찮을 때는 조금이라도 일하면서 연인인 '간타로'와 생활하기 위한 돈을 모으려고 노력하지만, 병이 악화되어 결국 입원하고 만다. 자동차 공장의 면접을 마치고 입원한 미쓰코를 찾아 온 간타로는 빈 병실을 보고 놀란다. 그리고 침대를 청소하는 간호사에게 그녀가 오늘 아침에 죽었다는 말을 듣는다.

네온이 반짝이는 밤의 번화가를 화난 사람처럼 걷고 있는 간타로의 모습은 달콤한 타이틀과는 어울리지 않는 철저한 고독과 분노를 나타낸다. 감독인 이마이 다다시와 각본을 쓴 미즈키 요코(水木洋子)는 영화가 멜로드라마로 회수되려는 찰나에 이야기를 뒤집어서, 감정을 배제하고 피폭자를 그려냄으로써 피폭을 현재진행형의 문제로 제시했다. 이 작품은 당시 영화평론가들 사이에서 높은 평가를 받았고 1957년도 '기네마 순보 베스트 텐'의 2위에 올랐다.

<살아있어 다행이다>와 <순애 이야기>는 피폭자가 겪어야만 했던 고난을 응시면서 원수폭금지운동에 대한 연대와 피폭자의 어려운 상황을 호소했다. 그렇다면 영화보다 대상연령이 낮았던 만화는 어떤 피폭자 상을 그리고 있었을까?

'박복한 피폭자'의 정형화

이 시기의 만화를 살펴보기 전에 우선 '대여 만화'를 살펴봐야 한다. 대여 만화란 대여점용으로 만들어진 만화이다. 대여점에서는 일정한 대여비를 내면 잡지나 소설, 만화를 빌릴 수 있었다. 1950년대에는 전국에 2만에서 3만 개 정도의 대여점이 있었다. 대여 만화는 일반 서적이나 만화와는 다른 유통경로를 갖고 있었다. 중앙의 출판사가 발행했던 월간의 만화잡지와는 달리 대여 만화의 경우 장편만화가 한 권의 단행본으로 발표되는 일이 많았기 때문에, 독자들은 이를 '한 번에 완독할 수 있는 쾌락을 제공할 수 있는 매체'로 여겼다. 그런 장점이 있었지만, 대여 만화 발행소는 단행본을 계속 발행해야 했기 때문에 집필과 편집에 시간을 들일 여유가 없었다. 그렇다 보니 작품의 질이 들쑥날쑥이라는 문제가 있었다(『대본 만화 RETURNS』).

대량생산이 요구되는 대여 만화의 세계에는 이미 화제가 된 영화나 만화에서 착상을 얻은 작품이 많았다. 1950년대 후반에는 주인공 소녀를 피폭자로 설정해서 불행을 강조하는 만화가 다수 발표되었다.

오모토 요시야스의 『마리짱의 작은 보석함』(1957)에는 피난지인 히로시마에서 피폭되어 백혈병을 앓게 된 소녀가 그려진다. 이노우에 사

1-17 오토모 요시아스, 『마리짱의 작은 보석함』

토루(井上智, 1938-)의 데뷔작인 대여 만화 『원폭의 비극』(1957) 속 주인공도 히로시마 원폭으로 부모를 잃은 어린 남매다.

게다가 『카무이 전(カムイ伝)』 등의 장편 만화로 유명한 시라토 산페이(白土三平, 1932-)는 『사라지는 소녀』(일본만화사, 1949)에서 히로시마 원폭 피해 소녀의 고난과 죽음을 그렸다. 마지막 페이지를 장식하고 있는 원수폭금지운동을 통해 시라토가 당시 소녀만화의 전형적인 틀을 벗어난 세계를 그렸다는 것을 엿볼 수 있다.

중앙의 출판사가 발행했던 월간지에서도 비슷한 작품을 찾아볼 수 있다. 자신도 피폭자였던 다니가와 가즈히코(谷川一彦, 1936-2008)는 「별은 보고 있다」(『나카요시(なかよし)』, 1957)에서 히로시마의 원폭으로 아버지를 잃은 소녀의 이야기를 다뤘다.

이와 같이 1950년대의 대중문화에서는 핵에너지에 의한 밝은 미래가 전망되는 동시에 어두운 과거의 피폭을 상기시키는 작품도 다수 만들어졌다. 만화가들은 각자 피폭에 대한 문제의식을 갖고 있었지만, 상업적 제약이 강하다 보니 단기간에 다수의 작품을 생산해야 했고, 그런 까닭에 만화 속에 피폭자를 등장시킬 때는 이야기의 흐름에 맞춰 연약하게 그릴 수밖에 없었다. 그래서 결과적으로 피폭자가 정형화된 이미지로 소비되는 풍조를 낳았다.

핵 이미지의 패치워크화

1-18 다카노 요시테루, 『13호 발진하라』

소녀만화 작가로 데뷔해서 1950년대부터 60년대에 걸쳐 활약한 인기만화가인 다카노 요시테루(高野よしてる, 1923-2008)가 쓴 『13호 발진하라』(『주간 만화 매거진』, 1959-1960 연재)라는 작품이 있다.

『13호 발진하라』는 고단샤라는 대형출판사가 1959년에 창간한 잡지 『주간 소년매거진(週刊少年マガジン)』의 간판 만화 중 하나였다. 요코야마 미쓰테루의 『철인 28호』로부터 영향을 받은 이 만화는 소년이 조종하는 거대로봇의 활약을 그리고 있다. 작품 속에는 1950년대 일본사회에서 공유되던 핵을 둘러싼 다양한 스테레오 타입이 가득 차 있다. 특징적인 에피소드를 소개하겠다.

'태고인'이라 불리던 거인이 거리를 습격한다. '태고인'은 '우라늄액'을 마시고 힘이 넘쳐서 미쳐 날뛰다가 갑자기 얌전해지더니 나가사키의 평화기념상을 흉내 낸 포즈를 취한다. 그 장면에 '태고인은 평화를 바라고 있다'라는 설명이 적혀있다.

얌전해진 '태고인'을 조사하던 국제학회는 그의 배 속에 시한장치가 설치된 원폭이 들어있고 그것이 이미 작동하고 있다는 사실을 알아낸다. '태고인'은 원자폭탄을 작동시키기 위해 우라늄액을 마신 것이다. 방사선 방호복을 입은 주인공들이 '태고인'의 배를 가르자 강렬한 방사선이 연기처럼 분출된다. 우여곡절 끝에 겨우 꺼낸 원폭은 거대 로봇 '13호'가 바다까지 운반해 폐기시킨다. 원폭의 폐기 장소는 비키니환초이다. 이야기는 그곳에 원폭을 투하하고 버섯구름을 뒤로한 채 힘차게 날아오르는 13호의 모습과 함께 끝나고 있다.

1-19 다카노 요시테루, 『13호 발진하라』

황당무계한 줄거리로 원수폭에 관한 여러 가지 이미지를 탐욕적으로 이용하고 있다는 평가도 가능할지 모른다. 그러나 거기에서도 그 시대만의 핵에 대한 인식을 발견할 수 있다.

이를테면 '우라늄액'을 마신 '태고인'의 몸을 가르자 거기에 원폭이 있고, 무슨 이유에서인지 강렬한 방사선이 분출되는 장면을 예로 들 수 있다. 이 장면에서 방사선은 인체에 악영향을 미치는 것이라는 인식이 나타나 있다.

또한 '태고인'이 평화를 기원하는 포즈나 마지막에 원폭을 투하하는 장소가 비키니환초라는 점에서, 황당무계한 이야기이긴 해도 하나하나의 이미지가 현실에 대응하고 있음을 알 수 있다. 방사선의 위험성이나 나가사키의 원폭기념상, 비키니환초라면 특별한 설명 없이 이야기 속에 삽입되어도 독자가 이해할 수 있을 것이라는 판단이 작가와 편집자 사이에 성립되어 있었다고 볼 수 있다.

원자력발전소 도입으로

지금까지 살펴본 것처럼 핵에너지의 '평화적 이용'에 대한 기대는 1950년대 중반의 캠페인을 거치면서 급속하게 부풀어올랐다. 그 여파로 1950년대 후반에도 여전히 같은 정도의 기대감이 일정 부분 지속되었다.

이 시기에 실험용 원자로가 임계 실험에 성공했다는 기사가 보도되었다. 1957년 8월 27일, 아바라키현 도카이무라의 일본 원자력연구소에서 실험용 1호 원자로가 임계에 달해 일본에서 처음으로 '원자 의 등이 켜졌다'라는 기사를 각 신문이 대대적으로 보도했다.

하지만 1950년대 중반과 비교해서 1950년대 후반에는 '평화적 이용'에 대한 기대감은 시들해져 있었다. 온갖 꿈에 부풀었던 '평화적 이용'도 실제로는 원자력발전소 실용화 정도의 전망만 보였고, 그런 원전조차 당시에는 경제적인 합리성 면에서 타산이 맞지 않는다는 것이 알려졌기 때문이다.

1958년 9월, 제2회 '원자력평화이용국제회의'가 개최되었다. 세계의 여러 과학자가 모인 이곳에서는 핵에너지의 '평화적 이용'에 관한 연구 성과가 보고되었다. 이 회의의 현지 보고는 "원자력발전 러시 시대는 이미 끝났으며, 더욱 능률적이고 효과적인 발전로를 향한 반성과 재준비 시대로 진입했다."(『요미우리 신문』 1958년 9월 3일)라고 말한다. 그리고 회의를 총괄하는 기사는 「사라진 아톰의 신화」(『요미우리 신문』, 1958년 9월 13일)였다.

그러나 원자로의 도입을 바라는 정계·제계·학계는 원자력공학 연구에 열중했었고, 원자력에 관한 지식·학문제도·행정의 전문화·세분화도 확실히 진척되고 있었다. 원자력발전소 건설에 관한 전문지식은 집중적으로 공학부에 축적되어 1958년에 교토대학 공학부에 원자핵공학과가 생겼고, 1960년에는 도쿄대학에도 원자력공학과가 신설되었다. 1957년에는 교토대학, 오사카대학, 도쿄공업대학이 학부에 앞서 대학원에 원자력 전공 코스를 개설했다.

이 과정에서 원자력발전소의 조기 도입을 지향하는 방침에 비판적인 과학자들은 핵에너지 연구개발 체제에서 조금씩 이탈했다. 상징적인 것은 유가와 히데키나 사카타 쇼이치(坂田昌一, 1911-1970)와 같이 소립자론 그룹으로 불리던 물리학자들이 연구개발 체제의 중심에서 모습을 감췄다는 점이다.

물리학자들은 원자력발전의 실용화가 기초연구의 진보 위에서 이루어져야 한다고 생각했다. 그러나 정계는 연구개발 체제의 정비를 서둘렀다. 원자력발전소의 조기 실현을 위해서는 외국의 원자로기술을 수입하면 된다는 정계의 논의는 물리학자들 입장에서 보면 원자력 3원칙 속의 '자주'적인 정신을 무시하는 것이기도 했다. 또한 1956년 발족한 원자력위원회의 위원장으로 취임한 쇼리키 마쓰타로(正力松太郎, 1885-1969)가 원자력위원회의 개최에 앞서 '앞으로 5년 이내에 원자력발전소를 실현할 수 있다.'라고 호언장담한 것도 물리학자들의 불신을 심화시켰다. 정계가 실익 추구를 위해 돌진하는 상황에서 기초연구가 등한시될 우려가 있다고 생각했던 것이다. 그리하여 물리학자들은 원자력 연구개발 체제를 외부에서 비판하는 길을 선택하게 되었다.

유가와 히데키는 1957년 원자력위원회 위원직을 사임했다. 일본학술회의의 원자력 전문부회 소속이던 사카타 쇼이치도 1960년에 사임했다. 소립자론 그룹은 연구개발 코스에서 떠나기 시작했다. 그것은 원자력 연구개발의 주된 싸움터가 기초연구를 중시하는 이학계 학문에서 실용적인 면을 중시하는 공학계의 학문으로 이동한 것과 궤를 같이했다.

논의의 축소 - 연구의 전문화, 세분화

이 시기에 이르자 신문에서 원자력 연구개발의 동향에 관한 논의를 펼치기 어려워졌다. 원자력발전소 연구의 전문화가 강화되면서 그 영역도 세분화되었기 때문이다. 연구개발을 둘러싼 논의가 사람들의 관심을 끌지 못한 것을 보여주는 예로, 1958년부터 1959년에 걸쳐 일어난 콜더홀형 원자로의 안전성을 둘러싼 논의를 들 수 있다. 영국에서 사용 중이던 흑연감속가스냉각형 원자로(발전소의 이름을 따서 '콜더홀형(Calder Hall Type) 원자로'라고 불렀다)를 일본에 도입할 때 원자로의 내진성이 과제로 떠올랐다.

영국은 대규모의 지진이 일어나지 않지만, 일본은 상황이 다르다. 원자력위원회의 원자로지진대책소위원회는 콜더홀형 원자로를 일본에 도입하기 위해서는 그것의 내진성을 향상시키기 위한 개조가 필요하다고 지적했다. 1958년 3월에 개최된 중위원의 콜더홀형 원자로 도입 공청회에서도 비슷한 관점에서 안전성에 대한 의문이 제시되었다. 이후 1958년 7월에 원자력위원회에서 주최한 공청회가 있었고, 8월에는 일본학술회의가 주최한 토론회가 열렸으며 거기에서 안전성에 대한 문제가 다양한 각도에서 논의되었다.

콜더홀형 개조 원자로를 사용한 일본의 첫번째 발전소는 일본 최초의 원자력 연구 기관인 원자력연구소가 있는 도카이무라에 설치되었다. 아울러 사고가 났을 때 인근 주민의 피난 범위 등도 논제 중 하나였다. 작업자가 아닌 일반 주민의 방사선 허용량의 문제와 원자로의 안전 기준도 논의의 대상이 되었다. 일본학술회의 측 과학자와 원자력발전회사 측 과학자들이 논의의 중심을 이루고 있었으나 산업계와 조합원, 이바라키현 지사와 도카이무라 촌장 등도 참여해 각계에서 의견을 개진했다.

그렇다면 콜더홀형 원자로의 안정성을 둘러싼 논의는 어떤 식으로 보도되었을까?

원자력위원회가 주최한 공청회와 일본학술회의가 주최한 토론회에서 진행된 논의의 경위는 당시 과학전문잡지 『자연』과 『과학 아사히』에서 보도되었다. 신문은 안전성 논쟁의 내실에는 관심을 두지 않았고, 논의가 일단락되는 시점에서 결과만을 보도하면서 좀처럼 결론을 내지 못하는 과학자들의 논의를 냉담하게 보도했다. 결과적으로 안전성 논쟁은 사람들의 비판적인 관심을 이끌어내지 못했고 전문가들의 대립으로만 인식되었다.

그럼에도 불구하고 이런 안전성 논쟁에서는 안전과 사회와의 관계를 둘러싼 중요한 문제가 쟁점으로 다루어졌다. 1958년 4월 일본학술회의 원자력문제위원회가 원자로의 안전성에 대한 의견을 정리했다. 의견서에서는 "방사선은 노출된 양이 아무리 적더라도 그에 따라 방사선 장애와 같은 영향을 남기지만, 이러한 피해는 인간의 감각으로는 지각하기 어려운 경우가 많다."라는 점이 강조되면서 "'안전성'이라는 개념이 단지 과학기술의 개념만이 아닌 사회적 개념이라는 점"이 지적되고 있다(사카다 쇼이치(坂田昌一), 「일본학술기념회 제26회 총회에서」, 『시소(思想)』 1958년 7월 호).

이 콜더홀형 원자로의 안전성을 둘러싼 논의는 핵에너지 연구개발에 관련된 사람들에게 과학기술이 안전성에 대한 추구만이 아니라 그것을 사회에 알릴 필요성을 만드는 계기가 되었다. 그러나 안전성 문제를 거론하며 조기 도입에 비판적이던 과학자들은, 국책으로 진행되는 원자로 도입에는 제동을 걸지 못했다는 사실 때문에 일종의 체념 상태에 빠지기도 했다. 이후 원자로의 안전 심사는 원전을 추진하는 쪽의 내부에서 이루어지게 되었다.

불안한 원자력 시설

1950년대 중반 이후 '평화적 이용' 캠페인이 일본사회를 휩쓸고 있었다. 그러나 동시에 일본사회에 큰 충격을 준 비키니섬 사건을 계기로 '평화적 이용'에 대한 기대감만이 아닌 원자력 발전이나 관련 시설이 위험하다는 의식도 사회에 침투하기 시작했다. 1950년대 후반에는 간사이 지방에서 연구용 원자로 설치에 반대하는 지역 주민의 운동이 일어났는데, 원자로가 위험하다는 의식이 없다면 반대 운동도 일어나지 않았을 것이다.

1957년 1월, 교토대학과 오사카대학은 연구실험용 원자로 설치 장소를 교토부 우지시로 내정했다. 오사카 수원지인 요도가와강의 상류가 설치 후보지로 결정되자 우지시에서 차를 재배하는 사람들이 '풍평(風評)피해'(근거 없는 소문에 의한 피해-옮긴이 주)를 우려해 반대 운동을 벌였고, 뒤이어 6월에는 우지시의 시의회가 원자로 설치를 거부하기로 결의했다. 이후에도 후보지 선정은 계속 난항을 겪었다. 다카쓰키와 이바라키시의 경계에 있는 아부산, 기타가와치의 가타노시, 시조나와테시가 후보지에 올랐지만, 해당 지역의 강한 반대로 전부 실현되지 못했다. 결국 1960년 12월, 오사카부 센난시의 구마토리초에 설치가 결정되면서 간사이 연구용 원자로 설치 문제는 드디어 수습되었다.

간사이 연구용 원자로 반대 운동은 경제적 피해에 대한 두려움, 정계·산업계·학계에 대한 불신에 근거를 두고 있었다는 점에서 나중에 일어나는 '탈원전' 운동의 시초로 볼 수 있다. 이 간사이 연구용 원자로 반대 운동은 크게 주목을 받았지만, 당시 『아사히 신문』의 사설이 보여주듯이 언론에서는 조기 실현을 기대하는 논조가 주류를 이루었다(『아사히 신문』, 1959년 11월 9일).

간사이 연구용 원자로 반대 운동은 원자력의 '평화적 이용'이라는 장대한 꿈이 현실화되는 과정에서 지역사회의 문제로 부상한 사례이자 이상과 현실의 알력 속에서 벌어진 '평화적 이용'의 실용화를 둘러싼 상징적인 사건이었다. 비키니섬 사건이 일어났을 때 해산물의 오염이나 방사성 낙하물이 섞인 비를 경험한 사람들은 국가와 미디어가 설파했던 '원자력의 꿈'을 부정하지는 못해도, 속으로는 원자력 시설의 위험성을 걱정하고 있었다. 그런 의미에서 이 운동은 국소적인 님비(Not In My Back Yard, 지역 이기주의 현상)의 심정에서 출발했을지 모르지만, 그래서 원자로 설치에 강하게 대항할 수 있던 것이다. 이것은 1960년대 이후 원자력발전소와 원전 입지 지역의 관계를 생각하는 데 있어 중요한 관점을 제공해준다.

핵의 현실과 디스토피아 세계 - 1960년대

공포 - 핵실험에서 핵전쟁으로
압도적인 핵전쟁의 이미지
'죽음의 재'에 대한 불안
쿠바위기와 부분적 핵실험금지조약
방사선 피폭에 의한 초능력의 발현
규격을 넘어서는 위력을 나타내는 '기호'로서
원수폭금지운동의 분열
제2차 원자력 붐 - 실험에서 실용으로
새로운 꿈, 고속증식로
재생산되는 '박복한 피폭자'
만화의 사회적 위치와 표현의 변용
분노와 원한의 피폭자 상
나카자와 게이지의 등장
특수촬영의 친화성
'핵 알레르기'라는 말
'평화적 이용'과 '비핵삼원칙'
애매한 일본의 핵 논의
공해 문제에 대한 관심의 고조와 진보에 대한 회의
변하지 않는 '평화적 이용' 지지

제2장

공포 - 핵실험에서 핵전쟁으로

1950년대 이후 핵무기 개발 경쟁이 격화되자 각지에서 핵실험이 이어졌다. 원수폭의 수는 계속 늘어났고 핵병기의 경량화도 진전되었다. 이때 미소가 직면한 것은 '대량으로 제조된 핵병기를 상대국의 본토에 효율적으로 사용하려면 어떻게 해야 할까?'라는 군사적 과제였다. 이 과제를 달성하기 위해 개발된 것이 ICBM(대륙간탄도미사일)이다. 이 개발 경쟁에서 한발 앞서 나간 것은 소련이었다.

1957년 8월 소련은 ICBM의 비행실험 성공을 발표하고 10월에는 인공위성 스푸트니크 발사에 성공했다. 소련은 먼저 대기권 밖으로 로켓을 쏘아올림으로써 장거리 미사일 연구개발 경쟁에서 미국보다 우위에 있음을 보여주었다. 이에 미국도 IRBM(중거리탄도미사일)을 NATO 가맹국의 기지에 배치해 소련과의 군사적 격차의 축소를 시도하면서 동시에 미사일과 정보통신시스템 개발에 매진했다. 원수폭을 탑재한 폭격기만이 아니라 핵탄두를 실은 미사일이 미소 양국을 서로 노려보는 상황이 발생한 것이다.

상황이 이렇게 되자 오인과 오작동으로 미사일이 발사되어 전면적인 핵전쟁이 일어날 수도 있다는 지적이 나왔다. 국제정치학자 사카모토 요시카즈(坂本義和, 1927-2014)는 다음과 같이 말한다.

> 예를 들어 상쾌한 초여름의 아침 햇살을 받으며 남편과 아이가 외출했는데 몇 시간 후 갑자기 집 한 채가 부서져서 지옥도와 같은 죽음의 세계로 내던져질 가능성이 실은 현재 국제정치의 구조적 요인이 되고 있다. 이것은 결코 '전쟁 노이로제'가 아니다. 원래 전쟁의 요인은 여러 가지가 있지만, 우발적 사고는 전혀 예상하지 못했을 때 발생한다는 특성 때문에 다른 모든 요인들과 명백하게 구별된다.

'전혀 예상하지 못했을 때 발생'한다는 우발적 전면 핵전쟁의 가능성은 1960년의 프랑스, 64년 중국의 핵무장에 의해 한층 강하게 의식되었다. 그때 사람들이 머릿속으로 떠올린 것은 폭격기가 날아와 폭탄을 투하하는 기존의 전쟁관이 아니었다. 단추를 누르면 핵탄두를 실은 미사일이 발사되고 하늘에서 미사일이 쏟아져 내리는 이미지였다.

압도적인 핵전쟁의 이미지

예를 들어 전후 일본을 대표하는 만화가 중 한 명인 이시모리 쇼타로(石森章太郎, 1938-1998. 1985년 개명)의 「악마의 필름」(『소년 선데이(少年サンデー)』, 1960)이라는 작품이 있다. 주인공들은 핵전쟁을 막기 위해 동분서주하지만, 이야기의 종반에 어떤 징조도 없이 핵전쟁이 일어나버린다.

2-1 이시모리 쇼타로, 「악마의 필름」

핵전쟁 이전에 서로를 적대시하던 사람들은 '죽음의 재'가 세계를 뒤덮고 인류는 사멸할 것이라고 비관한다. 상식 밖의 행동을 하는 사람도 있지만, 과거의 적대 관계를 잊고 사이좋게 최후의 만찬을 시작하는 사람들도 있다. 작품 속에서는 그 상황이 '단추를 누르는 것만으로 상대국의 하늘에 원폭과 수폭을 실은 미사일이 빗발치듯 쏟아진다……'라고 설명되어 있다. 갑작스러운 핵무기 투하는 이야기를 끝내기에 안성맞춤이었을지 모르지만, 그것이 일정한 리얼리티를 취득한 배경에는 미사일에 의한 핵전쟁의 가능성이라는 국제 상황이 있었다.

2-2 마쓰바야시 슈에, 〈세계대전쟁〉

미사일을 사용한 강대국 간의 핵전쟁을 다룬 것은 만화만이 아니다. 예를 들어 '1961년의 흥행 베스트' 10위를 기록할 정도로 히트한 특촬대작영화 〈세계대전쟁〉(마쓰바야시 슈에(松林宗恵) 감독, 1961년)을 들 수 있다. 이 영화에서는 외국인의 전속운전사로 생계를 이어가는 주인공과 그의 가족을 중심으로 한 시민 생활의 이야기와 '연방국'과 '동맹국'으로 불리는 두 대국 간의 대립 및 일본정부의 대응과 같은 국제적 상황이 대비되고 있다.

영화 속에서는 새로운 전쟁의 양상인 '버튼에 의한 전쟁'과 '우발적 전쟁'의 이미지가 반복해서 등장한다. 예를 들면 핵미사일 발사를 지령하는 붉은색 버튼 앞에서 두 강대국의 군인이 고뇌하는 장면과 레이더 오작동을 적의 공격으로 오인한 군인이 당황해 발사 버튼을 누르려 하는 장면 등이 나온다. 그 밖에도 '히로시마 때는 B29가 싣고 왔지만, 이번에는 미사일로 싣고 왔다.'라는 대사를 통해 전쟁의 성질이 변했다는 것도 보여준다.

이야기의 종반, 핵미사일의 도래를 알리는 뉴스로 도쿄가 대혼란에 빠지지만 주인공과 가족은 피난에 나서는 다른 사람들과 달리 집에 남기로 한다. 가족은 정장 차림으로 식탁에 모여 조용히 최후를 맞이한다. 주인공은 '자식을 대학에 보내고 싶었다.', '딸의 결혼식을 올려주고 싶었다.', '누구도 나의 행복을 파괴할 권리는 없다.'라고 말하며 눈물을 흘린다. 이런 연출은 1950년대 '핵실험의 공포'와 1960년대 '핵전쟁의 공포'의 차이를 단적으로 보여준다. 미소가 보유한 핵전력은 생존을 위해 우왕좌왕하는 것조차 공허하게 만들 정도로 압도적인 것으로 인식되고 있었다. '핵실험의 공포'와 '핵전쟁의 공포' 간의 차이는 〈세계대전쟁〉과 앞 장에서 확인한 〈산 자의 기록〉을 비교하면 한층 분명하게 알 수 있다. 〈산 자의 기록〉의 주인공은 '죽음의 재'에 공포를 느끼지만 아직 세계 어딘가에 안전한 장소가 있다고 생각한다. 그래서 주인공은 가족들과 브라질로 이주할 계획을 세웠던 것이다.

하지만 〈세계대전쟁〉에서는 핵전쟁이 일어나면 도망쳐도 소용이 없다는 체념적 의식이 표현되고 있다. 영화의 마지막에는 핵공격에 의해 무너져내린 국회의사당을 배경으로 다음과 같은 경구가 나온다. '이 이야기는 모두 가공된 것이지만 내일 현실이 될지도 모른다.', '그러나 그것을 멈추게 하자. 우리 모두가 손을 맞잡고……', '아직 그것이 일어나지 않았을 때에……'

'죽음의 재'에 대한 불안

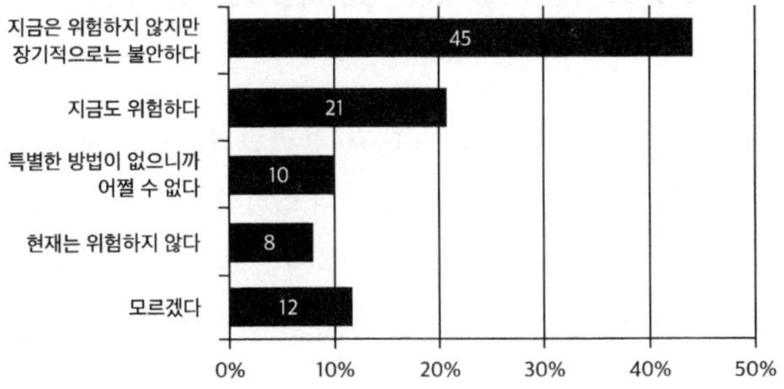

당신은 방사능 피해에 관해 어떻게 생각하고 있습니까?, 총리부, 1962년

핵전쟁이 아직은 일어나지 않았다는 사실이 핵실험에 대한 종래의 공포심을 누그러뜨리지는 못했다. 1960년대 초반은 핵실험의 휴지기였지만, 1961년 소련이 핵실험을 재개함에 따라 '죽음의 재'라고 불린 방사성 낙하물에 대한 경계심은 여전히 강했다.

1962년에 총리부가 실시한 여론조사에는 "작년부터 올해에 걸쳐 소련과 미국이 핵폭발 실험을 했기 때문에 비와 먼지 속에 방사능이 많아질지도 모른다고 합니다. 당신은 방사능 피해에 관해 어떻게 생각하고 있습니까?"라는 질문이 있는데, 그에 대해 60%가 넘는 사람들이 불안과 위험을 느끼고 있다고 대답하고 있다.

당시 사회에서 방사성 낙하물에 대한 불안은 아이들을 대상으로 한 만화에서도 확인할 수 있다.

2-3 구메 미노루·후지코 후지오, 「로켓 켄짱—검은 산타클로스」

예를 들어 1961년 12월에 소학관의 학년별 잡지 『소학이년생(少学二年生)』의 부록에 게재된 『로켓 켄짱』 시리즈의 「검은 산타클로스」가 있다. 『로켓 켄짱』은 만화가인 후지코 후지오(藤子不二雄)의 출세작이다. 후지코 후지오는 잘 알려진 것처럼 후지코·F·후지오(藤子·F·不二雄, 1933-1996)와 후지코 후지오ⓐ(藤子不二雄ⓐ, 1934-)의 합작 펜네임으로 두 사람은 1987년까지 합작명으로 집필을 이어갔다. 「검은 산타클로스」의 원작은 『괴도 루팡』 시리즈의 번역으로 알려진 구메 미노루(久米みのる, 1931-2006)가 담당했다.

로켓으로 하늘을 순회하고 있던 주인공들은 '수폭 실험이 있으니까 대피하라'라는 지시를 받는다. 곧이어 수폭 실험이 시작되고 세계에 '죽음의 재'가 퍼져나간다. 일본에 돌아오자 주인공들의 '삼촌'이 '죽음의 재'를 제거하기 위한 '죽음의 재 청소기'를 작동시키고 있었다. 청소기로 모은 '죽음의 재'는 청소기 주머니에 보관되었는데, 주머니가 금방 가득 차 버려서 주인공들은 그것을 사막에 버리러 가야만 했다. 그들은 사막으로 가는 도중에 '검은 산타클로스'의 습격을 받아 '죽음의 재'를 도둑맞는다. '검은 산타클로스'는 도쿄에 '죽음의 재'를 뿌려댄다. 영화의 말미에 '검은 산타클로스'는 체포되는데, 그는 자신이 뿌린 것은 가짜 '죽음의 재'이고 사람들을 놀라게 할 생각이었다고 말하며 '악당도 '죽음의 재'는 엄청 싫어합니다.'라고 덧붙인다. '악당' 조차 '엄청 싫어하는' 것, 이른바 절대악으로서 '죽음의 재'가 언급되고 있다.

쿠바위기와 부분적 핵실험금지조약

핵전쟁에 대한 위기 의식이 한층 높아진 가장 큰 요인은 쿠바위기였다. 1962년 10월, 미국의 케네디 대통령은 쿠바에 중거리 미사일 기지를 건설하고 있던 소련에게 기지 철거를 요구하며 함정과 군용기를 동원해 쿠바 해상을 봉쇄했다. 10월 22일에는 케네디가 TV 연설을 통해 쿠바가 미사일로 공격한다면 소련에 핵무기로 보복할 것이라고 공언했다. 이런 상황에서 소련이 미사일을 철거하라는 미국의 요청에 응할 것인지를 둘러싸고 전 세계는 마른침을 삼켜야만 했다. 최종적으로 소련의 흐루쇼프 수상이 한 발 물러나 쿠바의 카스트로의 반대를 무릅쓰고 미사일 기지의 해체를 표명함으로써 사태는 진정되었다. 소련이 미국의 요구에 응하지 않았다면 자칫 전면 전쟁이 일어날 수도 있었던 '쿠바위기'는 전면 핵전쟁의 가능성과 불가능성을 사람들에게 상기시켰다. '핵전쟁은 언제든지 일어날 수 있고 그렇게 되면 세계는 종말을 맞이할 것이다.', '그러나 바로 그 이유 때문에 미소는 틀림없이 전면 핵전쟁을 회피할 것이다.'라는 상호 모순되는 예측이 위태로운 균형 속에서 동거하게 되었다.

다른 한편, 1960년대에는 핵실험을 둘러싼 미소 간의 협의가 1950년대에 비해 진전되고 있었다. 1963년 8월 미영소를 중심으로 부분적 핵실험금지조약이 체결되었다. 그 이전까지 핵실험 금지를 요구하는 국제 여론을 자신의 편으로 만들기 위해 미소는 1950년대 말부터 핵실험을 정지했지만, 국제적인 협상을 체결하는 데까지는 이르지 못했다. 그러나 쿠바위기 이후 미소 간에 양보가 진행된 것을 배경으로 핵실험 중지를 향한 교섭이 궤도에 오른 것이다. 프랑스와 중국은 가입을 거부했지만 전후 세계의 우려 중 하나였던 핵실험과 방사성 낙하물 문제에 관해 지하 핵실험을 제외하고 일단 제동이 걸렸다. 이에 따라 미소의 긴장 완화는 한층 진전되었고 양측이 전면적 군축을 향할 것이라는 기대감이 높아졌다. 대기권 내, 우주 공간을 포함한 대기권 외, 나아가 수중에서의 핵실험을 중지하는 이 조약은 '냉전사의 금자탑'(『아사히 신문』, 1963년 7월 26일)으로 불렸다.

이상에서 살펴본 바와 같이 1960년대 최초의 수년간은 핵전쟁에 의한 종말과 회피라는 이미지가 사회에 공유되고 있었다. 여기에 1950년대 이후 일본사회에 침투했던 방사성 낙하물의 위험성에 대한 인식도 부분적 핵실험금지조약의 체결로 경감되었다. 그러자 핵에 관한 상상력은 보다 '자유롭게' 되었다. 이후의 대중문화는 단지 핵전쟁 이후의 세계를 무대로 설정하는 데 그치지 않고, 작품 속에서 발생하는 이상 현상의 원인을 다룰 때 방사능 피폭被曝과 원수폭 피폭被爆의 이미지를 이용했다.

방사선 피폭에 의한 초능력의 발현

2-4 스즈키 아키미쓰, 「Z의 세계」

미래 핵전쟁에 대한 상상력은 방사선이 생물에 미치는 영향에 주목했다. 방사선의 영향을 이야기 설정에 사용하는 방법은 방사능 피폭과 원수폭 피폭으로 인한 초능력 발현이라는 발상으로 이어졌고, 1960년대 전반에는 하나의 틀이 되어갔다. 인류에 위해를 가하는 방사선이 특수한 능력을 발휘하는 원인이 된다는 의외성은 앞 장에서도 언급한 것처럼 대중문화가 선호하는 소재였다.

한때 데즈카 오사무의 어시스턴트로 일했던 스즈키 아키미쓰(鈴木光明, 1936-2004)의 「Z의 세계」(1961)라는 만화가 있다. 이야기는 수폭보다 위력이 크지만, 폭발 순간에만 방사선이 방출되는 '카드뮴Z'라는 신형 폭탄 실험에서 시작된다. 주인공은 실수로 오른팔이 강한 방사선에 노출되는데 그 일을 계기로 이상한 힘을 얻게 된다. 그의 오른손은 다른 세계와 이이지고 그곳에서 탈것과 무기를 내올 수 있는 능력을 가지게 된다.

SF소설가 히라이 가즈마사(平井和正, 1938-)가 원작을 쓰고 구와타 지

2-5 히라이 가즈마사·구와타 지로, 『8맨』

로(桑田二郎)가 그린 인기 만화 『8맨』(『주간 소년매거진』, 1963-1965 연재)의 '마녀 에스퍼'라는 에피소드에서는 피폭으로 초능력이 발현되는 사건이 그려진다. 이야기는 우주선 연구용 장치인 '비바트론'이 방사선 누출 사고를 일으키는 장면에서 시작된다. 연구시설에 견학 온 소녀가 우연히 '비바트론' 위에 떨어져 다량의 방사선에 노출되는 사고가 발생한다. 소녀는 간신히 목숨을 건지지만, 염력을 통해 물체를 이동시키고 불을 일으키는 초능력에 눈뜨게 된다. 아울러 『8맨』의 주인공은 초소형 원자로로 가동된다는 설정인데, 거기에는 핵에너지의 '평화적 이용'에 대한 소박한 기대감도 반영되어 있다.

2-7 가토 다이, 〈사나다 풍운록〉

피폭에 의한 초능력 발현의 무대는 미래 사회에 국한되지 않았다. 과거를 무대로 한 작품에서도 피폭에 의한 초능력이 그려지고 있다.

시대극과 협객 영화를 다수 제작한 가토 다이(加藤泰, 1916-1985)의 〈사나다 풍운록(真田風雲録)〉(1963)에서는 주인공인 '사루토비 사스케(猿飛佐助)'가 운석의 방사선을 맞아 초능력을 자각하는 설정이 보인다. 사루토비 사스케가 아직 어렸

2-6 소노다 미쓰요시, 『구루마 다이스케』

을 때 그의 주변에 거대한 운석이 떨어졌는데, 그때 사스케는 운석에서 방출된 방사선에 노출되었다. 이후 그의 몸에서는 보라색 빛이 나기 시작했고 불가사의한 능력이 생겨났다. 〈사나다 풍운록〉의 원작은 극작가 후쿠다 요시유키(福田善之, 1931-)의 희곡 『사나다 풍운록—강담과 역사로 구성된 3부 17장의 오락극』이다. 이 작품은 1960년에 라디오 드라마로 발표되었고 61년에는 TV에서도 방영되었다. 그것을 토대로 1962년에 무대화가 이루어졌다. 비평가들은 이 연극을 후쿠다가 나름의 방법으로 안보투쟁을 총괄한 작품으로 평가했는데, 이 연극을 토대로 만들어진 영화 역시 안보투쟁의 우화로서 받아들여졌다. 이렇게 정치적 의식이 높은 각본에서도 방사선 피폭과 그로 인해 생긴 초능력이 어떤 주저함도 없이 묘사되고 있었다.

방사선 피폭이라는 포괄적 개념 대신, 히로시마 피폭이라는 특정한 사건이 초능력의 원인이 되는 경우도 있었다. 이시모리 쇼타로가 『주간 소년 선데이』와 『우리들(ぼくら)』 등 여러 소년만화잡지에서 지속적으로 그린 『뮤턴트 사브』(1965-1967)라는 작품에서는 피폭 2세인 주인공 '사브'가 다른 피폭 2세에게 수혈받은 것을 계기로 초능력을 갖게 되는 장면이 있다(현재 유통되고 있는 판에서는 방사선이 아니라 UFO의 괴광선으로 바뀌었다).

그 외에도 액션만화 제1인자인 소노다 미쓰요시(園田光慶, 1940-1979. 당시는 아리카와 에이이치라는 펜네임으로 활약)의 유도 만화 『구루마 다이스케(車大助)』(『주간 소년킹』, 1963-1964 연재)에서는 주인공이 히로시마에서 피폭된 것을 계기로 '순간적으로 자신의 신체 세포를 분열시키는 능력'을 획득한 것으로 나온다. 이후 그는 초인적인 힘을 발휘하게 되고 '핵분열 던지기'라 불리는 기술을 체득한다. 작품 속에는 '방사능은 수십만의 사람들에게 무서운 병을 일으켰다. 하지만 오직 한 사람, 그 방사능 덕분에 신이 내려준 위대한 힘을 받게 된 인간이 있었다.'라고 설명되어 있다.

이처럼 방사능 피폭과 원수폭 피폭으로 초능력이 생긴다는 설정은 1960년대 전반 대중문화 속에서 하나의 정형으로 자리잡았다. 다만 그것들은 전부 '방사선=능력과 신체의 변이'라는 단편적인 단락의 설정일 뿐이고, 거기에 방사선 장애에 관한 언급은 없었다. 방사선이 극히 유해하다는 의식은 침투해 있었지만, 당시 방사선 작용에 관한 전모는 아직 밝혀지지 않았기에 방사선을 특수한 능력의 원인으로 설명하는 데 의외성과 나름의 설득력이 있었다. 방사성 낙하물에 대한 공포심이 사회에 널리 공유되고 있었기 때문에 그런 설정이 가능했다.

규격을 넘어서는 위력을 나타내는 '기호'로서

앞 장에서 확인한 '원폭 던지기'의 사례처럼 '원폭'이라는 말은 대상이 가진 커다란 파괴력을 보여주기 위한 일종의 비유로 사용되었는데, 그것은 1960년대에 프로레슬링의 기술을 의미하는 '핵분열 던지기'로 재생산된다.

이를테면 1959년에 데뷔한 프로레슬러 오키 긴타로(大木金太郎, 1929-2006)의 특기는 '원폭 박치기'였다. 오키는 역도산(1924-1963)을 동경해 프로레슬러를 꿈꾸다가 국교 수립 이전에 한국에서 일본으로 밀항해 데뷔했다. 그는 1960년대에 안토니오 이노키, 자이언트 바바와 함께 '삼총사'로 불릴 정도의 인기 레슬러가 되었다. 그의 특기였던 박치기는 '원폭 박치기'라 불렸다. 오키가 미국인 레슬러를 상대로 '원폭 박치기'기술을 쓰면 아나운서가 '드디어 나왔다!'라고 외쳤다고 한다(『악역 레슬러는 웃는다』 중에서).

2-8 가지와라 잇키·요시다 다쓰오, 『챔피언 다이』

프로레슬링 기술에 핵무기의 이름을 사용한다는 발상은 소년만화에서도 보인다. 극화 장르(사실성 높은 만화-옮긴이 주) 작가로 유명한 가지와라 잇키(梶原一騎, 1937-1987)가 원작을 맡고, 후일 애니메이션 제작 회사인 다쓰노코 프로덕션을 설립한 요시다 다쓰오(吉田竜夫, 1932-1977)가 그림을 맡은 프로레슬링 만화 『챔피언 다이』(『주간 소년매거진』, 1962-1963)는 역도산 등 실재하는 프로레슬러를 등장시켜 당대의 독자들에게 큰 인기를 끌었다. 이 만화에서는 높이 뛰어오른 후 상대에게 떨어지는 기술이 '인간 수폭'이라고 불린다.

이러한 것들은 방사능 피폭이나 원폭 피해로 인해 초능력이 생기는 것과 달리 원수폭의 파괴력에만 주목한 경우에 해당한다. 스포츠만화에 등장하는 통쾌한 기술의 작명에 핵무기를 사용하는 수법은 『이가구리 군』의 '원폭 던지기' 이래 전후 일본의 대중문화에서 일관되게 확인된다. 이들 작품은 핵무기의 참화를 말하는 것도 아니었고, 원자력이 가져올 밝은 미래를 선언하는 것도 아니었다. 단지 상상을 초월하는 위력을 보여주는 '기호'로서 핵무기의 이름을 사용할 뿐이었다.

원수폭금지운동의 분열

앞 장에서 말한 것처럼, 1954년 비키니섬 사건을 시작으로 원수폭금지서명운동을 거쳐 55년에는 히로시마에서 원수폭금지세계대회가 개최되었다. 이 세계대회를 계기로 결성된 원수폭금지일본협의회(이하 원수협)는 세계 각국과의 연대를 지향하면서 핵무기 반대를 호소하는 원수폭금지운동을 전개했다. 하지만 원수폭금지운동은 1960년대에 들어 전환기를 맞이한다. 당초에는 '풀뿌리 평화운동'의 성격이 강했으나 점차 정치색이 짙어졌기 때문이다. 1960년에 개최된 제6회 원수폭금지세계대회의 결의문을 보면 '미국 제국주의'라는 미국을 비난하는 말이 사용되고 있다. 이 사례가 보여주는 것처럼 운동은 점차 좌경화되었다.

이후 1961년 10월에 소련이 핵실험을 강행하자 그것에 대한 평가를 둘러싸고 원수협 내부에 잠재되어 있던 대립이 한꺼번에 폭발했다. 모든 핵실험에 반대한다는 입장인 사회당·총평계와 소련의 핵을 용인했던 공산당이 정면으로 대립했기 때문이다. 1962년에는 제8회 세계대회를 개최하는 중에 소련이 재차 핵실험을 시행하자 사회당·총평계 대표가 이에 항의하는 긴급동의서를 제출했지만 채택되지 않아 퇴장했다.

이렇게 원수협이 조직으로서 기능하지 못하게 되자, 사회당·총평계는 1963년 제9회 원수폭금지세계대회에서 원수협을 탈퇴해 1965년에 원수폭금지일본국민회의(이하 원수금)를 새롭게 설립한다. 보수계도 1961년 핵무기금지평화건설국민회의(이하 핵금회의)를 설립함에 따라 원수협에는 공산당계만 남게 되었다. 원수폭금지운동은 1960년대 전반에 이와 같은 세 개의 파로 분열되었다.

당시 28세였던 소설가 오에 겐자부로는 원수폭금지운동이 분열했던 제9회 원수폭금지세계대회를 취재했다. 그리고 이 취재를 바탕으

오에 겐자부로

오카모토 다로

로 히로시마에 관한 일련의 르포를 잡지 『세카이』에 발표하기 시작했다. 이 르포는 1965년에 『히로시마 노트』라는 책으로 묶였다. 오에는 피폭자가 부재한 채 정치로 인해 평화운동이 분열되어 가는 모습을 목격하고 난 후 취재 대상을 개별 피폭자로 바꿨다. 그리고 히로시마의 피폭자에 근거를 두고 전후 일본인을 비판적으로 바라보는 시점을 제기했다.

오에와 더불어 1963년에는 미술가 오카모토 다로(岡本太郎, 1911-1996)가 히로시마를 방문했다. 오카모토는 관광버스가 줄지어 선 평화공원을 보고 그곳에서 기억과 망각의 기묘한 동거를 감지했다. 폭심지를 '평화공원'이라 부르고 원폭이 떨어진 날의 행사를 '평화기념식전'이라 이름 붙인 태도는 결과적으로 '평화'의 이름 아래 원폭을 망각하려는 태도와 연결된다. 동시에 평화운동은 매년 '평화공원'을 중심으로 성대하게 치러지고 있다. 피폭에 관련된 화제를 만들기 위해 저널리스트는 히로시마를 방문하고 여름해수욕장에 관한 기사와 함께 가볍게 '피폭자의 목소리'를 포착해 카메라에 그 모습을 담는다. '처음에는 자연스럽고 현실감이 있었을지도 모른다. 하지만 인터뷰가 거듭되는 동안 피폭자는 자신도 모르게 연기자가 되어 버린다. 방문자는 심각한 얼굴이 된다. 그것에 서로 익숙해져 있다.' 오카모토는 '왜 잊으려고 하는가, 절대로 잊지 않고 떠올리고 기억해서 다시 현실을 움직이려는 의지가 있는가'(『나의 현대예술』)라고 묻는다. 1963년의 일본에 히로시마는 어디에 있는지를 오카모토는 묻고 있는 것이다.

흥미로운 점은 오에와 오카모토가 같은 인식에 이르고 있다는 점이다. 즉 피폭자와 연대해야 한다는 인식이다. 오에는 "우리에게는 '피폭자의 동지'라는 것 외에 정상적인 인간의 삶은 없다."라고 말했고, 오카모토는 "상해를 입은 사람만이 피폭자일까? 원폭의 사실에서 우리 운명의 거대한 부분이 출발하고 있다. 즉 우리 자신이 피폭자다."라고 말한다. 그들의 인식은 평화운동이 놓친(것이라고 그들이 생각하는) 개별 피폭자에 초점을 두고 있다는 점에서 공통된다. 그들은 '군사적 이용'의 부정은 평화운동의 결과가 아니라 비피폭자가 피폭자의 체험에 얼마나 상상력을 발휘할 수 있는가에 달려있다고 지적했다.

제2차 원자력 붐 - 실험에서 실용으로

핵실험 평가를 둘러싸고 원수폭금지운동은 정치적 이데올로기로 분열되었다. 그런 분열에 대한 위화감이 개별 피폭자에 대한 관심으로 향하는 가운데 1960년대 전반은 사실 핵의 '평화적 이용'에 대한 기대감이 다시 고양되던 시기이기도 했다. 1962년 말부터 1963년 전반에 걸쳐 전국지(全国紙)[1]에서는 '발전을 향해 크게 전진', '제2차 원자력 붐', '되살아나는 원자력' 등의 제목을 쉽게 발견할 수 있다.

1962년 말부터 약 반년간은 원자력 발전에 관한 연구와 전력회사의 동향이 특히 활발했던 시기였다. 그 배경에는 케네디 정권이 추진한 적극적인 원전 정책이 있었다. 미국원자력위원회는 1962년 11월에 발표한 정부의 자문에 대한 의견 진술에서 증식로의 개발을 전제로

1 요미우리, 아사히, 마이니치 3대 신문에 일본경제 신문, 산케이 신문까지 포함한 5대 신문을 전국지라고 한다. -옮긴이 주

한 원전을 장기적인 에너지 정책의 일환으로 평가했다. 게다가 이 답신서에는 경수로 원전이라면 화력 발전과 경쟁 가능할 정도의 코스트로 운용 가능하다고 적혀 있다(1960년대 후반에는 원전 코스트가 그다지 줄지 않는다는 사실이 밝혀진다). 케네디 정권의 후원에 힘입어 미국에서는 뉴저지주 오이스터 크리크(Oyster Creek) 원전을 시작으로 해서 대형 원전의 수주가 잇따랐다. 그 영향으로 1962년 12월에는 일본 통산성도 원전 코스트의 예산을 발표하고 원전이 상업적 채산에 맞다고 주장하기 시작한다.

1963년에 접어들자 일본은 향후 도입할 발전용 원자로를 영국의 원자로에서 경제 효율이 더 좋다고 알려진 미국 원자로로 바꾼다는 결정을 내렸다. 같은 해 10월 26일에는 원자력연구소의 실험용 원자로(G・E[제너럴 일렉트릭]사로부터 구입한 비등수형 경수로)가 발전에 성공, 이를 기념해 10월 26일이 '원자력의 날'로 정해진다. 이후 1960년대 후반에 걸쳐 원자력 발전은 실험 단계에서 실용 단계로 이행된다.

매스미디어도 활발히 보도하기 시작했다. 1950년대 말에 한번 싹을 틔웠던 원전에 대한 기대가 다시 부풀어올랐다. 『아사히 신문』 석간의 연재 기사 「되살아나는 원자력」(1964년 6월 8일-14일, 총 7회)에서는 원자력 붐이 다시 시작될 것으로 예견되고 있다. 기사에는 "얼마 전까지 일본에는 '원자력 붐'이라는 것이 있었다. 마치 독감처럼 전국으로 퍼졌지만, 그 붐은 허무하게 사라지고, 세계적으로 보아도 원자력은 최근 몇 년 동안 인기가 없었다. 그런데 최근에 미국과 유럽에서 원자력이 다시 주목을 받으면서 제2의 붐이 일어날 것 같다."라고 적혀 있다.

1964년 8월에는 주네브에서 6년 만에 제3회 '원자력평화이용국제회의'가 개최되었고, 3번째 회의에서 겨우 밝은 미래가 보이기 시작했다면서 화제가 되었다. 이것은 미국의 경수로를 선전하는 무대가 되었고 세계 각국이 경수로를 도입하는 계기가 된 회의이기도 했다. 1958년에 열린 제2회 회의를 총괄하는 기사 제목이 「사라진 아톰의 신화」

였던 것과 비교해보면 1964년 시점에서 원자력에 대한 기대감이 다시 커지고 있었음을 알 수 있다.

다만 1960년대 원전에 대한 기대감은 1950년대 중반에 있던 '평화적 이용' 캠페인과 같은 것은 아니었다. 둘 사이에는 명확한 차이점이 있었다. 하나는 방사선과 방사성 폐기물 문제이고, 다른 하나는 고속증식로의 문제이다.

제2차 원자력 붐이 일어났을 때 방사선과 방사성 폐기물 문제가 의식되고 있었다. 그 예를 『요미우리 신문』 기사에서 볼 수 있다. 「제2기를 맞이한 원자력 붐」이라는 기사는 "석탄에서 석유로 화려한 '에너지 혁명'에 주도권을 빼앗기는 형태로 오랫동안 침체 기미였던 '원자력 세계'가 봄과 함께 업계도 연구도 활력을 되찾았다."로 시작하며 원전에 대한 기대감을 대략적으로 설명한 다음, 마지막에 방사선 문제에 대해 언급한다.

> 원자력에는 반드시 방사능 문제가 수반된다. 그게 아니더라도 일본은 원폭 피해국으로서 방사능에는 신경을 곤두세운다. (중략) 일본이 핵전쟁에 반대하는 목소리 내주기를 세계가 기대하고 있는 지금, 냉정히 원자력의 '평화적 이용'과 씨름해야 한다는 것에 가장 큰 난관이 있다고 할 수 있다.

극복해야 할 과제로 '방사능 문제'가 거론되고, 일본은 '군사적 이용'에 반대하면서 한편으로 '평화적 이용'을 추진해야 한다는 일종의 딜레마가 자각되고 있다. 같은 『요미우리 신문』의 「제2차 원자력 붐의 주변, 계속되는 원전 계획 국민에게는 아직 공포감」이라는 기사에서는 원전 설치 계획이 진행되는 가운데 방사선 문제가 지역 주민에게 불안을 안겨주고 있다고 전하면서 "방사능은 미량이라도 무해하다고 단정할 수 없다. 하지만 두려워만 해서는 진보가 없다. 그래서 과학자들이 신중히 검토한 끝에 원자로규제법과 방사선장애방지법을 만들어 인체에 영향을 미치지 않는 한도에서 사용하도록 하고 있다."라고 적고 있다.

이러한 기사에서처럼, 1960년대에는 '평화적 이용'의 방사선과 방사성 폐기물이 1950년대보다 더욱 문제시되고 있었다. 그러나 이와 같은 문제는 극복 가능한 과제로 인식되었고 원전으로 향해 움직이는 큰 흐름을 멈추지는 못했다. 오히려 1960년대에는 고속증식로라는 새로운 꿈이 부상하고 있었다.

새로운 꿈, 고속증식로

고속증식로란, 고속 중성자가 핵분열 연쇄 과정에서 새로운 플루토늄 연료를 생산하여 사용한 것 이상의 핵연료를 만들어내는 원자로를 말한다. 고속증식로용 재처리 공장에서 플루토늄을 채취해서 그것을 연료로 발전시킬 수 있다면 우라늄을 수입에 의존할 필요가 없고 우라늄의 고갈을 우려하지 않아도 된다. 이것이 고속증식로가 '꿈의 원자력'이라 불린 이유이다. 고속증식로와 재처리 공장에서 핵연료를 순환적으로 이용하는 시스템은 '핵연료 사이클'이라 불린다. 이것은 원자력위원회 발족 당시부터 세운 목표였고, 1956년에 정리한 '원자력 개발 이용 장기개발계획'에 모든 개요가 명기되어 있다. 현실에서는 기술적인 과제가 적지 않다는 지적도 있었지만, 일본은 그 과제의 극복을 국책으로 삼아 고속증식로의 연구개발을 추진했다.

'제2차 원자력 붐'이 일어난 1960년대 전반에는 '핵연료 사이클'에 기대가 모아졌다. 1964년 10월 11일 『아사히 신문』 사설 「원자력 발전 시대에 대비하라」에서는 "외국에서 개발된 동력로를 사들이는 것은 쉽지만, 일본의 동력로 개발이나 그것을 어떻게 기술적으로 연계시킬 것인가, 어떤 개발을 통해 증식로의 단계에 도달할 것인가와 같은 일관된 개발 방침은 정해져 있지 않다."라고 지적하며 증식로의 개발을 명확한 목표로 세워야 한다고 주장한다.

이미 1962년 9월, 일본 실험용 원자로가 임계 실험에 성공하면서 일본의 기술수준에 대한 자부심이 생겼다. 그런 이유로 경수로를 무조건 미국에서 구입하기 보다는 일본의 기술력을 증명하기 위한 더 높은 목표로서 고속증식로를 개발해야 한다는 논리다.

그리고 1967년에 원자력위원회가 책정한 '원자력 연구, 개발 및 이용에 관한 장기계획'에서 핵연료 사이클의 확립이 방향성으로 확정되었다. 또한 10월 동연(동력·핵연료 개발 사업단, 이하 동연)이 발족함에 따라 고속증식로의 연구개발은 국가사업의 목표가 되었다. 게다가 1970년에는 실험용 고속증식로 '조요(常陽)' 및 플루토늄과 MOX 연료를 사용할 수 있는 신형 전환로 '후겐(Fugen)'의 건설이 시작되었다.

이처럼 '제2차 원자력 붐' 이후 1960년대 중반에 일본의 원자력 발전은 연구 단계에서 실용 단계로 넘어가고 있었다.

실용 단계에 들어선 일본의 핵에너지 개발은 농축 우라늄에 대한 높은 수요를 어떻게 충족시킬 것인가라는 문제에 직면했다. 당시 일본은 미국에서 농축 우라늄을 수입하고 있었는데, 미일 원자력 협정에서 정한 농축 우라늄 제공량은 연구는 가능해도 원자력발전소를 가동하기에는 부족한 수준이었다. 그래서 미국에 요청한 결과 1968년에 개정된 미일 원자력 협정에서는 공급되는 농축 우라늄 양을 대폭 늘리는 데 성공했다. 이로써 원자력발전소를 가동하기 위한 당면 과제는 해결되었지만, 다른 한편으로 일본 원자력 추진 체제의 미국에 대한 의존도가 심화되는 결과를 낳았다.

재생산되는 '박복한 피폭자'

'평화적 이용'에 대한 기대감이 다시 높아지고 있던 1960년대 전반에 피폭자의 모습은 어떻게 그려지고 있었을까?

1950년대에 형성된 '박복한 피폭자'의 정형은 60년대의 대중문화에도 여전히 뿌리 깊게 남아 있었다. 그 배경에는 '불치병 환자' 붐이 있었다. 1960년대 전반에는 요시나가 사유리(吉永小百合) 주연의 영화 〈사랑과 죽음을 바라보며〉(사이토 부이치(斎藤武市) 감독, 1964)가 흥행에 성공했고, 이외에도 '불치병 환자'로 불리는 남녀의 사랑과 죽음을 그린 만화, 영화, TV, 소설 등이 넘쳐났다. 이런 붐 속에서 피폭자를 주요 등장인물로 하는 작품도 늘어났다.

〈그날 밤은 잊을 수 없어〉(요시무라 고자부로(吉村公三郎) 감독, 1962)와 〈사랑과 죽음의 기록〉(구라하라 고레요시(蔵原惟繕) 감독, 1966)은 모두 남녀의 연애를 주제로 한 영화이다. 연애 과정에서 전자는 여성이, 후자는 남성이 피폭으로 인해 사망하고 남겨진 연인이 영원한 사랑을 맹세한다는 줄거리이다. 한창 연애 중에 죽는 청년의 모습은 '박복한 피폭자'라는 정형을 답습하고 있다고 할 수 있다.

병약함이 초래하는 덧없음을 표현하기 위해 '실은 피폭자였다'라는 설정이 사용된 사례도 있다. 예를 들어 〈지옥에선 내일은 없다〉(후루하타 야스오(降旗康男) 감독, 1966)에서 다카쿠라 겐(高倉健, 1931-2014)이 연기한 주인공 야쿠자 '류타'는 나가사키의 원폭 고아로 나온다. 피폭으로 백혈병에 걸려 종종 현기증이 일어나 병원에 다닌다는 설정이다.

또한 당시 신세대 극화의 기수로서 젊은이들의 공감을 얻었던 미야야 가즈히코(宮谷一彦, 1945-)의 만화 「영혼의 노래」(『보이즈 라이프』, 1967)에서는 피폭에 의한 백혈병으로 고통받는 테너가 고통 속에서도 사랑에 눈을 뜨고 긍정적으로 살아가는 모습이 그려지고 있다. 또한 야구 만화의 일인자인 가이즈카 히로시(貝塚ひろし, 1938-)의 「검은 배트의 기록」

(『별책 소년킹』, 소년화보사, 1968)에는 주인공의 친구이자 라이벌인 야구 소년이 피폭 때문에 백혈병을 앓는다는 설정이 등장한다.

여기에 거론한 작품들은 모두 피폭을 테마로 삼고 있지는 않기 때문에 주인공과 주요 등장인물이 피폭자일 필연성은 없다. 따라서 이러한 작품을 통해 '박복한 피폭자'라는 정형이 1960년대에도 여전히 재생산되고 있었다는 것을 알 수 있다. 이와 같은 재생산은 피폭의 비극과 피폭자의 고뇌가 1960년대에도 여전히 현실적인 문제였고, 핵무기에 대한 거부감이 널리 침투해 있는 가운데 피폭자에 대한 인식이 고정되어 있었음을 보여준다. 즉 피폭자는 약한 존재라는 일종의 편견이다.

그러나 한편으로 1960년대 후반 대중문화에서는 새로운 피폭자 상이 등장하기 시작했다. 그것은 개인적인 '분노'와 '원한'을 품은 피폭자 상이다. 특히 소년만화에서 그런 경향이 현저했다. 그것을 확인하기 위해서는 우선 1960년대에 일어났던 만화 표현의 변용을 확인해 둘 필요가 있다.

만화의 사회적 위치와 표현의 변용

1960년대는 만화 표현이 서서히 변화하던 시기이다. 종래 일본 문화에서는 아동 대상과 성인 대상이 대체로 분화되어 있었고, 아동을 대상으로 한 문화로 여겨지던 만화는 폭력적인 묘사로 인해 아이들에게 적합하지 않다고 저열하게 취급되었다. 또한 만화 자체가 지적인 담론에서 경시되는 경향도 있었다.

그러나 과거 소년만화잡지의 독자들은 대학생이나 '성인'이 되어도 만화를 손에서 놓지 않았다. 만화 표현 자체도 독자의 요구에 맞춰 수준을 높이고 다양해졌다. 이런 흐름 속에서 소년만화잡지의 유행도 변하고 전기戰記 만화가 등장하면서 '극화'라는 새로운 장르도 정착했다.

1950년대 후반부터 60년대 전반에 걸쳐 소년만화의 인기 장르는 스포츠만화에서 전기 만화로 바뀌고 있었다. 전기 만화의 붐이 일어난 것이다. 대여 만화 중에서는 요괴 만화로 유명한 미즈키 시게루(水木しげる, 1922-)가 그린 전기 만화 시리즈가 독자의 지지를 얻었다. 중앙의 출판사에서는 후일 『타이거마스크』의 작화를 담당해 이름을 날린 쓰지 나오키(辻なおき, 1935-1997)의 『제로센 하야토』(『주간 소년킹』, 1963-1964 연재)와 요시다 다쓰오(吉田竜夫)의 『소년닌자부대 월광』(『주간 소년킹』, 1963-1965 연재), 후일 『내일의 조』의 그림을 담당하는 지바 데쓰야(ちばてつや, 1939-)의 『전투기 다카(紫電改のタカ)』(『주간 소년매거진』, 1963-1965 연재) 등이 인기를 끌었다.

전후민주주의 교육을 온전히 받고 자란 아이들이 전쟁 만화에 열광했다는 것은 기묘하다면 기묘한 일이다. 그들은 전쟁을 가장 증오해야 할 것으로 교육받았기 때문이다. 그러나 현실에서 그들은 전쟁을 증오하면서 전쟁 만화와 그에 수반하는 그라비아, 프라모델 등을 선호했다. 실제로 일어났던 과거의 비참한 전쟁과 만화 속에서 전개되는 '멋진' 전쟁을 엄격하게 구분하면서 모순 없이 공존시키고 있었다.

이처럼 소년만화의 유행이 스포츠만화에서 전쟁 만화로 옮겨가는 과정에서 적에 대한 묘사도 변한다. 단순히 주인공에게 격퇴당하는 인물이 아닌 복잡한 배경을 가진 인간적인 면모를 그림으로써 드라마적 요소를 적극적으로 사용하는 시도가 점점 두드러졌다. 그리고 전쟁 만화에서 적의 배경으로 전쟁의 상흔과 그에 따른 '분노'와 '원한'이 강조되었다.

또한 '극화'의 발흥도 중요한 요소였다. 1950년대 말 대여 만화 세계에서는 중앙의 큰 출판사가 제공하는 '착한 아이'를 대상으로 한 밝고 즐거운 만화가 아니라 더 깊은 심리 묘사를 추구하는 하드보일드풍의 '어두운' 만화가 생겨나고 있었다. 영화의 영향을 강하게 받은,

악한을 주인공으로 한 어두운 만화는 '양식' 있는 어른들에게 비난을 받았지만, 십대들 사이에서는 일정한 지지를 얻었다.

전쟁의 상흔을 등장인물 설정에 반영해서 드라마를 연출한다는 스타일은 결과적으로 대여 도서 극화에서 유행하면서 하나의 패턴으로 자리 잡았다. 전쟁의 상흔 중에서도 누구나 알고 있는 원폭을 찾아내 소년만화에 도입하는 시도도 이루어졌다.

두 가지 예를 들어보겠다. 미시마 미치히코(三島みちひこ, 생몰미상)의 「지하의 마인」(『만화왕』, 1957)에는 원폭으로 양친을 잃고 '방사능증'을 앓는 남자가 그 '원한' 때문에 지구의 인간을 모두 죽이려고 살육 병기를 개발한다는 에피소드가 있다.

지바 데쓰야의 『벌집 대장』(『주간 소년매거진』, 1963)이라는 만화의 후반부에는 '죽음의 신'이라 불리는 적이 등장한다. 그는 피폭자이고 방사능증을 앓고 있다는 설정이다.

이처럼 1960년 전후의 소년만화에서는 단순한 멜로드라마의 요소가 아닌 전쟁의 상흔인 원폭을 적의 인물 조형에 도입하는 방법이 나타나고 있었다. 그리고 결정적인 요소로 원수폭금지운동의 분열로 인해 사람들 사이에서는 평화단체에 대한 거리감도 생겨나고 있었다. 이러한 요소가 1960년대 후반에 '분노'와 '증오'를 전면에 내세우는 피폭자 상의 토대가 되었다.

분노와 원한의 피폭자 상

분노와 원한을 전면에 내세운 피폭자 상이란 구체적으로 어떤 것일까? 세 편의 작품을 통해서 확인해 보자.

이시모리 쇼타로 「시간국 대원 R」의 '최종전쟁 편'(『중일시대(中一時代)』, 1966-1967 연재)은 '197X년 여름의 끝자락 세계의 주요 도시 머리 위로 거대한 불구슬이 부풀어 올랐다…'라는 말로 시작된다. 주인공인 '시간국 대원'이 시간을 거슬러 올라가 세계 붕괴를 사전에 막으려 한다는 이야기이다. 세계를 붕괴시킨 사람은 한 명의 초능력자이다. 그는 시간을 자유자재로 움직이는 능력만이 아니라, 생각을 현실화시키는 능력도 갖고 있다. 그가 세계를 파괴하려고 한 이유는 1945년 8월 6일의 히로시마와 관계가 있었다. 그의 어머니가 그를 임신했을 때 피폭당했다. 태내피폭자로 태어나 고독으로 괴로워하면서 태어난 것을 저주하던 그는 세계에 다시 원폭을 떨어뜨릴 결심을 한다. 그리고 미소의 군인이 핵미사일 발사 버튼을 누르게끔 그들의 생각을 조정하려 한다.

이런 설정은 소년 대상의 주간 만화잡지에도 등장한다. 액션만화로 인기를 끌던 모치즈키 미키야(望月三起也, 1938-)의 대표작 『비밀탐정JA』(『주간 소년킹』, 1965-1969 연재)가 있다. 만화 속 '미사일 사건'의 에피소드에서는 핵탄두를 탑재한 미사일을 발사하려는 악당 두목이 등장하는데, 그는 사실 피폭자로 복수를 위해 이런 계획을 세웠다는 설정이다.

핵무기를 사용해 피폭의 '원한'을 풀려는 인물은 학습 잡지와 주간 만화잡지에만 한정되지 않았다. 이런 종류의 인물상은 대여 만화에서도 찾아볼 수 있다. 1970년대 『개구쟁이 형사』 등의 갱 만화에서 한 세대를 풍미한 야마가미 다쓰히코(山上たつひこ, 1947-)의 초기 작품 「히로시마 1967」(『올괴담(オール怪談)』, 1967)에는 피폭을 체험한 심리학자가 등장한다. 이 심리학자는 과거를 영상으로 재현하는 능력을 가진 초능력

2-9 이시모리 쇼타로, 「시간국 대원」

2-10 야마가미 다쓰히코, 「히로시마 1967」

소녀와 만나 그녀에 대한 여러 가지 실험을 한다. 실험을 반복하는 가운데 소녀는 과거를 '실체화'하는 능력에 눈을 뜨게 된다. 그 능력을 알게 된 심리학자는 소녀를 유괴해 1945년 8월 6일의 히로시마를 재현하려 한다.

심리학자의 행동을 어떻게든 제지하려는 조수에게 심리학자는 다음과 같이 말한다. "너희들은 모를 거야, 피폭자의 고통을. 의사도 약도 없이 오직 고통과 공포를 견뎌야 했던 지난 날들을…!", "…세상 사람들은 이렇게 말했지. '정말 안타깝지만, 이것도 운명이라 생각하고 받아들이세요. 그때 그 장소에 있던 당신이 불운했던 거예요.'라고…",

"나는… 그런 자들을 나와 같은 처지로 만들지 않으면 마음이 풀리지 않는다." 괴담 전문 대여 잡지라는 독자가 한정된 매체에 실린 만화에서도 미친 과학자 캐릭터의 출신 배경과 행동 동기에 히로시마 원폭으로 인한 피폭이 사용되고 있는 것이다.

이들 세 작품에 등장하는 인물들이 세계를 멸망시키려고 하는 이유 중 하나로 피폭에 대한 기억이 그려지고 있다. 20년 이상 지나도 사라지지 않는 피폭의 기억이 '분노'와 '원한'으로 표출되는 것이다. 이것은 기존의 '박복한 피폭자 상'에 수렴되지 않는, 1960년대 만화의 사회적 위치가 변하면서 나타난 새로운 유형이었다

나카자와 게이지의 등장

『맨발의 겐』으로 유명한 나카자와 게이지(中沢啓治, 1939-2012)의 몇 작품도 이런 흐름 속에서 평가할 수 있다. 나카자와는 히로시마에서 피폭되어 아버지와 누나, 남동생을 잃었고 이런 체험을 토대로 『맨발의 겐』을 그려서 원폭 만화의 일인자가 되었다. 그는 만화가로 데뷔할 당시부터 원폭을 그린 것은 아니지만, 모친의 죽음을 계기로 만화에서 원폭을 그리기로 결심한다.

2-11 나카자와 게이지, 「검은 비에 젖어」

나카자와는 1968년부터 후일 '검은 시리즈'로 불리는 피폭자를 그린 작품을 연이어 발표하기 시작한다. 첫 번째 작품은 「검은 비에 젖어」(『만화펀치』, 1968)로, 원폭 투하를 개인적으로 단죄하기 위해 외국인만 죽이는 청부살인업자가 된 피폭자를

그린 작품이다. 이 작품은 기묘하게도 '원자폭탄 피폭자에 대한 특별조치에 관한 법률'(원폭특별조치법)이 공포된 달에 발표되었다. 물론 나카자와의 만화가 국가 보상의 필요성을 무시하고 있는 것은 아니지만, 「검은 비에 젖어」 속 청부살인업자인 피폭자는 국가에 보상을 요구하지도 않고 오히려 어떤 종류의 보상으로도 결코 위로받을 수 없는 '분노'와 '원한'을 품은 인간으로 그려진다.

이후에도 나카자와는 분노하는 피폭자를 계속 그려나간다. 거기에 등장하는 사람은 미국인 손님에게 매독을 전염시켜 복수하려는 피폭자 출신 매춘부(「검은 강에 휩쓸려」, 『만화펀치』, 1968), 베트남 전쟁에서 사용될 무기 부품 공장에서 일하면서 반전反戰의 신념으로 사장을 살해하려는 피폭자(「검은 침묵의 끝에서」, 『만화펀치』, 1968), 피폭으로 인한 방사선 장애의 발병을 두려워해 매춘부인 여동생을 모질게 대하는 호객꾼 오빠(「검은 비둘기의 무리에」, 『만화펀치』, 1969) 등이다.

피폭자를 그린 기존의 만화나 영화와 마찬가지로, 나카자와의 작품에서도 예를 들면 「검은 강에 휩쓸려」처럼 방사능증으로 보이는 증상으로 죽어가는 '박복한 피폭자'가 나오기도 한다. 그러나 나카자와는 슬픔의 눈물만 흘리는 대신 원폭을 떨어뜨린 미국에 대한 '분노'를 이야기하는 존재로서 피폭자 여성을 그리고 있다. 그렇게 해서 나카자와는 동정을 불러오는 불행한 존재로 정형화되었던 피폭자의 틀을 적극적으로 무너뜨리고 있었다. 그는 피폭자를 통해 미국과 일본정부의 책임을 추궁하고 원폭의 의미를 되묻는 회로를 만든 것이다. 특히 국가책임을 시야에 넣고 있다는 점은 1960년대 원폭을 다룬 다른 작품에서는 볼 수 없는 나카자와 작품만의 특징이라고 할 수 있다.

무엇보다 나카자와 자신이 피폭자였기 때문에 그의 만화는 새로운 문제 제기이기도 했다. 원폭을 이야기할 때는 평화에 대한 기원과 연결 짓는 것이 바람직하게 여겨졌지만, 그때 배제되는 사적인 '분노'와 '원한'은 과연 무의미한 것인가라는 문제였다. 이런 작품이 등장한 배

2-12「피폭 만화에 원한을 담아」, 『주간 아사히』, 1971년 8월 13일 호

경에는 극화 잡지계의 후발 주자였던 『만화펀치』라는 미디어가 과격한 표현에 관대했다는 점도 관련이 있었다. 그러나 그런 배경 외에도 지금까지 살펴본 바와 같이 만화 표현 속에서 악역과 피폭자의 연결이 가능해진 피폭자 상의 변화도 간과할 수 없다.

나카자와의 '원폭 만화'의 '분노'와 '원한'은 다른 곳에는 없는 진정성 있는 것으로 수용되어 반향을 일으켰다. 단행본으로 제작될 때는 주간지에도 소개될 정도였다. 거기서도 나카자와의 특징은, 예를 들어 『주간 아사히』(1971년 8월 13일 호)에서 볼 수 있는 것처럼 '원한'으로 표현되고 있다.

특수촬영의 친화성

나카자와 게이지의 '검은 시리즈'가 『만화펀치』에 산발적으로 게재되고 있을 때 TV의 특수촬영 프로그램에서도 피폭자의 '분노'와 '원한'을 국가 비판과 연결하려는 시도가 나타나고 있었다. 쓰부라야 프로덕션이 제작한 특촬 프로그램 《괴기대작전》 제5화 〈사신死神의 자장가〉(짓소지 아키오(実相寺昭雄) 감독, 1968년 10월 13일 방영)가 그것이다.

〈사신의 자장가〉는 어머니가 히로시마에서 피폭되면서 태내피폭을 당해 백혈병을 앓게 된 여동생과 그녀를 어떻게든 돕기 위해 동분서주하는 오빠를 중심으로 하는 이야기이다. 과학자인 오빠는 여동생을 치료하기 위해 '스펙트럼 G선(G線)'이라고 불리는 백혈병 치료 광선의 개발에 착수한다. '스펙트럼 G선'의 실용화를 위해 오빠는 젊은 여성들을 대상으로 인체 실험을 실시한다. 여성들은 아직 완성되지 않은 광선을 맞고 차례차례 목숨을 잃는다. 이야기의 결말부에서 과학수사연구소의 직원이 범행 동기를 묻자 오빠는 '내가 하지 않으면 도대체 누가 교코의 백혈병을 치료해 주겠나? 일본이라는 나라가? 아니면 원폭을 떨어뜨린 미국이? 어느 누구도, 아무것도 해주지 않는다.'라고 대답한다.

이 대사를 쓴 각본가 사사키 마모루(佐々木守, 1936-2006)는 메이지대학 문학부에 재학 당시부터 스나가와(砂川) 기지 반대 투쟁(1955년부터 1969년까지 도쿄의 다치카와시 스나가와초에서 일어난 주일미군 기지 확장에 반대한 주민운동-옮긴이 주)에 참여한 경력이 있다. 졸업 후에는 주로 라디오 프로그램의 각본을 쓰면서 영화감독 오시마 나기사(大島渚, 1932-2013)의 영화 프로덕션에 참여했고, 이후 쓰부라야 프로덕션의 《울트라맨》 각본도 담당했다.

사사키가 피폭에 관한 문제의식을 갖고 있었다는 것은 그가 짓소지 아키오와 함께 제작한 《울트라 세븐》 제12화 〈유성의 사랑을 담아서〉(1967년 12월 17일 방영)를 보면 알 수 있다. 이 에피소드에 등장하는 '스펠성인'은 방사선에 오염되어 있다는 설정이다. 스펠성인이 지구인의 혈액을 빼앗으면 그 지구인은 백혈구를 상실해서 사망한다. 시청자에게 히로시마, 나가사키의 피폭을 상기시키려는 의도가 명백하다.

이 '스펠성인'은 1970년이 되면 사회 문제로 떠오른다. 당시에는 특촬 괴수를 모은 도감과 자료집 등이 인기를 끌었는데, 소학관이 발행하는 학생 잡지 『소학이년생(小学二年生)』(1970년 11월 호)에는 울트라맨 시리즈에 등장하는 괴수 카드가 부록으로 실렸다. 그 중에는 '스펠성인'을 '피폭성인'이라고 소개하는 것이 있었다. 그것을 발견한 시민운동가가 『아사히 신문』에 투서를 보내고 피폭자 단체가 쓰부라야 프로덕션에 항의했다. 항의를 받은 쓰부라야 프로덕션은 스펠성인이 등장하는 제12화를 《울트라 세븐》에서 빼버렸다.

이렇게 특수촬영 TV 프로그램과 핵에너지의 궁합은 좋은 편이었다. 그리고 특촬은 원폭이나 피폭자를 '군사적 이용'의 이미지만이 아니라 '평화적 이용'의 이미지로도 적극적으로 활용했다.

1968년에 실시된 총리부의 여론조사에는 언뜻 보면 기묘한 질문이 포함되어 있다. "TV 만화와 공상과학물 중에 원자력발전소가 폭발하는 줄거리의 작품이 있습니다. 당신은 이런 프로그램을 본 적이 있습니까?"라는 항목이다.

이에 대한 응답은 '있다'가 27.2%, '없다'가 43.2%, '봤을지도 모르지만 잊어버렸다'가 11.5%였다. 원전이 폭발하는 이야기를 TV와 만화에서 본 적 있는 사람의 비율은 결코 높다고 할 수 없었다. 그럼에도 불구하고 이런 질문이 들어간 것 자체가 당시 원전을 다룬 대중문화의 수가 늘어났고 그 영향을 완전히 무시할 수 없었음을 보여준다.

실제로 1960년대 후반부터 1970년대에 걸쳐 방영된 특촬 TV 프로그램에서 원전이 습격받거나 파괴되는 장면을 어렵지 않게 찾아볼 수 있다. '고질라'가 국회의사당을 습격하고 '모스라'가 실을 뽑아 도쿄타워에 고치를 만든 것처럼 특촬 괴수들이 노리는 것은 언제나 일본의 상징적인 장소였다. 이러한 점을 고려하면 원전 건설이 진행되고 있던 이 시기에 특촬이 원전에 주목했다는 것은 어떤 의미에서 자연스러운 일이라고 할 수 있다. 1965년에는 도카이 원자력발전소가 임계에 도달했고 이듬해부터 영업 운전을 개시했다. 또한 같은 해에 도쿄전력 후쿠시마 원전과 간사이전력 미하마 원전의 설계 허가가 내려졌고, 일본 각지에서 전력회사와 자치단체가 토지 매수를 진행했다.

원전과 원자력 시설이 습격당하는 특촬 TV 프로그램의 공통되는 특징은 무엇일까?

특촬 TV 프로그램 《울트라Q》(1966)의 제18화 〈무지개의 알〉은 농축 우라늄을 원전으로 운반하는 트럭이 괴수 '파고스'를 만나 벼랑에서 추락하고, 그로 인해 농축 우라늄이 계곡에 방치되는 장면으로 시작된다. '파고스'의 습격에 대비하는 원전 직원은 '원자로에 무슨 일이 일어나면 주민에게 치명적인 피해를 주게 된다'라며 심각하게 우려한다.

TV판 《마그마 대사》(1966-1967)의 제6화 〈마그마 대사 대 바도라〉와 제7화 〈위태로운 마그마 대사〉에서는 괴수 '바도라'가 원자력발전소를 습격한다. '바도라'는 '주쿄(中京) 원자력발전소'로 '마그마 대사'를 유인해 '마그마 대사'의 에너지를 원자로에 흡수시키려 한다. 원전에서 일하는 과학자와 기술자들은 핵연료를 외부로 옮기면서도 '이 건물이 파괴되면 방사능이 퍼지는 것을 도저히 막을 수 없다.'라고 한탄한다.

영화 〈우주대괴수 기라라〉(니혼마쓰 가즈이(二本松嘉瑞) 감독, 1967년)에서는 원자에너지를 영양분으로 하는 괴수 '기라라'가 공복 상태에서 원자력연구소와 발전소를 파괴하고 거기서 핵에너지를 흡수해 힘을 비축한다.

그중에서도 원전과의 결합이 가장 두드러졌던 것은 특촬 TV 프로그램 《아곤(アゴン)》(1968)이다. 이 프로그램의 오프닝 영상은 버섯구름 이미지와 폭발음으로 시작된다. 그리고 '우리는 제3의 불을 얻으면서

밝은 미래의 번영을 약속받았다……. 그러나 그 미래 때문에 또 하나의 문을 노크했다는 사실을 잊어서는 안 된다.'라는 내레이션이 이어진다. 이 내레이션이 나오는 동안 화면에는 원자로가 비치고, 곧이어 괴수 '아곤'이 마을을 습격하는 장면으로 바뀐다. 제3화에서는 '아곤'이 원자력 센터를 습격해서 원자로를 파괴한다.

여기에서 거론한 작품에는 공통되는 특징이 있다. 원전이 파괴되면 위험하다는 점이 강조되고 실제로 작품 속에서 원전이 파괴되지만, 방사선에 의한 피해가 그려지는 일은 없었다. 비슷한 설정을 가진 특촬은 1970년대에도 계속 양산되었다.

'핵 알레르기'라는 말

특촬 TV 프로그램과 특촬 영화에서 원자로가 파괴되는 장면은 자주 등장했지만, 방사선에 의한 오염과 인체의 피해는 그려지지 않았다. 거기에는 이유가 있었다. 물론 원자로 파괴에 따른 피폭과 환경오염의 위험성은 1960년대 후반에 사회적으로 어느 정도 알려져 있었다. 하지만 당시 가동 중인 원전은 도카이 원자력발전소 1기뿐이었고, 대다수의 국민들에게 원자로 파괴에 대한 현실감은 희박했다.

또한 특촬이라는 미디어의 특성도 관련이 있었다. 특촬 TV 프로그램과 영화에서는 일본 각지의 명소가 괴수와 괴인의 표적이 되었는데, 고질라가 국회의사당을 파괴해도 관객은 그것이 허구이며 실제 국회의사당이 파괴되는 일은 절대 있을 수 없다고 생각했다. 원자로가 특촬 TV 프로그램 속에서 재현되고 괴인과 괴수에게 습격당해도 다수의 시청자는 '저런 일은 일어나지 않아.'라면서 즐기고 있었다. 그런 분위기 때문에 원전이 파괴되고 나서 사람들이 피폭되는 모습을 그릴 필요가 없던 것이 아닐까?

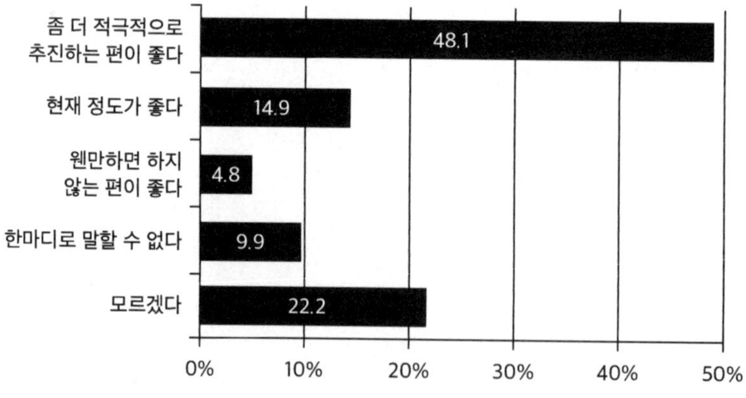

원자력의 '평화적 이용' 추진에 관하여, 총리부, 1969년 3월

1969년 3월에 실시된 총리부의 '원자력의 '평화적 이용'에 관한 여론조사'에서는 원자력의 '평화적 이용' 추진에 관해 48.1%가 '보다 적극적으로 하는 편이 좋다'라고 응답했다. 1960년대 후반 이후 경제 발전에 동반되는 전력 수요 증가에 대응하기 위해 원자력 발전을 늘려야 한다는 생각이 널리 공유되고 있었다.

다수의 일본인이 원전의 존재를 받아들이기 시작했던 이 시기에 논의의 대상이 되던 문제 중 하나가 '핵 알레르기'이다.

일본인들은 특정 대상에게 병적인 거부감을 느끼거나 그것을 기피하는 상태에 대해 '알레르기'라는 표현을 일상적으로 사용했다. '알레르기'와 핵을 결합한 '핵 알레르기'는 당시 일본인들이 품고 있던 핵에 대한 거부감과 경계심을 잘 보여준다.

이 말은 1964년 여름에 일어난 미국의 원자력 잠수함 씨드래곤호의 사세보항 기항 문제를 계기로 사용되기 시작했다. 기항 반대 운동이 일어날 것이라는 예측에도 불구하고 일본 여론의 반응을 낙관하는 듯한 미국 국무성 고위 관리의 목소리가 보도되었다. 이에 『아사히 신문』은 미국 국무성 고위 관리의 낙관적인 반응을 두고 "일본이 미국 측을 좀 더 신뢰한다면 일본의 '핵무기 알레르기'는 차츰 가라앉을 것"이라는 생각에서 기인한 것으로 추측했다(『아사히 신문』 석간, 1964년 8월 29일). 같은 날 『아사히 신문』 사설에서도 "핵무기 문제에 관해서 일본 국민은 특별한 경험과 관심이 있다. 그것을 신경과민증으로 치부해 경시할 수 없다는 것을 미국도 충분히 인지하고 있을 것이다."에서처럼 '신경과민증'이라는 용어가 사용되고 있는데, 그 의미는 '핵 알레르기'와 같을 것이다.

그로부터 약 3년 후 미국의 원자력 항공모함 엔터플라이즈호의 사세보 기항 문제가 일어났을 때도 같은 용어가 다시 사용되었다. 1967년 10월 28일 『아사히 신문』의 사설 「원자력 항공모함 기항에 대한 불안」을 보자. 미국의 기항에 대해 "불쾌함을 느끼는 일본인은 결코 적지 않다."라고 하며 "기지를 사용하는 미국 입장에서 이런 일본 국민의 감정을 단순히 핵 알레르기라고 경시해서는 안 될 것이다."라고 적고 있다. 이것이 '핵 알레르기'라는 용어가 쓰인 흐름이다.

그러나 이 용어가 사람들에게 회자된 것은 엔터프라이즈호의 기항을 목전에 둔 1967년 말부터 1968년에 걸쳐 오키나와 반환 교섭이 진행되는 가운데 '비핵삼원칙'이 등장하는 시기였다.

'평화적 이용'과 '비핵삼원칙'

자민당 간사장이던 후쿠다 다케오(福田赳夫, 1905-1995)는 1967년 12월 회견에서 "정부도 국민도 핵 알레르기에서 벗어나기 위해 노력할 필요가 있다."라고 하며 그것을 '자민당 내 대세' 의견이라고 말했다. 이 발언에 호응하듯 당시 수상이던 사토 에이사쿠(佐藤栄作, 1901-1975)는 1967년 12월 22일에 중의원 참의원 양원에서 열린 '오키나와 문제 등에 관한 특별 위원회'에서 핵 알레르기를 없앨 필요가 있다고 주장하며 다음과 같이 말한다. "최근의 '핵'은 방어 병기, 공격 병기 면에서와 마찬가지로 '평화적 이용'의 면에서도 훌륭한 진보를 이루고 있어, 히로시마의 경험만을 갖고 생각하는 것은 올바른 인식이 아니다. 나는 일본 국민이 핵에 대한 올바른 인식을 하게 된다면 핵 알레르기는 생기지 않을 거라고 생각한다."

핵무기에 관한 일본인의 의식이 마치 일종의 질병이라도 되는 양 '알레르기'라는 표현으로 언급되고, 정부는 그것을 고칠 필요가 있는 것으로 인식하고 있음을 알 수 있다. 미국과 일본정부의 핵전략에 따르지 않는 여론이 형성될 때마다 '일본인의 핵 알레르기'라는 말이 미국의 고관과 일본 정치가의 입에서 오르내리는 경향이 있었다. 그리고 치료 방법의 하나로 '평화적 이용'이 거론되었다.

이후에도 사토 수상이 1968년 1월 30일 중의원 본회의에서 "핵 알레르기라는 소박한 국민 감정이 있다. 원자력 항모의 기항에 맞춰 발생한 혼란도 거기에서 기인한다."라고 말했다. 또 "앞으로는 국민적 뜻으로 핵에너지의 '평화적 이용'을 향해 민족의 뛰어난 지혜를 결집해야 한다."라고 말할 정도로 '평화적 이용'을 향한 방향 제시를 통해 '핵 알레르기'를 극복하고 싶다는 뜻을 분명히 밝혔다.

이런 정치가들의 발언에 즉각적인 반감이 표명되었다. 세계평화어필7인위원회(유가와 히데키 등)는 "핵무기는 위험한 것이며 위험에 대한 불감증에 빠지는 편이 더 이상하다."라는 취지의 주장을 내놓았다.

또 여론조사 결과에서도 '핵 알레르기'가 어느 정도 필요하다는 인식이 공유되고 있었음을 엿볼 수 있다. 총리부는 1969년에 '원자력의 평화적 이용에 관한 여론조사'를 실시했는데, 이 조사에서는 '원자력에 대한 불안감'에 대해 61%가 '일본인은 특히 강하게' 느끼고 있다는 결과가 나왔다. 이는 '특별히 강하다고는 할 수 없다'(13%)와 '모르겠다'(26%)를 크게 뛰어넘는 수치였다. 게다가 이 61%의 내역을 보면 '불안감이 특히 강한 것은 당연하며 오히려 강한 편이 좋다'라는 응답이 40%, 이에 대해 '조금 심할 정도로 강하다'라고 대답한 사람은 21% 정도였다. 이러한 조사를 통해 전체 응답자 중 40%의 일본인이 핵 알레르기라 불리는 불안감을 긍정적으로 받아들이고 있었다고 판단할 수 있다.

그렇다면 '핵 알레르기'의 극복을 호소하는 정부와 여당 측에서 어떻게 '비핵삼원칙'과 같은 것이 나온 것일까?

원래 '비핵삼원칙'은 1967년 12월 국회에서 오가사와라 제도의 반환을 둘러싼 논의가 있었을 때 답변에 나선 사토 수상이 입에 올린 것이다. 사토는 "우리들은 핵의 삼원칙, 즉 '핵을 제조하지 않고, 핵을 갖지 않고, 반입을 허용하지 않는다'라는 점을 분명히 하고 있다."라고 말하고, 이듬해 1월 시정 방침 연설에서도 이를 재차 확인했다.

이러한 '비핵삼원칙'은 오키나와 반환 교섭에도 영향을 주었다. 오키나와의 미군 기지에 배치된 핵무기의 처리 문제가 부상했기 때문이다. 미국의 전략에서 보면 오키나와 기지의 현상 유지가 바람직했기 때문에, 미국은 오키나와에 핵무기와 기지를 유지한 채로 일본에 반환하기를 원했다. 아마 일본정부도 그것을 바라고 있었을 것이다.

그러나 일본에는 '핵 알레르기'가 있다. 핵무기를 배치한 상태로 반환되면 국내 여론이 받아들이지 않을 것이다. 그때 오키나와 반환을 가장 중요한 과제로 내걸었던 사토 수상이 선택한 것은 국내를 향해 '비핵삼원칙'을 들어 여론의 동의를 끌어낸 후에 오키나와 반환 협정을 국회에서 통과시킨다는 선택지였다.

이러한 '비핵삼원칙'에 대해서는 자민당 안에서도 위화감을 드러냈다. 그중 한 사람이 이시하라 신타로(石原慎太郎, 1932-)였다.

애매한 일본의 핵 논의

1968년 참의원 선거에서 자민당으로 입후보한 이시하라 신타로는 300만 표를 얻어 당선되었다. 그는 1969년 3월 15일에 열린 참의원 예산위원회에서 '비핵삼원칙'에 대한 위화감을 누구보다 빨리 표명했다. 이시하라는 '비핵삼원칙'이 나온 배경에 대해 "일본인의 알레르기라고 말씀하시는데, 오히려 핵에 대한 무지, 핵시대의 방위에 대한 무지의 소산"이라고 말하며 일본인은 결국 '핵에 관해서는 생각하고 싶지 않은' 것이라고 지적했다. 그리고 일본의 안전 보장을 위해서는 "우리들은 만들지도 않고, 갖고 있지도 않기 때문에 경우에 따라서는 반입하지 않으면 안 된다. 그렇지 않으면 완전한 방위는 달성할 수 없다고 생각한다."라고 주장했다.

그리고 이시하라는 잡지 『국방』(1969년 11월 호)에서 이루어진 대담 '일본의 핵무장에 관해'와 『쇼군!(諸君!)』(1970년 10월 호)에 발표한 논문 '비핵의 신화는 사라졌다' 등에서 핵보유의 가능성에 대한 논의가 필요하다는 견해를 전개했다.

하지만 다수의 국민은 핵무장을 원하지 않았다. 『마이니치 신문』이 1969년 5월에 실시한 여론조사에서는 핵무장을 '지금 바로 해야한다'라고 응답한 비율은 2%에 불과했고, '절대로 반대한다'는 46%나 되었다.

그러나 일본정부는 핵무장의 옵션을 버리지 않았다. 외무성 내 외교 정책 기획위원회가 1969년에 정리한 「우리 나라의 외교 정책 개략」에는 "핵무기 제조의 경제적·기술적 잠재력은 항상 유지하면서 이것이 방해받지 않도록 배려한다."라고 되어있다. 이미 국내외를 향해 '비핵삼원칙'을 표명하고 핵무장은 하지 않겠다고 어필하면서도 수면 아래서는 핵무기 제조의 잠재력을 포기하지 않았던 것이다. 저널리스트 스기타 히로키(杉田弘毅)는 이런 일본의 방침을 "핵·비핵 쌍방의 옵션을 남겨 두는 '애매함'"이라고 표현했다(『검증 비핵의 선택(検証 非核の選択)』). 이 '애매함'이 잠재적인 핵보유국으로서 원전과 핵연료 사이클을 유지하려는 열망으로 이어졌다고 볼 수 있다.

공해 문제에 대한 관심의 고조와 진보에 대한 회의

한편 1950년대부터 표면화된 공해 문제가 1960년대 후반에는 심각한 사회문제로 널리 인식되었다. 나중에 '4대 공해병'이라 불린 수은병(미나마타병), 니이가타 수은병(니이가타 미나마타병), 이타이이타이병, 욧카이치 천식[1]만이 아니라 수면제인 사이드마인드와 정장제整腸劑인 키노호름 등의 약물 피해, 자동차 배기가스로 인한 대기오염, 합성 세제로 인한 호수 오염 등의 문제가 불거졌다.

1967년에 공해대책기본법이 제정되었고 70년에는 해안오염방지법, 수질오탁방지법, 폐기물처리법, 공해범죄처벌법과 같은 관련 입법이 진행되었다. 나아가 1971년에는 환경청이 신설되었다. 이런 일련의 사회적 흐름 속에서 환경에 대한 배려의 필요성이 사회에 스며들었다.

'환경 사상'의 전제는 지구 환경과 자원의 유한성을 인식하고 인류를 '운명 공동체'로 자각하는 것인데, 사실 인류가 운명 공동체라는 사고방식 자체는 일본사회에 어느 정도 친숙한 것이었다. 미소의 핵전쟁이 일어나면 세계는 파멸할지 모른다, 무엇보다 일본은 히로시마와 나가사키에서 그 가능성에 노출되었다는 의식은 '지구'와 '인류'라는 환경 사상의 사고방식과도 친화성이 있었다. 공해는 동서 냉전의 정치적 상황과는 다른 일상적인 문제로 간주되었고, 그래서 많은 사람의 마음을 움직였다. 일상생활이 위협받을지 모른다는 감각에서 비롯된 사회적인 관심과 시민운동은 1950년대 '죽음의 재'에 대한 공포에서 시작되었던 원수폭금지운동을 연상시킨다.

1 1950년대 미에현 욧카이치(四日市)시의 석유 화학 공단에서 배출된 이산화 질소 등의 유해 물질로 인해 발생한 호흡기 질환.-옮긴이 주

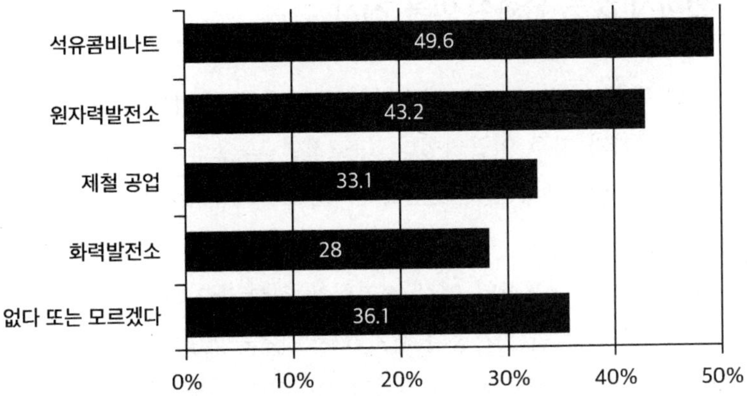

집 근처에 생기지 않기를 바라는 것, 총리부, 1969년

당시 공해에 대한 우려가 어느 정도였는지를 보여주는 여론조사 결과를 확인해 두자. 1969년에 실시한 총리부 조사에서는 "다음 항목 중 집 근처에 생기지 않기를 바라는 것이 있습니까?"라는 질문에 대해 '석유콤비나트'라고 대답한 사람의 비율이 '원자력발전소'를 웃돌았다. 대기를 오염시켜 천식을 유발하는 '석유콤비나트'가 일종의 '혐오 시설'로 여겨져 원전 이상으로 기피되고 있었음을 알 수 있다.

변하지 않는 '평화적 이용' 지지

한편 핵에너지는 공해를 일으키지 않는다, 혹은 악화시킨다는 대조적인 이야기가 자주 언급되었다. 대조적인 두 종류의 화법을 확인해 보자. 첫 번째는 공해 대책으로 핵에너지의 '평화적 이용'이 거론된 사례이다.

그런 화법의 대표적인 예로 전기화에 의한 배기가스의 경감이 있다. 대기오염의 원인은 자동차 배기가스와 중유 보일러를 사용한 난방 시설에 있으니 그러한 것들을 전기화하면 된다. 그때 전원으로 원전이 중요해질 것이라는 예측이 나왔다. 물론 방사성 폐기물의 위험성도 언급되었지만, 기술을 혁신하면 공업용 방사선원으로 이용 가능하다는 낙관적인 시각이 있었다(『아사히 시민교실 일본과 핵 시대(朝日市民教室 日本と核時代)』).

공해 대책에 핵에너지가 효과적이라는 인식과는 반대로 방사선과 방사성 물질의 발생을 공해라고 부르며 위험하게 보는 시각도 있었다. 이러한 시각은 앞에서 언급한 원자력 잠수함과 원자력 항공모함의 기항 문제가 발생했을 때 이미 등장했다. 1968년 5월에 사세보항에 기항하고 있던 원자력 잠수함 소드피쉬에서 방사능이 유출된 사실이 알려졌는데, 당시의 보도는 그것을 공해와 연결 짓고 있었다. "해양의 방사능 오염은 원자력선 시대의 국제 공해라고 할 수 있다."(『일본 경제 신문』, 1968년 5월 15일)라는 지적과 함께 "미 원자력 잠수함은 세계 각국에 입항하고 있어서 이번과 같은 문제가 발생하면 '국제적 공해'가 될 수 있다. 따라서 일본정부가 책임지고 사고의 원인을 철저히 규명해야 한다."(『마이니치 신문』 석간, 1968년 5월 13일)라는 보도가 대표적 예이다. 원래 1967년에 공포된 공해 대책 기본법에서 방사성 물질은 적용에서 제외되었다.

1960년대에 가동을 시작한 것은 도카이 원전 하나에 불과했지만,

이미 다른 지역에서는 원전 설치가 결정되어 용지 매수가 진행되고 있었다. 그러자 원전은 지역 주민들에게 지역 개발에 따른 '돈' 문제로 여겨졌다. 다른 한쪽에서 대다수 의식이 핵에너지의 '평화적 이용'을 위한 연구개발에 더욱 박차를 가해야 한다는 방향으로 기울고 있었다. 풍요를 바라며 돌진하는 일본사회에서 무궁무진한 에너지를 의심하는 목소리는 거의 없었다. 그와 동시에 원자력 잠수함의 기항 문제로 방사선이 유해하다는 인식도 높아졌다. 그리고 심각해지는 공해 문제는 그러한 인식을 부추겼다.

그러나 그런 인식이 원전에서도 필연적으로 발생하는 방사선과 방사성 폐기물 문제로 향하는 일은 거의 없었다. 1950년대와 마찬가지로 '군사적 이용'은 악이고 '평화적 이용'은 선이라는 생각이 사람들의 의식에 뿌리를 내리고 있었고, 방사선 문제는 뒤로 밀려났다. 대체로 1960년대 일본에서는 핵에너지를 국가와 인류의 존망이라는 거시적 상황과 결부시켜 이야기하는 경향이 있었다. 핵전쟁의 위기는 인류의 미래와 연결되고 피폭자의 '분노'는 국가와 관련되었다. 한편 원전이 일본의 성장을 지탱하는 에너지라는 인식은 의심할 여지가 없었다.

원자력발전소의 추진·정착과 회의 - 1970년대

프로레슬링 만화와 호러만화
핵확산방지조약이라는 딜레마
대조적인 '평화적 이용' - 이시하라 신타로와 노사카 아키유키
공해 문맥 속의 방사선
시대의 위기는 핵전쟁보다 공해
종말의 상상력과 유행
소녀 개그만화와 특촬 텔레비전 프로그램
원전에 대한 회의론의 등장
반원전 운동의 싹
오일쇼크와 전원3법
원자력선 무쓰(MUTSU)와 『블랙 잭』
'핵 재킹'의 불안과 형사 드라마
'거대한 이념'의 종언
<태양을 훔친 사나이> - 원폭과 원자력발전소의 접속
스리마일섬 원전 사고와 '소프트 테크놀로지'
방사선 폐기물 - 해양 투기에서 롯카쇼 핵 처리장으로

제3장

프로레슬링 만화와 호러만화

3-1 가지와라 잇키, 「싸움의 성서」

앞 장에서 만화와 특수촬영물을 예로 들어 평화운동에 거리감이 생기기 시작했다는 것과 개인화된 피폭의 '분노'가 국가 비판으로 이어지는 과정을 살펴봤다. 이 경향은 1970년대에도 계속되었다.

1960년대 후반부터 1970년대에 걸쳐 가장 활약한 만화가는 가지와라 잇키(梶原一騎)(다카모리 아사오(高森朝雄)라는 필명으로도 활동했다)일 것이다. 그는 이 시기에 『거인의 별』과 『내일의 죠』(둘 다 『주간 소년매거진』에 게재)의 작가로 전성기를 누리며 스포콘(スポ根, 스포츠와 근성을 합성한 단어-옮긴이 주) 만화의 인기에 불을 붙이는 역할을 했다. 그러한 가지와라 잇키가 70년대에 들어와서 피폭자를 주인공으로 한 프로레슬링 만화 「싸움의 성서」(『주간 소년 선데이』 1971 게재)를 집필한다. 작화를 담당한 사람은 나중에 『750 라이더』를 그려 인기 만화가가 된 이시이 이사미(石井いさみ, 1941-)였다.

「싸움의 성서」 주인공은 '싸움살법'을 주무기로 삼는 악역 레슬러로 미국에서 데뷔했는데, 그는 히로시마 피폭 당시 부모와 여동생을 잃은 원폭 고아라는 출생의 비밀을 갖고 있다. 1945년 8월 6일 가족과 함께 배를 타고 있던 주인공이 조개를 잡기 위해 바다로 잠수한 순간에 원폭이 투하된 것이다. 주인공이 수면 위로 고개를 내밀자 배 위에는 부모와 여동생은 불에 탄 시체가 되어 있었다. 가족들이 불에 타서 죽을 정도로 폭심지에서 멀지 않았기에 바다에서 나온 후에 주인공도 상당량의 방사선에 노출되었을 테지만, 작품 속에서 주인공이 병으로 쓰러지는 일은 없다. 과거 대중문화에서 보이던 '박복한 피폭자'

와는 달리 주인공은 '분노'와 '원한'으로 가득 차서 링 위를 날아다닌다. 그는 원폭을 투하한 미국에 복수하기 위해 미국의 스타 레슬러에 도전한다.

피폭자가 등장하는 호러만화도 있다. 50년대에 아동만화가로 활약하다가 60년대 이후에는 활동무대를 옮겨 호러만화가로 활약한 무로타니 쓰네조(ムロタニ·ツネ象, 1934-)가 쓴 『인형지옥』(『주간 우리들 매거진』, 1970 연재)이다.

3-2 무로타니 쓰네조, 『인형지옥』

이 만화에는 미국의 트루먼 대통령과 똑같이 생긴 인형을 이용해서 원폭을 투하한 인간들을 저주하고 죽이는 소녀가 등장한다. 작품에서 '복수귀'라 불리는 소녀는 히로시마에서 피폭당했다는 설정이다. 그녀와 그녀의 어머니는 원폭을 제조한 과학자, 그것을 히로시마에 떨어뜨린 파일럿, 그리고 미국 대통령에게 복수심을 품고 그들을 저주해 죽이기로 결심한다. 피폭자인 소녀는 죽기 전에 마지막으로 "나는 겨우 천 명의 목숨밖에 빼앗지 않았습니다. 히로시마와 나가사키에서 빼앗긴 목숨의 몇만 분의 일이나 될까요... 지금 세계에서는 몇십만, 몇백만의 사람들이 벌레처럼 살해되고 있습니다... 나는 겨우 천 명밖에 죽이지 않았어요!"라는 말을 남긴다.

이러한 작품에는 앞서 언급한 나카자와 케이지의 '검은 시리즈'와의 유사점이 있다. 등장인물이 가진 반미 의식의 뿌리에 피폭 경험이 있고, 피폭자들은 미국에 대한 개인적인 복수를 통해 조금이나마 분노와 원한을 해소하려 한다는 점이다. 그들은 정치나 평화운동을 부정하지 않지만, 거기에 기대를 걸지도 않는다. 만화 속 피폭자들이 보여주는 피폭 경험으로 인한 분노와 원한은 어디까지나 개인적인 것이었다.

그렇다고 1970년대 대중문화에 '박복한 피폭자'가 등장하지 않은

3-3 모리타 준, 『꺄악! 선생님』

것은 아니다. 1970년대 이후에는 피폭 경험자가 아닌 그들의 자식, 즉 피폭 2세가 주인공으로 설정되어 박복한 피폭자 상이 재생산된다. 그러나 그것은 단순한 반복이 아니었다.

그렇다면 재생산된 피폭자 상은 어떤 점에서 과거의 박복한 피폭자 상과 달랐을까? 그 차이는 예를 들면, 소녀만화가인 모리타 준(もりたじゅん, 1948-)의 러브 코미디 『꺄악! 선생님(キャー! 先生)』(『리본』, 1970-1971 연재)에서 볼 수 있다. 모리타 준은 히로시마현에서 태어났지만, 출생 배경이 작품 설정과 얼마나 관계가 있는지는 명확하지 않다. 작중 주인공인 '노사카 아사코'는 피폭 2세의 교사라는 설정이다. 노사카는 젊고 활달하며 학생들도 그녀를 잘 따르지만, 내심 언제 몸 상태가 나빠질지 모른다는 불안감을 안고 살아간다. 자신이 언제 죽을지 모른다는 생각에 몰입한 나머지 애인과 헤어진 일도 있다. 하지만 마지막 회에서는 그 애인과 결혼해서 행복하게 끝을 맺는다.

50년대부터 60년대까지 반복적으로 그려지던 '박복한 피폭자'의 정형은 피폭자가 마지막에 목숨을 잃는 패턴이었다. 하지만 모리타 준의 작품은 행복한 결말로 '박복한 피폭자'의 정형을 깨뜨리고 있다.

모리타 준은 다른 작품에서도 피폭 2세를 그렸다. 그의 작품 「내일의 청춘」(『리본』, 1978년 9월 호 부록)에는 취직 차별에 직면한 피폭 2세 고등학생이 등장하는데, 이 이야기는 주인공이 같은 반 친구에게 사랑을 고백해서 성공하는 산뜻한 장면으로 끝난다.

1970년대 초부터 피폭 2세가 만화에서 다뤄지기 시작하는데, 그 원인으로 나이의 문제를 들 수 있다. 원폭 투하로부터 약 30년의 세월이 흘러서 현실의 피폭자는 만화 주인공에 적합한 연령대를 넘어서고 있었다. 당시 대중문화에서는 소년·소녀나 청년, 또는 20대 남녀를 주인공으로 설정하려는 분위기가 있었고, 특히 소년만화잡지나 소녀만화잡지에서는 그러한 경향이 더욱 강했다. 또한 이 시기에 데뷔한 만화가들 대부분이 전후 세대로서 직접적인 전쟁 체험이나 피폭 체험이 없던 것도 영향을 미쳤다.

대중문화의 요구와 현실 세계를 살아가는 피폭자의 나이가 일치하지 않게 되었고, 작가의 나이도 피폭 1세보다 2세 세대에 가까워졌다. 이와 같은 배경에서 1970년대에는 피폭 2세를 주인공으로 설정한 만화가 등장했던 것이다.

대중문화에서 과거의 피폭자 상이 바뀌고 있을 즈음, 1970년대 일본사회는 오사카에서 개최된 만국박람회로 대표되는 번영을 누리면서 한편으로는 공해 문제와 직면하고 있었다. 핵에너지의 '군사적 이용'을 둘러싼 이슈도 그리 많지 않았지만, 그중에 간과할 수 없는 것이 '핵확산방지조약(NPT)'을 둘러싼 논의이다.

핵확산방지조약이라는 딜레마

1970년 2월 4일, 일본정부는 핵확산방지조약에 조인한다. 핵확산방지조약은 핵무기의 확산이 핵전쟁 위험을 증대시킨다는 것을 전제로 비핵국의 핵무기 제조와 취득을 금지하고, 핵보유국의 비핵국에 대한 핵무기 양도와 기술 이전을 금지하는 조약이다. 일단 '비핵삼원칙'을 국시로 삼은 일본이 핵무기확산방지조약에 찬성하는 것은 당연하다고 생각할 수 있다. 그러나 일본정부는 1970년 2월에 조약을 조인했으나 비준한 것은 1976년 6월로, 조인으로부터 6년이나 지난 후였다.

조인을 마친 일본이 비준을 주저했던 이유는 이 조약으로 발생할 처우의 '차별'에 대한 우려 때문이었다. 핵확산방지조약에서는 미국, 소련, 영국, 프랑스, 중국 5개국만이 핵보유국으로 인정되었고, 그 밖의 국가는 비핵국으로 간주되었다. 즉 이 조약은 미국과 소련의 핵전력을 우세한 위치에 놓고 거기에 영국과 프랑스, 중국의 핵보유까지 인정하는 측면이 있었다. 일본이 비준하지 않은 이유는 당국이 전면적인 핵군축을 지향하고 있는데, 이 조약은 일부 국가의 핵을 온존시키는 방침을 취하고 있었기 때문이다.

또한 조약은 '평화적 이용'을 위한 핵물질이 '군사적 이용'으로 유용되는 것을 방지하기 위해서 사찰의 의무도 규정했으나, 이 역시 일본은 '차별'적인 처우로 생각했다. 비핵국은 사찰을 받을 의무가 있었지만, 핵보유국에는 그런 의무가 없었기 때문이다. 이 조약으로 인해 일본의 '평화적 이용'이 제한될 수 있다는 불안감아 비준을 망설이게 만들었다. 역사소설가이면서 독자적인 문명관을 전개한 평론가 시바 료타로(司馬遼太郎, 1923-1996)는 당시

시바 료타로

상황에 대해 다음과 같이 말한다.

> 문제는 "너희들이 진짜 핵무기를 만드는지 아닌지 원자로를 비롯해 하나하나 정기적으로 사찰하게 하라"라고 하면서 자기들은 보여주지 않는 핵보유국의 주장이지요. 우리는 우리가 독자적으로 개발한 평화 이용 기술이나 설비 실력을 전부 보여주어야 합니다. 하지만 그들은 보여주지 않아요. 마치 우리만 패를 다 보여준 채로 카드 게임을 하는 형세인 겁니다. 그런 상태로는 절대 이기지 못해요. 이런 일방적이고 바보 같은 제안은 없다고 생각합니다.
>
> \- 시바 료타로·무카이보 다카시(向坊隆), 「일본 번영을 위협하는 것」, 『문예춘추』, 1970년 5월 호

결국 일본정부는 핵군축의 진전, 핵보유국의 안전 보장과 같은 조건을 붙이고, 그것을 충족하지 않으면 조약을 비준하지 않겠다고 주장했다.

핵확산방지조약을 둘러싼 논의가 보여주듯이 1970년대 전반에 국제정치의 초점은 핵확산 문제에 맞춰져 있었다. 1974년 5월에는 인도가 처음 핵실험을 실시했고, 6월에는 프랑스와 중국도 핵실험을 강행했다. 인도는 캐나다에서 수입한 연구용 전자로를 이용해 플루토늄형 원자탄을 제조해서 여섯 번째 핵보유국이 되었다. 게다가 당시 보도에 따르면 파키스탄과 이란도 핵개발의 열의에 차 있었다. 이와 같이 빈발하는 핵실험과 개발도상국의 핵무장은 당시 '핵의 홍수'라 불리면서 일본에서도 다양한 논의를 촉발했다. 그리고 개발도상국이 '평화적 이용'이라는 목적으로 핵개발을 주장하면서 그것을 빙자해 핵무기를 개발하려는 것은 아닐까라는 우려가 확산되고 있었다.

대조적인 '평화적 이용' - 이시하라 신타로와 노사카 아키유키

'평화적 이용'을 추진하는 것이 핵확산에 대한 우려를 낳는다는 딜레마를 인식하기 시작한 다른 한편에서는 피폭 경험을 가진 '평화 국가' 일본이야말로 '평화적 이용' 추진에 정통성을 갖는다는 주장도 두드러지기 시작했다.

예를 들면, '평화적 이용'에 수반되는 핵폐기물 처리 문제에 관해 "유일한 피폭국으로서 핵무기의 공포를 세계에 호소하는 일본은 폐기물 처리에서도 세계에 모범이 될 의무가 있다."라는 식의 논리를 통해 연구를 추진해야 한다는 주장이 제기되었다(「히로시마·나가사키 25년」, 『아사히 신문』, 1970년 8월 3일). 또한 핵확산 시대에 일본이 '군사적 이용'을 부정하고 '평화적 이용'에만 전념하여 그것을 높은 수준에서 유지한다면, 핵군축을 세계에 요구할 자격이 있다는 것을 국내외에서 인정받아 발언력도 높일 수 있다는 주장도 제기되었다(「핵 '평화적 이용'의 추진을」, 『아사히 신문』, 1974년 10월 호).

이와 같은 화법은 1950년대에 '평화적 이용'의 연구개발이 시작되었을 때 물리학자들이 주장한 논법과 매우 유사하다. 이러한 종류의 담론은 '평화적 이용'에 대한 의혹이 제기되어 그것에 대해 정당성을 주장할 필요가 있을 때 등장하기 쉽다.

1970년대 전반에 일본의 정체성과 핵에너지를 연결 짓는 주장이 강해진 것은, 이 시기가 본격적인 원자력발전소 시대의 시작이라는 점과 관련이 있다. 1970년에는 쓰루가(敦賀) 원자력발전소와 미하마(美浜) 원자력발전소 1호기가 가동을 개시했고, 1971년에는 후쿠시마 제1원자력발전소의 1호기가 상업 운전을 시작했다.

도카이 원자력발전소에 이은 두 번째 상업용 원자력발전소인 쓰루가 원전은 오사카 만국박람회 개회식에 맞춰 대대적으로 홍보되었다. 1970년 3월 14일, '인류의 진보와 조화'라는 테마를 내건 만국박람회가 오사카 센리에서 개막했는데, 만국박람회장에서는 "원자력발전소의 전기가 박람회장에 도착했다."라는 문구가 게시판을 요란스럽게 장식했다. 원자력발전소는 6,400만 명의 사람들이 방문하는 국가적 이벤트의 개막을 장식하는 데 걸맞은 발전의 상징으로 여겨졌다.

앞에서 설명한 것처럼 이 시기 핵에너지의 '평화적 이용'은 일본인의 국민성과 관련지어 이야기되었다. 그것은 원자력발전소를 둘러싼 논의에서도 마찬가지였다. 일본의 피폭 체험이나 원자력발전소에 기반을 둔 '핵에너지'가 일본 원자력발전소의 안전한 가동에 플러스로 작용할지, 마이너스로 작용할지를 둘러싼 논의였다. 논쟁을 펼친 사람은 이시하라 신타로(石原慎太郎,1932-2022)와 노사카 아키유키(野坂昭如, 1930-)였다.

이시하라 신타로

노사카 아키유키

이시하라 신타로는 앞에서 언급한 것처럼 핵무장론을 주장하여 이목을 집중시킨 정치가이자 소설가였다. 한편 노사카 아키유키는 60년대 후반부터 소설가로 활동을 시작해 67년에 『반딧불이의 무덤』과 『아메리카 히지키』로 나오키상을 수상하며 여러 미디어에서 활발한 언론 활동을 펼쳤다. 소설가만이 아니라 정치가로도 기대를 받던 젊은 이시하라와 30대 후반에 등단해 익살꾼처럼 사회의 가치관을 뒤집으려 했던 노사카. 너무나 대조적인 두 사람은 원자력발전소에 대한 생각도 달랐다. 이시하라는 원전의 필요성을 주장했지만, 노사카는 원전에 회의적인 입장이었기 때문이다.

1972년 4월에 이루어진 두 사람의 대담을 보면, 이시하라는 일본인은 피폭 체험으로 인해 핵에는 신경과민이 되었지만, 과학기술의 진보와 석유 자원의 한계라는 점을 고려한다면 원자력발전소는 필요하다고 전제한 뒤에 "일본인의 핵 알레르기를 원자력에 들어둔 조금은 과한 보험 정도로 생각하면 되지 않겠습니까?"라며 피폭 체험을 '평화적 이용' 쪽으로 살려야 한다고 주장했다(「토론-당신은 일본을 어떻게 할 것인가」). 1950년대 과학자의 논의와 '평화적 이용' 캠페인에서 이야기되던 "피폭을 체험한 일본이야말로 '평화적 이용'을 추진할 수 있다."라는 자부심이 여기에서도 재연되고 있다.

한편 노사카는 "아무튼 일본은 피해를 입었습니다. 피해받은 인간의 경험을 원자로의 안전을 보장하는 쪽으로 유용하게 살릴 수 있다고 아무리 말해도, 피해자 입장에서는 '그런 일 하지 않아도 되니 원자로를 멈춰달라'라는 말밖에 할 수 없어요. 이것은 히스테릭이 아닙니다. 나는 원폭을 일본의 상징 중 하나로 파악합니다."라고 응수했다. 그리고 이어서 "만약 일본의 피폭 체험을 당신이 말하는 방향대로 살린다면 마이너스면으로 이용하는 방법밖에 없지요."라고 이시하라와는 반대되는 방법으로 피폭 경험을 원자력 폐지와 연결시켰다. 이와 같이 피폭 체험을 근거로 원자력발전소를 의심하는 노사카의 인식에는 1960년대 중반부터 크게 문제가 되기 시작한 공해의 심각성과 그것이 동반했던 과학기술의 진보에 대한 회의가 자리잡고 있었다.

공해 문맥 속의 방사선

앞에서 언급한 바와 같이, 1970년대 핵에너지를 둘러싼 일본인의 의식을 고찰하기 위해서는 공해 문제를 간과할 수 없다. 공해 문제는 경제성장과 과학기술 진보가 인류의 행복을 가져온다는 전제를 흔들었고 사람들이 일본의 전후 역사를 반성하게 했다. 1970년대 초에는 핵에너지에 관한 문제를 공해의 문맥 속에서 이해하는 경향이 더 강해졌다. 예를 들면 1970년 8월 6일 『아사히 신문』의 사설에는 다음과 같은 글이 실렸다.

> 피폭의 공포를 소년만화를 통해서만 접해온 세대도 인도차이나에서 일어난 전쟁을 매개로 전쟁에 대해 생각한다. 갑자기 분출한 공해 문제도 경제성장과 인간의 관계에 대해 생각하게 한다. 게다가 '죽음의 재'가 국제적인 규모의 공해라는 것을 일본인은 직감하는데, 그렇다면 핵에너지의 개발로 상징되는 과학기술의 진보를 진정한 진보라고 할 수 있을까?

방사선과 방사능 물질을 공해라는 단어로 파악하는 인식은 원자력발전소에도 응용되었다. 즉 원자력발전소에서 방출되는 오염수와 방사성 물질로 인한 환경오염 문제에 대한 사람들의 관심이 높아진 것이다. 원전에서 배출되는 방사성 폐기물은 종종 '죽음의 재'라는 단어로 설명되었고, 핵의 '군사적 이용'을 상기시켰다.

문명이 낳은 환경파괴의 최악의 사례로 핵무기를 거론하는 발언도 있었다. 공해 연구의 선구자인 우이 준(宇井純, 1932-2006)은 "원인이 명확한데도 피해자를 차별한 채 방치해 온 사실도 있지만, 원폭은 가장 전형적인 공해, 일본 공해의 원점이다."라고 말했다(『아사히 신문』, 1970년 8월 3일). 또한 비키니섬 핵실험 때 방사성 낙하물로 오염된 해양과 대기오염을 측정한 경험이 있는 미야케 야스오(三宅泰雄, 1908-1990)는 다음과 같이 설명했다.

> 방사능으로 인한 환경오염과 관련해서 앞으로 생길 또 하나의 우려는 원자력을 평화적으로 이용할 때 발생할 상황이다. 원자력을 에너지로 발전할 때 핵연료가 타고 남은 찌꺼기는 원수폭 때 방출되었던 '죽음의 재'와 똑같은 물질이다. '원자력 발전은 원폭과 다르다'라는 말로 홍보하지만, 적어도 생성물은 둘 다 완전히 같은 것이다. (중략) 그러나, 난처하게도 세계에 "저라면 '죽음의 재'를 이렇게 처리하겠습니다."라고 자신 있게 대답할 사람은 없다.
>
> -「환경을 해치는 방사능」, 『주고쿠 신문』, 1975년 7월 16일

요컨대 원자력발전소에서 나오는 방사성 폐기물과 핵실험에 의한 방사성 낙하물이 같은 물질이라는 주장이다. 위험성이 널리 알려진 데 반해 일상생활의 불안과는 연결되지 않았던 핵에너지의 부정적 측면은 공해로 대표되는 환경오염 문제가 대두되자 환경오염과 관련해서 주목을 받게 된 것이다.

시대의 위기는 핵전쟁보다 공해

이렇게 핵에너지의 부정적 측면과 환경오염은 대중문화에서도 연결되고 있었다. 그 접합을 가장 단적으로 보여주는 것이 영화 <고질라 대 헤도라>(반노 요시미쓰(坂野義光), 1971년)이다.

영화 속에서 수폭 실험으로 잠에서 깨어난 '고질라'가 싸우는 상대는 항만의 폐수로 인해 오염된 진흙에서 태어난 괴물 '헤도라'이다.

영화에는 소년이 일기에 "원폭, 수폭, '죽음의 재'는 바다로, '고질

라'가 알면 화를 낼까? 화를 내겠지." 라고 쓰고, 이 글자들이 바다에 있는 '고질라' 위로 오버랩되는 장면이 나온다. 방사성 낙하물에 의한 해양오염과 '고질라'의 분노가 소년을 매개로 연결되고 있는 것이다. 여기에서는 인간의 건강에 대한 피해보다 환경오염이라는 측면에서 '죽음의 재'가 주목을 받고 있다.

3-4 반노 요시미쓰, 〈고질라 대 헤도라〉

영화 주제가로 '마리 게이코(麻里圭子) with 허니 나이츠 & 문드롭스'가 부른 <돌려줘! 태양을>(작사: 반노 요시미쓰(坂野 義光), 작곡: 마나베 리이치로(眞鍋 理一郎))의 가사만 봐도 공해와 연결해서 방사성 물질을 의식적으로 포착하려는 부분을 엿볼 수 있다. 노래의 가사는 오염 물질의 열거로 시작된다. 유해물질이 열거된 특징적인 가사의 일부를 인용해보자.

수은 코발트 카드뮴
납 황산 옥시단트
시안 망간 바나듐
크롬 칼륨 스트론튬
오염된 바다 오염된 하늘
살아있는 모든 것이 사라지고
들도 산도 침묵해버렸다

노래의 도입부에 공해의 원인이 된 유해 물질과 비키니섬 사건 이후 '죽음의 재' 성분으로 사람들을 우려하게 했던 코발트, 스트론튬과 같은 방사성 물질이 나오고 있다.

<고질라 대 헤도라>를 비롯한 특촬 괴수영화의 주요 관객은 아이들이었다. 당시 아이들에게 공해와 핵전쟁이 어떻게 이해되고 있었을까? 그것을 보여주는 흥미로운 조사가 있다.

1974년 <아동조사연구소>는 도쿄 도내의 12개 초등학교에서 5학년생 남녀 400명을 골라 다음과 같은 조사를 실시했다(『요미우리 신문』, 1974년 5월 5일). 이 조사에서는 "자신이 살아있는 동안에 인류의 최후가 올 것이라고 생각하는가?"라는 질문에 47.8%에 해당하는 191명이 '인류의 최후가 올 것 같다'라고 대답했다. 게다가 "인류가 멸망한다면 그 원인은 무엇이라고 생각하는가?"라는 질문에는 '공해로 인한 공기와 물의 오염'이 27.3%로 가장 많았고, 다음으로 '지구에 빙하기 도래'(17.8%), '생활에 필요한 자원의 부족'(17%), '세계적인 식량 위기'(11%), '우주인의 침략'(9.8%), '핵전쟁'(7.3%), '불치병의 확산'(2.8%)이라는 결과가 나왔다고 발표했다.

미디어가 제시한 인식을 비판 없이 받아들이기 쉬운 아이들은 세상의 종말과 공해를 연결해서 이해하는 경향이 있었다. 세상의 종말과 핵전쟁을 연결하는 아이들은 고작 7.3%였다. 이와 같은 결과는 핵전쟁보다는 공해가 시대의 위기로 인식되고 있었음을 시사한다.

1960년대 대중문화는 핵전쟁이 세계를 파멸시킬 것이라고 상상했지만, 1970년대에 들어서자 환경 파괴나 천재지변이 세계 종말의 원인으로 선택되면서 핵전쟁의 공포는 상대적으로 약해졌다고 볼 수 있다.

종말의 상상력과 유행

몇 가지 예를 들어보자. 1970년대 전반에는 영화 <일본 침몰>(모리타니 시로(森谷司郎)감독, 1973, 고마쓰 사쿄(小松左京)의 원작소설도 같은 해)과 <노스트라다무스의 예언>(마스다 도시오(舛田利雄) 감독, 1974, 동명의 원작은 1973) 등 '멸망'을 테마로 한 작품이 연달아 제작되었다. 특히 후자에는 과학기술의 진보가 지구의 멸망을 낳는다는 인식이 강하게 투영되어 있었다. 만화에서 나타난 '종말 이야기'를 보면, 나가이 고(永井豪, 1945-)의 『데빌맨』(『주간 소년매거진』, 1972-1974 연재)이 악마의 습격으로 인류가 멸망하는 모습을 그렸고, 우메즈 가즈오(楳図かずお, 1936-)의 『표류교실』(『주간 소년 선데이』, 1972-1974 연재)은 문명의 급속한 진보가 지구의 파멸을 초래하는 이야기를 다루고 있다.

애니메이션에서는 먼저 SF팬들 사이에서 화제가 됐던 《우주전함 야마토》(1974-1975)가 재방송되고 애니메이션 영화로 제작되면서 큰 인기를 끌었다. 이야기 속에서는 '제국 가미라스'가 '유성 폭탄'으로 지구를 공격한다. 유성 폭탄으로 방사성 물질이 여기저기로 퍼져 지구는 오염되고 인류는 지하로 숨어 들어가 생활한다는 설정이다.

1960년대까지 세계 파멸의 요인으로 사람들의 예상 범위 안에 있던 것은 핵전쟁뿐이었다. 하지만 70년대가 되면 공해와 식량, 대기의 상태, 에너지, 인구증가, 천재지변 등 파멸의 원인이 다양해졌고, 핵전쟁은 그중 하나로 여겨졌다. 1970년대의 대중문화도 60년대와 마찬가지로 세계의 종말을 즐겨 다뤘지만, 종말의 상상력을 뒷받침하는 것은 핵전쟁만이 아니었다. 핵확산방지조약도 1976년에 비준되고 핵전쟁 관련 논의도 대부분 종식되면서 핵에너지의 '군사적 이용' 문제는 신문과 논단, 대중문화의 관심에서 벗어나기 시작했다.

이런 현상에 대한 우려도 미약하게나마 존재했다. 핵문제를 연구한 소설가 오에 겐자부로는 영화 <일본 침몰>의 유행에 대해 언급하며 다음과 같은 질문을 던졌다.

> 왜 사람들은 일어날 가능성이 거의 없는 지구물리학적 '침몰'에는 심하게 동요하면서, 실제로 히로시마와 나가사키에서 일어났고 지금도 여전히 그 위험이 구체적인 형태로 우리를 짓누르는 원자물리학적 '침몰'은 외면하려는 것일까?

이와 같이 말한 후에 오에는 히로시마와 나가사키의 경험을 한 사람 한 사람이 '확실한 실체로' 받아들일 필요성을 주장한다. 오에의 이 인식은 소설 『홍수는 내 영혼에 이르고』에서 결실을 맺는다. 그러나 대중문화와 그것을 지지하는 사람들의 의식은 오에의 우려와는 반대로 움직였다. 핵의 '군사적 이용' 문제는 종말을 상상하게 하는 리얼리티를 잃고, 개그만화의 소재로 사용되었다. 그리고 '평화적 이용'에 뒤따르는 여러 위험성은 특촬 TV 프로그램을 통해 한층 더 희석되고 있었다.

소녀 개그만화와 특촬 텔레비전 프로그램

1970년대 전반 소녀만화계에서 코믹 노선을 견인했던 유즈키 히카루(弓月光, 1949-)의 「요트 영차!」(『리본』, 1973년 9월 호 부록)라는 작품이 있다.

주인공인 '타로'와 그의 아내 '레이놀즈'(일본인과 미국인 사이의 혼혈)가 요트를 타고 신혼여행을 떠난다. 바다 위에서 마주친 일본 배의 선원이 '원폭 실험 구경'을 하러 가지 않겠냐고 묻자 레이놀즈는 '그런 건 인류의 적'이라고 거부하는 타로의 반대를 뿌리치고 실험장으로 향한다. 그러나 도중에 태풍에 휘말려 요트는 난파되고 두 사람은 무인도로 흘러가 거기에서 전쟁에서 살아남은 일본 병사를 만난다.

3-5 유즈키 히카루, 「요트 영차!」

세 명의 일본 병사는 바다에 가라앉은 전함 속에서 살고 있었다. 그렇게 주인공과 일본 병사들의 교류가 시작되는데, 어느 날 외국 부대가 핵실험을 수행하기 위해 나타난다. 주인공과 일본 병사들이 자신들을 쫓아내려는 외국 부대에 맞서 싸우는 사이에 일본 병사 한 명이 핵실험용 원폭을 훔쳐서 나온다. 일본 병사들은 그 원폭을 포탄으로 사용해서 적함에 명중시키지만 폭탄은 터지지 않는다. 군함이 퇴각한 후에 일본 병사들은 일본으로 돌아가지 않겠다고 말하며 주인공을 배웅한다. 바로 직후 불발로 끝났다고 생각한 원폭이 폭발하고 일본 병사의 전함은 바닷속으로 가라앉는다.

이 작품의 특징은 다음의 두 가지로 집약된다. 첫째, 전후 일본의 전쟁 기억과 원폭의 강한 연관성이다. 1972년에 요코이 쇼이치(横井庄一), 74년에 오노다 히로오(小野田寛郎)와 같이 남태평양에서 '발견'된 잔류 일본 병사의 존재는 전쟁의 상처가 아물었다고 생각한 1970년대 일본에 '정말 전쟁은 끝났는가?'라는 물음을 던졌다. 그런데 만화 속에서 그들은 원폭으로 인해 바닷속으로 사라져버린다. 전쟁의 기억을 봉인하고 기억의 재생을 막기 위해서 원폭이 사용된 것이다.

둘째, 이 이야기가 성립한 장소에서는 이미 핵실험의 공포가 상대화되고 개그만화의 배경으로 사용되는 것도 가능해지면서 방사선 피폭에 대한 공포감은 완전히 모습을 감췄다. 이런 두 가지 이유로 이 작품은 핵의 '군사적 이용'을 둘러싼 이 시기 상상력의 축소판이 될 수 있었다.

이와 달리 이 시기에 '평화적 이용'을 작품 속에 반영한 것은 특수촬영물이었다. 1960년대의 특촬물은 원전을 작품의 무대로 발견했는데 그 경향은 70년대까지 이어졌다.

연도	작품	내용
1971	《돌아온 울트라맨》 제4화 〈필살! 유성 킹〉	1971년 4월 23일 방영 우라늄을 주식으로 하는 고대 괴수 킹자우르스 3세가 원자력발전소를 습격한다. 입에서 붉은 방사능 광선을 뿜어낸다.
	《가면라이더》 제13화 〈도카게론과 괴인대군단〉	1971년 6월 26일 방영 도쿄를 방사성 물질로 오염시키려는 숏카가 '동양 원자력연구소'를 노린다.
1972	《미이라 맨》 제27화 〈총공격! S.G.M〉	1972년 6월 11일 방영 괴수가 치바현 보소(房総)반도에 있는 원자력발전소를 습격한다.
1973	《잠보그A》 제5화 〈외쳐 나오키! 지금이야〉	1973년 2월 14일 방영 원자력 에너지 센터의 원자로를 폭파하고, 도쿄를 '죽음의 재'로 전멸시키는 작전.
	《기카이더-01》 제1화 〈무적!! 인조인간 제로원 탄생!!〉	1973년 5월 12일 방영 4인의 하카이더 무리가 원자력발전소를 폭파한다.
1974	《전자인간 자보가》 제2화 〈이것이 비밀 살인 강도 기관 Σ(시그마)다〉 제3화 〈폭주! 수폭 고리콩〉(연작)	1974년 4월 13일 방영·1974년 4월 20일 방영 범죄 조직이 원자력연구소의 우라늄을 강탈해 수폭으로 전용. 이것을 괴인 코리콩의 체내에 심어 도쿄의 한가운데에서 수폭 실험을 계획한다.
1975	《비밀전대 고레인저》 제14화 〈붉은 관! 도크로 저택의 비밀〉	1975년 7월 12일 방영 '일본 최대 원전'에 대한 폭파 예고.
	《비밀전대 고레인저》 제16화 〈하얀 괴기! 거울 속의 눈〉	1975년 8월 2일 방영 관동 지방에 있는 5개의 원자력발전소가 습격받는다.

원자력 시설이 등장하는 1970년대 전반의 특촬 프로그램

고질라 시리즈나 울트라맨 시리즈로 대표되던 거대 괴수·히어로계 특촬물은 1970년대 중반이 되자 과거의 기세를 잃어가기 시작했다. 거대 괴수·히어로물 시리즈를 대신해 1971년에 방영되기 시작한 《가면라이더》로 대표되는, 거대화하지 않고 모습만 변하는 특촬 히어로물이 인기를 끌었다. 울트라맨 시리즈는 1974년 <울트라맨 레오>를 끝으로 중단되었고, 고질라 시리즈도 1975년의 <메카 고질라의 역습>으로 중단되었다. 달리 말하면, 1970년대 전반에는 거대 괴수·히어로 특촬물과 등신대 히어로 특촬물이 함께 방영되고 있었던 것이다. 이처럼 이 시기는 특촬 문화의 성숙기였다.

원전에 대한 회의론의 등장

이상과 같이 1970년대 전반에는 핵확산방지조약을 둘러싼 논의 속에서 원폭과 원전의 관련성에 이목이 집중되었고, 원전에서 생기는 방사성 폐기물의 문제도 공해 문제의 일환으로 인식되기 시작했다.

원전 문제 전문가이자 저널리스트인 니시오 바쿠(西尾漠, 1947-)에 따르면, 1972년 단계에서 원전 입지 후보지로 약 60곳이 거론되었으나 최종적으로 착공된 곳은 17곳뿐이었다(『'기술과 인간' 논문선』). 특히 1972년 이후에 새롭게 부상한 후보지 중에 실제로 원전이 설치된 장소는 없었다. 예를 들면, 니가타현 가지와자키시 아라하마에 원자력발전소 설계 계획이 부상하면서 1972년 7월에는 찬반을 묻는 주민 투표가 실시되었는데, 그 결과 반대가 찬성을 크게 웃돌았다. 1972년 이후에 착공된 원자력발전소는 이전에 장소가 결정되거나 이미 원전이 세워진 곳에 2호기, 3호기를 추가하는 형태로 증설되었다. 이처럼 1970년대 이후 새로운 토지에 원전을 세우는 계획은 하나같이 난항을 겪었다.

그 이유는 지역 주민, 시민 단체, 평화단체를 중심으로 반대 운동이 거세게 일어났기 때문이다. 그들은 단순히 민폐 시설이라는 이유로 원전을 반대한 것이 아니라, 핵에너지의 '평화적 이용'이라는 그럴듯한 명분을 근본적으로 의심하는 시각을 갖고 있었다. 그래서 지속적인 반대가 가능했던 것이다.

1969년 전국원자력과학자연합회(전원련)의 결성은 특정 지역에 국한되지 않는 반원전 운동의 시작을 알리는 사건이었다. 평론가인 스가 히데미(絓秀実, 1949-)에 따르면, 당시 대학 투쟁이 과열되는 가운데 각 대학의 이과계 연구자와 그들의 제자들이 과학 비판이라는 문제 의식을 갖고 횡적 연계를 모색하기 시작했다. 그리고 1969년 11월에는 도호쿠대학에서 개최된 원자력 학회에서 학회와 원자력 연구개발을 비판하는 전단지가 뿌려졌다(『반원전의 사상사』).

매스미디어에서도 적은 수지만 선구적인 문제 제기가 시작되었다. 그중에서도 『아사히 저널』이 중요한 역할을 했다. 당시 저널리스트로 『아사히 저널』에 기고하던 오이시 유지(大石悠二, 생년미상)의 르포 「원자력발전소 신앙 - 구원의 신인가, 죽음의 신인가」(1971년 1월 15일 호)가 대표적이다.

이 르포는 비유를 통해 원자력발전소를 둘러싼 지방의 상황을 적절하게 파악하고 있다. 원전은 '육지의 외딴 섬'이라 불리는 접근하기 어려운 해안가에 건설되는 일이 많았다. 오이시는 그곳에 건설되는 원자력발전소를 '제단'이나 '신전'에 비유하면서 그것을 감사히 여기는 사람들을 '불의 숭배자(拜火敎徒)'에 비유했다. 한편 원자력발전소의 추진 주체를 '종주국'이나 '제국'에 비유하면서 원전을 품은 지자체와 반원전 운동의 상황을 알리기도 한다. 원자력발전소에 관한 지식이 거의 없는 상태에서 그것을 기쁘게 받아들이는 사람들의 태도를 오이시는 일종의 '신앙'으로 파악했고, 반대 운동에 참여하는 사람들이 '이교도'처럼 배제되는 모습을 그렸다. 그리고 추진파의 결속과 반대파의 배제가 일어나는 곳은 '종주국'이 아니라 그곳에서 멀리 떨어진 지방이라는 이해를 제시하고 있다. 일본사회 속의 원전을 중심과 주변 문제로 파악했다는 의미에서는 선구적인 르포였다.

1970년대까지도 매스미디어에서 반원전 운동은 정당하게 평가받지 못했다. 매스미디어는 반원전 운동을 낮은 주민의식의 결과로 보았고, 그것을 개선하기 위해서라도 전력회사의 설명이나 홍보가 필요하다는 주장을 펼쳤다. 예를 들면 1960년대 미에현의 아시하마 지구에서 어민들이 일으킨 원자력발전소 설치 반대 운동에 대해 1966년 『아사히 신문』 사설은 다음과 같이 기술하고 있다.

> 아시하마 지구의 경우 도카이구 수산연구소와 미에현립대학 수산학부의 전문가들이 '원자력발전소의 운전으로 방출되는 온수의 영향은 걱정할 부분이 별로 없다.'라는 예비적인 보고를 발표했다. 아마도 전혀 걱정할 필요가 없을 것이다.
>
> 그러나 그렇다고 해서 이 소동이 어민의 무지에서 비롯된 것이고, 편협함 때문이라고 단언할 수만은 없는 일이다. 지금 공해 도시의 표본이 된 욧카이치시를 비롯한 몇몇 쓰디쓴 경험이 현 당국자와 기업에 대한 민중의 불신감을 불러일으켰다는 사실에 눈을 감아서는 안 된다.
>
> 원자력 시설의 용지 문제를 해결하는 근본책은 원자력에 대한 홍보 및 계발 활동을 계속해 가는 것이다.
>
> -『아사히 신문』, 1966년 9월 22일

공해로 인한 불신감이 생긴 것은 반성해야 하지만, 철저한 홍보로 이를 극복해야 한다는 주장이다. 이 사설이 나온 지 5년 후인 1971년이 되자 원전 추진을 절대시하는 태도가 퇴조하기 시작했고, 원전 추진파와 원전반대파 양측 모두를 냉정하게 파악하는 시점이 잡지 『아사히 저널』에서 나타났다.

이후에도 『아사히 저널』은 계속해서 원자력발전소의 안전성에 물음을 던지는 기사를 게재했다. 1972년 6월 23일 호에는 「원자력 발전은 미래를 밝혀줄까」라는 특집을 실었다. 이 특집은 원자력 발전의 속도를 늦추자고 제안하면서 에히메현 이카타초의 반전 운동에 관한 르포를 실었고, 허용량 개념에 대한 해설과 함께 원자로 안정성에 관한 미국의 논의를 소개하고 있다.

이 시기 일본은 미국의 경수로 도입을 추진하고 있었다. 게다가 미국의 원자로를 그대로 수입한다는 조건으로 계약을 맺었기 때문에 미국의 원자력발전소가 지적받은 내용은 그대로 일본에도 적용되었다. 그래서 미국에서 이루어진 논의에 관심이 모아졌던 것이다.

1970년대 이후 미국에서도 원자로 문제가 지적되기 시작했다. 비상냉각장치실험에서 노심의 냉각 효과에 대한 계산 오류가 드러난 것이다. 이때 밝혀진 것은 비상냉각장치가 정상적으로 작동해도 노심의 온도가 급격히 상승하면 멜트다운을 피할 수 없다는 사실이었다. 이 문제는 1971년 미국의 원자력위원회에서 처음 제기되었는데, 이를 계기로 환경 그룹 등은 원자력발전소에 대한 불신을 드러냈다.

닉슨 정권은 여기에 대응하기 위해서 1972년 원자물리학자인 노맨 라스무센(Norman Carl Rasmussen)을 위원장으로 하는 위원회를 발족시켜 원자력발전소의 안정성 조사를 지시했다. 이 위원회가 1975년에 발표한 보고서는 결과적으로 원자력발전소의 '안전신화' 구축에 크게 기여한다. 심각한 원전 사고의 가능성은 운석이 미국의 대도시에 떨어질 확률과 비슷한 정도라고 지적했기 때문이다. 이 보고서는 일본에서도 원전 추진파에게 원전 사고에 대한 걱정은 기우라고 주장할 근거를 제공했다.

반원전 운동의 싹

이렇게 원자로의 안전성에 관한 논의는 일본 과학자와 기술자들을 자극했다. 1972년 다케타니 미쓰오를 좌장으로 한 원자력 안전 문제 연구회가 결성되고 원전 사고의 피해 예상과 그것을 막을 수 있는 방법에 대한 논의가 이루어졌다. 이 논의는 이와나미 서점의 월간지 『과학』에 게재되고, 논문집 『원자력 발전의 안전성』(1975), 『원자력 발전』(1976)으로 정리되었다.

한편, 1970년대는 전반에 반원전 운동에 이론적 근거를 제공하는 잡지도 생겨났다. 1972년에 창간된 『기술과 인간』이다. 이공계 출판사인 아그네에서 편집자로 일했던 다카하시 노보루(高橋昇, 1926-)가 중심이 되어 간행된 이 계간지(1974년 4월 호부터는 아그네에서 독립해 월간지가 됨)는 창간호에서 「세토내해 오염」이라는 특집을 실었다. 이 특집에서 알 수 있듯이 잡지는 공해 문제를 비롯한 환경오염 문제를 집중적으로 다룬다는 입장을 분명히 했다. 그리고 이 잡지의 또 다른 관심사가 원전 문제였다. 오늘날 지적되는 원전의 문제점을 『기술과 인간』은 이미 1970년대에 제기하고 있었다. 예를 들어 폐기 불가능한 방사성 물질의 관리나 방사선에 의한 유전적 악영향의 가능성, 방사능 피해가 자손까지 계승되는 문제점, 국가나 테러리스트에 의한 군사적 운용의 위험성 등이 이미 1970년대 전반에 중요한 논점으로 다뤄지고 있었다.

원자력발전소의 본가인 미국에서 원전의 안정성이 의심받자 일본에서도 거대 과학기술에 대한 불신감이 퍼졌다. 이러한 요인들이 모여 일본에서도 본격적인 반원전 운동이 일어나기 시작했다. 1973년 8월에는 에히메현 이카타 원자력발전소를 둘러싼 재판이 시작되었다. 이카타 원자력발전소 1호기의 원자로 설치 허가의 취소를 요구하는 이 소송은 일본 최초의 원전 관련 소송이었다. 이 소송에는 교토대학과 오사카대학의 젊은 원자력 연구자들, 원수폭금지운동 관계자들도 참

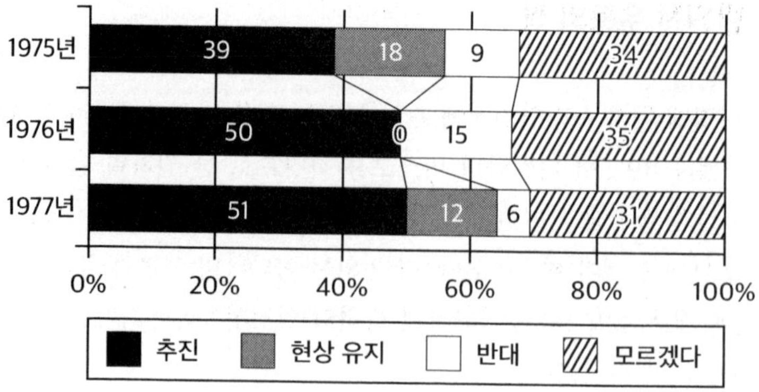

원자력 추진에 관하여, 총리부, 1975-1977

여했다. 이 재판은 1992년 10월에 최고재판소에서 원고의 패소가 확정될 때까지 19년에 걸쳐 이어졌다.

이와 같이 다양한 각도에서 원자력발전소에 대한 의문이 제기되었기 때문에 원자력의 안전성에 불안을 느낀 국민이 늘어난 것은 당연한 결과였다. 1975년에 총리부가 실시한 여론조사에서는 원자력의 안전성에 대해 '불안하다'고 답한 사람의 비율이 56%에 달했다.

그러나 원전에 불안을 느끼는 사람 모두가 원전에 반대한 것은 아니었다. 1970년대에는 원전을 추진해야 한다는 응답이 과반수 이상이었고, 확실히 반대한다는 답변은 10% 전후였다. 불안하긴 하지만 그 필요성을 인정한다는 입장이다.

그런 의미에서 아사히 신문사의 '예스 벗(YES BUT)'이라는 태도는 국민 대부분의 의식과 합치하는 것이었다. '예스 벗'이란, 기본적으로 원전의 필요성을 의심하지 않으며 그것을 찬성하지만, 원전의 안전성에 대한 국가 정책에 문제가 있을 때는 시시비비를 따져 비판할 뿐만 아니라, 국가에 폐기물 처리와 안전성 기술의 자체 개발과 같은 과제를 요구하면서 핵연료 사이클의 확립을 추구하는 태도를 말한다. 이것은 아사히 신문사의 논설 주임이던 기시다 준노스케(岸田純之助, 1920-2012)가

1979년에 사내 행사로 개최된 원자력보도연수회에서 주장해 이후 기자들 사이에서 공유된 것이다(『원자력발전소와 미디어』).

그렇다면 1970년대에 이미 원전에 대한 여러 가지 비판이 있었는데도 불구하고 거의 확산되지 못하고, 많은 사람들이 원전의 필요성을 의심하지 않던 이유는 무엇일까? 이 문제에 대해 생각할 때 간과할 수 없는 것이 오일쇼크이다.

오일쇼크와 전원3법

1973년 10월에 발발한 제4차 중동전쟁은 원유 가격의 급등을 초래했고 그 결과 세계 경제, 특히 선진공업국의 경제를 뒤흔들었다. 에너지원인 석유를 중동에 의존해온 일본 경제도 예외는 아니었다. 일본에서는 오일쇼크 이전부터 다나카 가쿠에이(田中角榮, 1918-1993)의 '일본열도개조정책'의 영향으로 땅값과 물가가 치솟은 상태였다. 이 영향으로 일본은 1974년, 패전 후 처음으로 마이너스 성장을 기록했다.

오일쇼크를 경험한 일본사회는 석유 의존이 높은 자국의 에너지 사정을 우려했다. 1970년대 전반 일본에서 1차 에너지 중 석유가 차지하는 비율은 70%에 달했기 때문이다. 중동에서 수입한 값싼 석유에 의존해 고도경제성장을 달성한 만큼, 일본에게 오일쇼크는 말 그대로 충격이었다. 그래서 에너지의 안전 보장이 국가적인 과제로 부상했다. 그리고 석유 의존을 벗어나기 위한 에너지원으로 원자력발전소가 다시 주목받은 것이다. 또한 원전에 사용되는 농축 우라늄을 미국에 의존해온 상황도 개선하기 위해서 예컨대 프랑스, 오스트리아, 캐나다, 그리고 아프리카의 니제르와 교섭하여 농축 우라늄과 우라늄 광산의 공동개발을 추진했다.

이와 같은 움직임 속에서 어떤 법률이 서둘러 제정되었다. 1974년

6월에 제정된 '전원3법(電源三法)'이다. 전원3법이란, 발전용시설주변지역정비법, 전원개발촉진세법, 전원개발촉진대책특별회계법을 합쳐서 부르는 명칭이다.

전원3법이 발효됨으로써 정부는 전력회사로부터 판매 전력량 1,000㎾h당 85엔을 전력원 개발 촉진세로 징수하고, 그것을 전원개발촉진대책특별회계예산으로 삼아 전력원 입지 촉진을 위한 교부금과 보조금에 충당하는 것이 가능해졌다. 게다가 당초 1,000㎾h 당 85엔이던 전원 개발 촉진세는 이후 1980년에 300엔, 1983년에는 445엔으로 단계적으로 올랐고, 원전을 품은 지자체에 대한 교부금 금액도 크게 증가했다.

이렇게 해서 원전을 보유한 지자체에 전력 소비자가 돈을 지불하는 시스템이 완성되었다. 과학사가인 요시오카 히토시(吉岡斉, 1953-)가 지적하는 바와 같이 전원3법은 '이미 원자력 시설을 가진 지역에 대한 위자료로 기능했'던 것이다(『원자력의 사회사』). 원자력발전소를 품은 지자체는 원전이 없는 지역 경제를 구상할 수 없을 정도로 원전에 '의존'하게 되었고, 도시부는 원전을 지방에 집중시켜서 원전을 의식하지 않고 지낼 수 있는 구조가 형성되었다.

그러나 원자력발전소를 안정적인 에너지원으로 만들기 위해서는 극복해야 할 두 가지 과제가 있었다. 그것은 설비이용률(순조로운 발전소의 지속성을 나타내는 지표. 실제 발전량과 그 발전소 최대 발전량의 백분율) 향상과 핵연료 사이클의 확립이었다.

이 시기의 원자력발전소는 배관 상태가 좋지 않았고, 설비이용률도 매우 낮았다. 일례로 1974년 미하마 원자력발전소 1호기의 설비이용률은 겨우 7.4%에 불과했다. 또한 1975년 9월 시점에서 상업 운전에 들어간 원자력발전소는 총 7기였는데, 그중에서 가동은 겨우 3기뿐이었다. 그래서 설비이용률을 높이기 위한 안정성 향상 기술 개발에 한층 박차를 가하게 된다.

朝日新聞

日本初の増殖炉完成

春にも「原子の火」

●動燃・大洗工学センター●

エネルギー半永久化へ一歩

すべて自力開発

あけましておめでとうございます

三和銀行

3-6 「일본 최초의 증식로 완성—봄에도 '원자의 불'」, 『아사히 신문』 1977년 1월 1일

또한 우라늄 자원이 없는 일본이 안정적으로 원자력발전소를 가동하기 위해서는 핵연료를 늘리면서 순환적으로 이용하는 '핵원료 사이클'이 불가결하다는 의식도 정착되었다. 1970년에 착공한 실험용 고속증식로 '조요(常陽)'(1977년에 운전 개시)와 플루토늄이나 MOX 연료를 사용할 수 있는 신형 전환로 '후겐(ふげん)'(1978년에 운전 개시)에 큰 기대가 모아졌다.

1976년 7월부터는 『아사히 신문』에 '핵연료'가 총 48회에 걸쳐 연재되었다. 이 연재는 '에너지의 자립'을 예찬하고, 핵연료 사이클과 기술 개발의 필요성을 주장했다. 최종회에서는 "대국적인 전망에서 보면 핵연료를 사용한 전기 생산은 자원 소국인 일본의 피할 수 없는 선택이라고 여겨진다."라고 말한다.

이러한 '평화적 이용'의 추진은 결코 순조롭게 진행되지는 않았다. 특히 1970년대 전반에는 이미 앞에서 본 바와 같이 원자력발전소의 안전성에 대한 의심이 나타났고, 오일쇼크 후에도 '평화적 이용'에 대한 불신감을 자극하는 사건이 발생했기 때문이다. 그것은 원자력선 '무쓰'호의 방사선 누출 사건이다.

원자력선 무쓰(MUTSU)와 『블랙 잭』

朝日新聞

むつで放射線漏れ

出力二%の段階で

予定の試験を中断

海域試験

3-7 「무쓰에서 방사선 유출」, 『아사히 신문』 석간 1974년 9월 2일

원자력선의 건조는 일본 핵에너지의 '평화적 이용' 목표 중 하나였다. 1963년에 원자력선 개발 사업단이 발족하고, 1969년에는 원자력선 '무쓰'가 완성되었다. 무쓰는 1970년에 아오모리현 무쓰시의 오미나토항으로 이동했는데, 거기에서 난제에 부딪힌다. 수산물에 대한 뜬소문을 우려한 어부들의 반대로 출력 시험이 실행되지 못한 것이다. 출력 시험이란, 원자로를 임계 상태로 놓고 열출력을 높이는(단, 엔진은 회전시키지 않는다) 시험을 말한다. 이 시험이 불발되면서 무쓰는 아오모리현 무쓰시의 항구에 계류되고 만다.

그러다가 1974년 8월 26일, 어민들의 반대에도 불구하고 무쓰는 오미나토항을 출항해 28일 임계 실험에 성공한다. 그런데 9월이 되자 선체에서 미량의 방사선 누출이 발견되었다. 이에 오미나토 어민들이 무쓰의 귀항을 불허했고, 무쓰는 10월까지 약 한 달 동안 바다 위를 떠돌았다.

이후 수리비 등으로 막대한 예산이 지출되었다는 것이 알려지면서 원자력선 뿐만 아니라 정부가 주도하는 핵에너지의 '평화적 이용' 자체가 불신 상태에 빠졌다.

원자력선 '무쓰'를 둘러싼 소동이 원전 행정에 대한 불신감을 자극하자 정부는 이에 대응하기 위해서 새로운 원자력행정간담회를 마련하였다. 당시 총리였던 미키 다케오(三木武夫, 1907-1988)는 이 간담회의 제안을 받아들여 1978년 10월에 원자력발전소 규제 정책을 담당하는 원자력발전소안전위원회를 발족시켰다. 이로써 원자력 연구개발을 추진하는 조직과 규제하는 조직을 일단 분리하는 방식이 확립되었다. 개발과 규제를 분리하는 방식은 이미 미국, 영국, 서독에서 실시되고 있었는데, 드디어 일본에도 도입된 것이다.

'무쓰'를 둘러싼 소동이 원전 반대 운동의 관계자만이 아니라 다수의 불신을 초래했다는 것은 만화에서도 엿볼 수 있다. 데즈카 오사무의 의료 만화 『블랙 잭』의 제4화 「저승사자의 화신」(『소년 챔피언』, 1974년 10월 28일)을 보자.

3-8 데즈카 오사무, 「블랙 잭 - 저승사자의 화신」

이 작품에는 '무쓰고로'라는 이름의 원자력선이 등장한다. 작품에서는 "원자력선 무쓰고로는 4주 전에 주민의 반대를 무릅쓰고 항해에 나섰다. 이후 앞바다에서 방사능 재가 원자로에서 다량으로 누출된 것을 알게 되어 4주 동안이나 바다 위를 표류했다."라고 설명되고 있다. 원자력선 '무쓰' 사건에서 착상을 얻은 것이 분명하다(현재 입수할 수 있는 판본에서는 '방사능 재'가 '세균 무기'로 수정되어 있다).

어느 날 '공무원'이라 불리는 남자들이 천재 외과의사인 '블랙 잭'을 찾아온다. 그들은 방사능증에 걸린 선원들을 고쳐달라고 의뢰한다. 선원의 피폭을 숨기기 위해서 블랙 잭과 '닥터 기리코'를 부른 것이다. 치료될 가능성이 있다면 블랙 잭한테, 가능성이 없다면 안락사 전문의인 기리코한테 맡기려는 판단이었다.

블랙 잭은 "지금까지 99%의 환자를 고쳤지만, 방사능증은 도저히 치료할 수 없다."라고 말하며 자신감 없는 상태로 수술을 시작한다. 선원들한테 미세한 회복의 기미가 나타날 때 즈음, '상부의 명령'을 받은 공무원들이 블랙 잭에게 닥터 기리코와 교대하라고 통보한다. 하지만 그런 결정에 수긍할 수 없는 블랙 잭은 선원들을 보트로 도망치게 한다. 이야기는 보트를 타고 도망치는 선원들의 안전을 생각하면서 '가능하면 살아 남아주시오. 그렇지 않으면...'이라고 혼잣말을 하는 블랙 잭의 모습으로 끝난다.

이 작품은 핵에너지의 '평화적 이용'에 대한 불안을 이해하기 쉬운 형태로 보여준다. 방사선 피폭으로 인한 신체적인 피해 문제는 핵에너지의 '평화적 이용'에서도 발생할 수 있다는 불안, '원자력 개발에는 뭔가가 감춰져 있다.'라는 막연한 불신감 등을 교묘하게 짜 넣었다.

'평화적 이용'을 추진하는 도중에 핵의 부정적 측면에 부딪힌다는 딜레마는 이미 1970년대 초에 핵확산방지조약을 둘러싼 논의에서 지적되기 시작했다. 그런데 1970년대 중반에 원자력선 '무쓰' 소동이 일어났고, 여기에 '핵 재킹'에 대한 우려가 높아지자 '평화적 이용'과 '군사적 이용'을 분리하기 어렵다는 점이 다시 의식되기 시작했다.

'핵 재킹'의 불안과 형사 드라마

핵연료 사이클의 구체화와 더불어 플루토늄의 처리·운반·비축에 관한 새로운 문제가 부상했다. 핵연료 사이클에서 사용이 끝난 핵연료의 재처리 기술은 핵무기용 플루토늄을 분리하는 기술과 원리적으로는 같은 것이어서, 재처리 기술을 도입하면 플루토늄을 군사적으로 이용 가능하다는 국제적인 의혹을 피하기 어렵다.

게다가 방사성 폐기물과 사용이 끝난 핵연료를 운반하는 과정에서 플루토늄이 강탈되어 악용될 가능성도 무시할 수 없었다. 핵에 의한 테러(당시 '핵 재킹', '핵 게릴라'라고 불렸다)의 불안감이 높아지고, 테러리스트 그룹의 소형 핵무기 소지 가능성도 우려되었다.

실제로 미국에서는 '핵 재킹 협박 사건'이 일어났다. 핵 시설에서 방사성 물질이 행방불명된 사실이 알려지면서, 수제 핵무기를 제조했다는 거짓말로 협박하는 사건이 빈발했다는 것이 언론에서 보도되었다(「수제 핵무기 협박 작년에는 최고 7번 FBI가 경고」, 『아사히 신문』, 1975년 1월 5일).

그 밖에 세계의 이목을 끈 것은 미국 대학생이 졸업 논문에서 소형 핵무기 설계로 'A'를 받았다는 보도였다(「원폭은 쉽게 만들 수 있다」, 『아사히 신문』, 1976년 10월 24일). 또한 영국의 타블로이드 『데일리 익스프레스』 사의 기자가 미국의 기밀 해제 문서를 참고해서 원폭 제조에 성공(핵 물질은 장전하지 않았다)한 후, 그 제조 공정을 공개한 일도 화제가 되었다.

국가가 아닌 테러 조직이나 개인이 원자력발전소와 핵시설에서 핵연료를 강탈하여 핵무기를 제조할 수 있다는 가능성은 대중문화에서 먹힐 만한 소재였다.

1977년부터 1987년까지 약 10년에 걸쳐 방영된 인기 형사드라마 《특수조사 최전선》의 에피소드를 보자. 제29화 <플루토늄 폭탄이 사라진 거리>(1977년 10월 19일), 제30화 <핵폭발 30초 전의 로자리오>(1977년 10월 26일)는 핵무기 제조와 테러리즘 문제를 배경으로 한다.

《특수조사 최전선》의 메인 작가였던 각본가 나가사카 슈케이(長坂秀佳, 1941-)는 드라마의 구상 배경을 "주간지에 실린 플루토늄 기사 스크랩을 몇 장 가지고 있었는데, 그것만 가지고는 만드는 방법을 알 수 없었다. 그때 사토 하지메(佐藤肇) 감독이 다른 스크랩을 가지고 와서 두 사람의 자료를 맞춰보다가 제작 방법을 전부 이해했다."라고 밝힌 적이 있다(『나가사카 슈케이의 기술』). 이처럼 소형 핵무기 제조를 다룬 보도가 각본에도 이용되었다.

이야기 속에서 원폭 제조 계획을 실행에 옮긴 것은 과학자와 그의 제자다. 과학자는 독자적으로 원폭을 제조하고 그것의 두려움을 세상에 알려서 일본으로하여금 영구적인 비非핵무장을 선언하게 한다는 '제2의 노아' 계획을 세우고 있었다. 과학자는 자신의 계획을 실행에 옮기기 위해서 제자인 '시게모리'에게 소형 핵무기 제조를 명령한다. '시게모리'는 핵시설에서 플루토늄을 가져와 혼자 힘으로 소형 핵무기 제조에 성공한다. 그러나 사실 '시게모리'는 정치결사 '흑 의용군'의 멤버였다. '시게모리'는 과학자를 배신하고 소형 핵무기를 빼돌려 자취를 감춘다. 그리고 복역 중인 동지의 석방을 요구하면서 소형 핵무기로 경찰을 협박한다. 마지막에 '시게모리'는 소형 핵무기가 들어 있는 가방을 코인 로커에 보관한 채 도주하고 도료를 파괴하려고 한다. 사태가 이 지경에 이르자 과학자는 마음을 고쳐먹고, '시게모리'도 죽음에 대한 두려움 끝에 폭탄이 터지기 직전에 원폭의 시한장치를 중단시킨다.

'거대한 이념'의 종언

과학자와 그의 제자 시게모리는 각각 세계 평화와 정치적 신념이라는 서로 다른 목적을 위해 원폭제조 계획을 실행에 옮기지만, 이 두 사람의 사고 패턴에는 공통점이 있다.

핵무기에 의한 대량 살육의 가능성에 대응하는 것으로, 두 사람 사이에서는 세계 평화와 특정 정치적 신조라는 '거대한 이념'이 대치되고 있다. 핵무기라는 최종 병기와 '거대한 이념'의 대응 관계에서 1970년대까지 살아남은 '정치의 계절'의 잔재를 찾아볼 수 있다. 동시에 그들이 인생을 걸었던 평화를 위한 원폭이나 정치적 신조를 위한 원폭이 결국 좌절로 끝난다는 의미에서 이 작품은 '정치의 계절'에 대한 장송으로 읽을 수도 있다.

1970년대 중반에는 과격해진 신좌익의 내부게발트(같은 진영 내부에서 폭력을 행사하는 것-옮긴이 주)나 '혁명'을 요구하는 테러리즘이 상징하는 바와 같이, 정치범에 의한 범죄가 끊이지 않았다. 1972년 아사마 산장 사건[1]을 거쳐 이미 여론에서 완전히 버림받은 젊은이들의 반란은 첨예화되었고, 단말마의 외침처럼 폭력이 분출했다.

특히 1974년 8월 30일에 일어난 미쓰비시중공업빌딩폭파사건이 안겨준 충격은 대단했다. 도쿄 마루노우치에 있는 미쓰비시중공업빌딩 현관에서 일어난 폭발 사고로 8명이 사망하고 300여 명이 부상당했다. 빌딩에 폭탄을 설치한 것은 '동아시아 반일무장전선'으로 스스로를 '오오카미(狼)'라 불렀던 과격파 정치범들이었다. 그들은 대기업과 그곳에서 일하는 노동자를 일본제국주의의 식민지주의적인 측면을 확장시키는 원흉으로 간주하고 테러를 반복했다. 이 사건 후에도 이들은 1974년부터 1975년에 걸쳐 대기업을 표적으로 한 폭파 사건을

1 아사마 산장 사건(朝間山荘事件): 1972년 2월 19일 나가노현에 있는 아사마 산장에서 연합적군이 벌인 인질극.-옮긴이 주

일으켰다.

여기서는 이들 주장에 시비를 따지는 것은 차치해 두고, '거대한 이념'과 '거대한 폭력'이 아슬아슬하게 명목상 대응 관계를 이루고 있었다는 점에 주목하고 싶다. 그들은 '일본제국주의'를 타도해서 그들이 바라는 사회를 실현한다는, 그들의 입장에서는 양보할 수 없는 '거대한 이념'을 가지고 있었고, 그것을 위한 수단으로 폭탄테러라는 '거대한 폭력'을 준비했다. 이와 같은 사고방식은 《특수조사 최전선》에 나타난 평화와 혁명이라는 '거대한 이념'과 핵무기와의 대응 관계와 근본적으로 통하는 면이 있다.

그러나 내부게발트나 테러 등 1970년대 중반에 분출한 과격한 폭력은, 학생운동과 같은 대항운동이 더 이상 지속될 수 없음을 보여주는 것이기도 했다. 정치 운동에 넌더리를 내고 혁명이나 사회주의와 같은 정치 용어에 질려버린 의욕 없는 젊은이들의 존재가 이슈가 된 시기였다.

즉 1970년대 중반은 60년대적인 '정치의 계절'과 80년대적인 '소비의 계절' 사이의 전환점이자 양자가 혼합된 시기이기도 했다. 따라서 《특수조사 최전선》에서 체현된 '거대한 이념'과 핵무기의 대응 관계는 이후 서서히 효력을 상실해간다. 그것을 가장 단적으로 보여준 것이 하세가와 가즈히코(長谷川和彦, 1946-)가 만든 영화 <태양을 훔친 사나이>(1979, 키티 필름)이다.

<태양을 훔친 사나이> - 원폭과 원자력발전소의 접속

3-9 하세가와 가즈히코, 〈태양을 훔친 사나이〉

영화 <태양을 훔친 사나이>의 주인공으로 이과 교사인 '기도'는 원자력발전소에서 플루토늄을 조달해서 방으로 가지고 온다. 방은 연구실로 개조되었고, 그곳에서 그는 콧노래를 부르면서 원폭을 제조한다. 노래 가사는 '과학의 아들, 십만 마력이다, 철완 아톰'.

설명할 필요가 없을 정도로 잘 알려진 『철완 아톰』의 주제가이다. 원폭을 완성한 '기도'는 자신을 9번째 핵보유국이라고 주장하면서 '9번'이라는 이름을 짓고 국가를 위협한다.

여기까지는 앞에서 본 《특수조사 최전선》의 에피소드와 별반 다르지 않다. 그러나 결정적인 차이가 있다. '기도'는 원폭을 사용하면서까지 달성해야 할 거대한 이념을 갖고 있지 않으며, 개인적인 분노나 원한조차 없다. 그가 요구하는 것은 야간경기 중계의 연장과 롤링스톤스의 일본 방문이다. 그의 요구와 감각은 굳이 말하자면 소비사회적이라 할 수 있다. 경찰과의 거래를 마치 게임처럼 즐기는 '기도'의 표정에는 어딘가 허무한 그림자가 숨어있다.

흥미롭게도 이 영화는 《특수조사 최전선》이 다루지 않던 피폭 문제를 그리고 있다. 이를테면, '기도'가 자신의 방에서 원폭을 제조할 때 차폐막 속으로 들어간 고양이가 피폭되어 죽는 장면이 등장한다. '기도'도 피폭으로 탈모와 잇몸 출혈 증상이 나타난다. 원폭을 만들면서 피폭자가 된 것이다. 방사능 피폭자를 그렸다는 의미에서 이 영화는 원폭과 원전을 연결하고 있다.

영화에는 감독 하세가와 가즈히코의 원폭에 대한 집착이 영향을 주었다. 하세가와 가즈히코는 히로시마 출생의 태내피폭자로, 그는 유년기에 그의 가족 모두가 "태내피폭자의 사망 기사를 나한테만 숨겼다."라는 경험을 술회한 바 있다(「'검은 비'는 정말로 좋은 영화일까?」, 『영화예술』, 1989년 가을 호).

원폭에 대한 고집은 영화의 마지막 장면에서도 나타난다. 마지막 장면에서 주인공은 시한장치가 작동된 소형 원폭을 들고 도쿄의 번화가를 걷고 있다. 화면은 '기도'의 정면 얼굴에서 멈추고 시곗바늘 소리만 들린다. 그리고 마지막에 폭발음이 울리면서 영화는 끝난다.

원폭이 폭발한 후에 이어지는 이야기는 없다. 핵폭발은 세계의 종말이다. 당시 이러한 사고가 여전히 기능하고 있었음을 <태양을 훔친 사나이>는 보여준다. 여기에서 이런 점을 강조하는 이유는 1980년대에 들어서면 대중문화에서는 이야기 초반에 아주 쉽게 핵전쟁이 일어나기 때문이다. 그러한 작품이 널리 읽히는 과정은 핵폭발이 세계의 종말이라는 의식이 희박해지는 과정과 궤를 같이 했다.

1980년대에 핵을 그린 대중문화는 다음 장에서 보기로 하고, 그 전에 먼저 70년대 마지막 해에 일어난 원전 사고와 이후 일본에서 이루어진 논의에 대해 살펴보자.

스리마일섬 원전 사고와 '소프트 테크놀로지'

1979년 3월 28일 미국의 펜실베니아주 스리마일섬에서 원전 사고가 발생했다. 기계 고장과 조작 미스가 겹쳐서 원자로가 냉각되지 못하고 핵연료가 용해된 것이다. 8킬로미터 권내의 유아와 임산부에게 피난 지시가 내려졌고, 16킬로미터 권내의 주민은 집안에서 대기하라는 권고가 내려졌다.

스리마일섬 원전 사고 후, 일본 미디어는 원폭에 초점을 맞춰 다양한 특집을 구성했고 원자력발전소가 안고 있는 다양한 문제점을 부각시켰다. 그것은 우라늄 자원의 궁핍, 증식로 개발의 지연, 방사성 폐기물의 처리·처분·관리 방법의 곤란함, 사고의 가능성, 경영합리성의 불확실함 등이었다.

이러한 논점 대부분은 이미 1970년대 중반에 소수의 기자와 시민운동가가 지적한 것이었다. 사고가 발생하면 원자력발전소의 문제점이 전부 드러난다. 하지만 그것을 깊게 파고드는 일은 없고 그래서 어느새 망각된다. 그러다가 나중에 사고가 났을 때 다시 소환된다. 일본사회에서 스리마일섬 원전 사고는 그러한 사이클의 시작이었을지도 모른다.

스리마일섬 원전 사고 후에 '소프트 테크놀로지'가 주목받기 시작했다.

이 시기에 오스트리아의 반핵·평화운동가 로버트 융크(Robert Jungk, 1913-1994)가 일본을 방문했다. 융크는 1979년에 원자력발전소를 비판한 책 『원자력제국』[1]을 출판했다. 융크는 당시 『아사히 신문』 논설 주임으로서 핵무기 문제와 원자력발전소 문제를 다룬 과학 기사를 다수 집필한 기시다 준노스케(岸田純之助)와 대담한다.

1 일본에서는 야마구치 마사히로(山口祐弘)가 번역해서 같은 해에 출판했고, 한국에서는 이필렬의 번역으로 2002년에 출판. -옮긴이 주

대담 속에서 기시다는 원전 사고의 가능성에 대해 '사회가 윤택해지면 필연적으로 수반되는 비용'이고 그 비용을 줄이는 노력을 해야 하지만, 당장 원자력발전소의 포기는 상상할 수 없는 일이라고 말한다. 이에 대해 융크는 원자력발전소에 회의적인 의견을 말하면서 인간과 환경을 해치지 않는 '소프트 테크놀로지'의 유효성을 주장한다.

> 빅 테크놀로지 속에는 소프트 테크놀로지와 공존할 수 있는 분야도 있다고 생각합니다. 그러나 그중에는 절대로 공존하지 못하는 것도 있지요. 그중 하나가 원자력 산업입니다. 관리가 매우 어렵지요. 특히 원자력의 경우 그것이 초래하는 후유증은 새로운 성질이고, 영구적입니다. (중략) 나는 일본에 와서 원자력을 개발하는 노력이 지금까지 계속되고 있는 것을 보고 매우 놀랐습니다. 여러 사고가 있었는데도 불구하고 그런 노력을 멈추지 않지요. 원자력 기술은 매우 미숙한 것이고, 결과가 나온 후에는 이미 늦습니다.

융크는 원자력발전소와 같은 '빅 테크놀로지'에서 자연환경과 공존할 수 있는 '소프트 테크놀로지'로의 전환을 주장한다. 이 대담의 게재를 통해서도 알 수 있는 것처럼 원전용인파도 환경 사상에 근거를 둔 원자력발전소에 대한 비판을 더 이상 무시할 수 없었다.

스리마일섬 원전 사고 이후 세계 각국에서 원자력발전소를 둘러싼 논쟁이 활발해졌지만, 원전을 포기하는 정책을 취하는 국가는 거의 없었다. 스웨덴이 1980년에 국민투표를 통해 원자력발전소의 단계적인 폐기를 결정했으나, 이것은 예외적인 경우였다(2010년 법 개정이 이루어져서 기설치 원자로의 재설치가 인정되었다). 핵에너지의 '평화적 이용'을 추진하고 '군사적 이용'을 제한하기 위한 국제회의인 '국제핵연료사이클평가회의(INFCE)'는 1979년에 사용이 끝난 핵연료의 재처리에 대해 긍정적인 평가를 내렸고, 고속증식로 개발의 필요성에 대해서도 언급했다. 이렇게 스리마일섬 원전 사고 이후에도 '평화적 이용' 방향으로 박차를 가하는 것이 세계적인 흐름이었다.

그 과정에서 떠오른 과제가 소위 '핵 쓰레기' 문제였다. 일본도 여기에서 예외는 아니었다. 스리마일섬 원전 사고가 있던 같은 해에 일본에서는 방사성 폐기물의 처분 방법을 둘러싼 논의가 시작되었다. 게다가 연달아 원자력발전소를 가동하던 이 시기에 피폭을 숙명으로 받아들이며 가혹한 작업에 종사하는 원전 노동자의 실태도 서서히 드러났다. 이것은 전부 핵에너지의 '평화적 이용'이 환경을 위한 것도, 밝은 미래를 준비하는 것도 아니라는 사실을 명백히 보여주는 문제였다.

방사선 폐기물 - 해양 투기에서 롯카쇼 핵 처리장으로

1979년 11월, 원자력안전위원회 산하 방사성폐기물안전기술전문부회는 방사성 폐기물의 최종 처분 방법을 제안했다. 원자력발전소에서 나온 저레벨의 방사성 폐기물은 드럼통에 넣고 시멘트로 굳혀서 태평양의 심해에 투기하는 것이 적절하다는 제안이었다. 투기 장소는 도쿄에서 약 900킬로미터 떨어진 남동쪽 해저였다.

전문부회의 이 보고는 원자력안전위원회에서 승인되어 과학기술청의 정식 계획으로 가동하기 시작했다. 그러자 태평양 섬들 쪽에서 강한 반발의 목소리가 일어났다. 1980년대에 들어서자 사이판과 괌, 파라오 등의 대표가 일본을 방문해서 방사능 폐기물의 해양 폐기 계획을 중단하라고 요구했다.

1980년 8월에 개최된 태평양 수뇌부 회의에서는 일본의 해양 투기 계획 중지를 요구하는 결의가 채택되었다. 1981년, 1982년의 회의에서도 같은 결의가 채택되었다. 일본 측은 이 회의에 전문가를 파견해 일본의 사정을 설명하는 방식으로 대응했지만 성공하지 못했다.

결국 태평양 섬의 강한 반대 의견 앞에서 일본정부는 해양 투기 계획을 단념한다. 1985년 1월, 태평양의 여러 나라를 방문했던 나카소네야스히로(中曽根康弘) 총리는 피지와 파푸아뉴기니의 총리를 만나 현지 주민의 불안과 영해를 무시한 채 일본이 독단적으로 저레벨 방사성 폐기물을 투기하는 일은 없을 것이라고 말했다.

일본정부는 방사성 폐기물의 해양 폐기 계획이 난항에 빠지자 육지에서 보관하는 계획을 검토하기 시작했다. 이때 부상한 것이 아오모리현 시모기타 반도의 마을 6곳이었다. 이 지역은 국가와 아오모리현이 1969년부터 추진해온 '무쓰오가와라(むつ小川原) 개발 계획'의 예정지였다. 대규모 석유콤비나트를 건설한다는 이 계획은 토지 매수와 어업 보상이 대부분 끝난 상태였으나, 때마침 일어난 오일쇼크의 영향으로

1970년대 중반 이후 좌초되었다. 이후 석유비축기지의 입지가 결정은 되었지만, 광대한 용지 대부분이 미사용 상태로 남아있었기 때문에 아오모리현은 방대한 부채를 떠안게 되었다. 그런 상황에서 원자력 관계 시설의 입지 계획은 아오모리현에 더할 나위 없는 좋은 제안이었다.

이미 1983년 말에 나카소네 총리는 시모기타 반도를 '원자력의 메카'로 만든다고 호언했고, 무쓰오가와라에 핵연료 관련 시설을 집중적으로 설치하는 계획을 입안했다. 앞에서 언급한 바와 같이 일본정부가 방사성 폐기물의 해양 투기계획을 단념한 후인 1985년 4월, 아오모리현을 비롯한 6곳의 마을은 핵연료 시설의 수용을 정식으로 결정한다. 이후 6곳의 마을은 핵연료 사이클 계획의 중심축으로 자리를 잡게 된다.

이와 같은 경위에서 알 수 있는 것처럼 1970년대 말부터 1980년대 전반에 걸쳐서 원자력발전소에서 나온 방사성 폐기물의 위험성에 대해 경고하는 목소리가 국내외에서 높아졌고, 동시에 주변부 지자체에 원전만이 아니라 원자력 관련 시설을 설치한다는 움직임이 계속되었다. 원자력발전소의 문제점은 원자로의 안전성과 사고의 위험성만이 아니다. 가동하기만 해도 통제하기 힘든 방사성 물질이 계속 방출된다는 것도 문제다. 당시 이러한 사실은 이미 어느 정도 알려져 있었다. 그러나 그런 문제도 기술의 진보를 통해 언젠가는 해결될 것이라는 생각 때문인지 미디어의 보도에서도 비판적인 내용은 거의 없었다.

한편 1970년대 말에는 이상에서 언급한 문제와는 다른 관점에서 원자력발전소의 부정적 측면이 드러나고 있었다. 원전 노동자 문제였다.

이 문제를 추궁한 것은 르포작가인 호리에 구니오(堀江邦夫, 1948-)였다. 그는 미하마 원자력발전소, 후쿠시마 제1원자력발전소, 쓰루가 원자력발전소에서 실제로 근무하면서 겪은 원자력발전소의 노동 실태를 『원자력발전소 집시』(1979)로 정리했다. 가혹한 노동 환경과 열악한 노동 조건을 백일하에 드러낸 것이다. 피폭당하면서 일하는 것이 전력회사의 직원이 아니라 '협력회사'로 불리는 외부 하청기업에 고용된

노동자들이라는 사실은 그때까지 전혀 알려지지 않았었다. 그들 중에는 전국의 원자력발전소를 전전하는 사람도 적지 않았다. 호리에는 이들을 지칭할 때 유랑민을 가리키는 '집시'라는 단어를 사용했다. 원자력발전소는 그들과 같은 노동자를 필요로 한다. 따라서 원자력발전소가 존재하는 한 그들과 같은 피폭노동자가 사라질 가능성은 없다. 그런 점에 주의를 환기시킨 것이다.

이상과 같이 이미 1970년대 전반에 '원자력발전소 대국'인 미국에서 일어난 안전성에 대한 의심은 일본에도 소개되기 시작했다. 그뿐만 아니라 핵확산의 위기라는 관점에서도 원자력발전소는 문제시되었다. 이후 원자력선 '무쓰'를 둘러싼 일련의 소동에서 원자력 추진 체제에 대한 불신이 강해지고, 피폭노동자의 존재도 표면화되었다.

그러나 1970년대를 원자력발전소의 신설이라는 관점에서 되짚어 보면, 이 시기야말로 본격적인 원전시대의 개막을 알리는 시기였다는 점은 의심할 여지가 없다. 이 시기에 원전은 평균 1년에 2기꼴로 늘어났기 때문이다.

1970년대 일본에서는 원자력발전소와 원자력 관련 시설의 설치에 대해 불안과 의문을 갖는 사람이 늘어났다. 그러나 오일쇼크의 충격은 대다수의 일본인에게 원자력발전소의 필요성을 재인식시켰고, 전원3법은 원자력발전소를 품은 지자체가 원전 없이는 살아갈 수 없는 시스템을 만들었다.

일본 각지에서 연달아 원자력발전소가 가동되기 시작했을 때, 1970년대 핵에너지의 '평화적 이용' 문제는 60년대와는 달리 지역 문제로 파악되는 경향이 강해졌다. 원자력선 '무쓰'도 마찬가지였다. '군사적 이용'의 문제에서도 원수폭금지운동은 이미 과거와 같은 폭넓은 관심을 끌지 못했고, 오히려 히로시마와 나가사키에 활동의 근거를 두었던 피폭 증언의 기록운동이 활기를 띠었다. 그리고 이와 같은 핵에너지에 대한 의식이 1980년 이후의 동향을 규정했다.

운전 개시 연도	발전소명
1970	쓰루가 원전 1호기 미하마 원전 1호기
1971	후쿠시마 제1원전 1호기
1972	미하마 원전 2호기
1974	후쿠시마 제1원전 2호기 다카하마 원전 1호기 시마네 원전 1호기
1975	다카하마 원전 2호기 겐카이 원전 1호기
1976	미하마 원전 3호기 후쿠시마 제1원전 3호기 하마오카 원전 1호기
1977	이카타 원전 1호기
1978	후쿠시마 제1원전 4호기 후쿠시마 제1원전 5호기 하마오카 원전 2호기 도카이 제2원전 1호기
1979	후쿠시마 제1원전 6호기 오이 원전 1호기 오이 원전 2호기

1970년대에 가동된 원전 일람

소비된 핵과 반핵 - 1980년대

시미즈 이쿠타로의 핵무장론 - 피폭국이라는 특권
'들여오지 않는다'라는 말은 지켜지고 있었나
문학자의 반핵 서명 - 핵무기와 원전의 엄격한 구별
요시모토 다카아키와 다카기 진자부로의 비판
미소 간 긴장과 핵전쟁에 대한 불안
가득한 종말
'리셋'의 도구인 핵무기
불안을 부채질한 쓰루가 원전 사고
원자로를 끌어안은 고질라
체르노빌 원전 사고와 그 여파
과반수를 넘는 '현상 유지'
반원전 뉴웨이브
너무 멋져서 발매할 수 없습니다
『다카라지마』가 제시한 두 가지의 새로운 시도
반원전 운동을 '멋지게 보이게 만든다'
대중문화를 말하는 것처럼
순정만화 속 반원전
원전 추진 만화
반원전 뉴웨이브의 종식
소비사회의 피폭국

제4장

시미즈 이쿠타로의 핵무장론 - 피폭국이라는 특권

1980년대 핵에너지에 관한 의식의 변용을 우선 '군사적 이용'에 관한 의식부터 살펴보고자 한다. 1980년대 초반은 미소 간 긴장이 고조되어 '신냉전'이라 불렸다. 1979년 12월에 소련이 아프가니스탄을 침공하자 미국은 항의의 의미를 담아 모스크바 올림픽의 보이콧을 발표한다. 이어서 소련이 핵미사일을 극동에 배치한 것이 밝혀지자 소련의 위협을 강하게 의식하게 되었다. 이러한 국제 정세를 배경으로 일본에서는 핵무장론이 일어났다.

시미즈 이쿠타로

사회학자이자 평론가인 시미즈 이쿠타로(清水幾太郎, 1907-1988)는 『쇼군!』(1980년 7월호)에 일본의 핵무장을 주장하는 논문 「일본이여 국가가 되어라(日本よ国家たれ)」를 발표했다. 1950년대 평화운동과 1960년 안보 투쟁에서 지도적 역할을 맡았고, 전후를 대표하는 '진보적 문화인'의 한 명으로 간주되던 시미즈였기에, 그가 아무리 보수 논객으로 변모했다 해도 일본의 핵무장을 제안한다는 사실은 논단의 관심을 끌었다.

시미즈의 주장은 다음과 같다. 국제사회에서는 군사력이 없으면 상대해 주지 않고 제대로 된 안전 보장도 기대하기 어렵다. 소련의 군비 확장에 따라 미국의 군사력이 상대적으로 약해진 지금, 일본이 군사력을 정비해서 해상수송로의 안전을 확보할 필요가 있다. 핵무기는 일본의 경제력에 걸맞은 것이다.

물론 이 주장 자체는 특별히 새로운 것이 아니다. 앞서 말한 것처럼 1960년대 후반부터 1970년대에 걸쳐 이시하라 신타로 등의 핵무장론이 여론의 관심을 끌었는데, 시미즈의 주장도 그것들과 다르지 않았기 때문이다. 시미즈의 주장에서 흥미로운 점은 핵무장론 그 자체보다도 전후 일본과 원폭의 관계 및 핵무장의 정당성을 주장하는 그의 화법이다.

시미즈는 “이상하게도 원자폭탄의 문제를 깊이 생각하면 할수록 패전으로 일본이 받은 상처의 고통이 누그러진다. 커다란 것을 잃었는데도 뭔가를 얻은 것 같은 느낌이 든다.”라고 적고 있다. 패전 후 일본인은 평화 국가라는 아이덴티티에 자부심을 갖고 자신감에 찬 어조로 세계를 향해 핵폐기를 호소했다. 그러나 그것이 가능했던 이유는 바로 일본이 피폭국이기 때문인데, 핵무기를 싫어하면서 실제로는 피폭 경험을 일종의 특권으로 이용한 것이 아닌가? 시미즈는 그렇게 지적한 것이다.

나아가 시미즈는 “핵무기가 중요하며 또한 우리가 최초의 피폭국으로서 특권을 갖는다면, 일본이야말로 누구보다 앞서 핵무기를 제조하고 소유할 특권도 갖는 것이 아닐까? 오히려 그것이 상식이지 않을까? ‘비핵삼원칙’을 호소한들 세계의 누가 알아주는가? 만약 그것을 알아주는 자가 있다고 해도 그는 그것을 단지 일본이 약하다는 고백으로 이해할 것이다.”라고 이어갔다.

‘피폭당했기 때문에 핵무장할 자격을 갖는다’라는 논리는 ‘피폭당했기 때문에 핵폐기를 호소한다’라는 평화운동의 논리와 같은 구조를 띠고 있다. 피폭 체험을 중시하여 같은 잘못을 다시 반복하지 않기 위해서 한편에서는 핵무장을 주장하고 다른 한편에서는 핵폐기를 주장한다. 이 대립 구조는 앞에서 확인한 것처럼 피폭 체험과 원전의 관계에 대해 말할 때도 얼굴을 내민다.

시미즈의 핵무장론은 크게 화제가 되기는 했지만, 광범위한 논의를 불러오지는 못했다. 오히려 1980년대 전반 핵무기와 관련해 일본사회에 파문을 던진 사건이라면 라이샤워 전 주일대사의 핵 반입 발언이 보다 중요했다.

'들여오지 않는다'라는 말은 지켜지고 있었나

1981년 5월 18일, 여러 신문에서 전 주일미국대사인 에드윈 라이샤워(Edwin Oldfather Reischauer, 1910-1990)의 발언이 크게 보도되었다. 그는 "미 해군의 항공모함, 순양함이 핵무기를 탑재한 채 일본에 기항하거나 일본 영해를 통과하고 있음은 완전한 상식이며, 일본정부도 1960년 미일안보조약을 개정할 때 이것을 구두로 양해했다."라고 발언했다(『요미우리 신문』 석간, 1981년 5월 18일).

라이샤워 발언보다 앞서 1974년 9월에 미국의 퇴역군인인 진 라로크(Gene Robert LaRocque)가 같은 내용을 증언하기도 했지만, 이번에는 전 주일대사의 발언인 탓에 여론의 관심이 컸다. '만들지 않는다.', '소유하지 않는다.', '들여오지 않는다.'라는 '비핵삼원칙' 가운데 '들여오지 않는다.'가 지켜지지 않았다는 의혹이 높아졌다.

당시 수상인 스즈키 젠코(鈴木善幸, 1911-2004)는 즉시 의혹을 부인했다. 그는 미국이 일본에 핵무기를 들여올 경우에는 안보조약에 근거해 사전 협의를 하도록 되어 있는데, 미국 측이 사전 협의를 제안한 적은 한 번도 없었다는 것이다. 그러나 일시적인 기항과 영해 통과는 핵 반입에 해당하지 않는다는 것이 미국의 견해였다. 이후 육로를 이용한 핵무기의 반입은 지금까지처럼 불허하되, 기항과 영해 통과는 허용해도 되지 않을까라는 주장도 나오면서 핵의 반입을 둘러싼 논의가 활발해졌다.

요미우리 신문사가 1981년 6월에 실시한 여론조사에서는 다음과 같은 결과가 나왔다. '미국 핵무기의 일본 상륙 및 저장은 물론 기항과 영해 통과도 일절 인정해서는 안 된다'라는 의견이 41%였고, '일본 상륙·저장은 인정해서는 안 되지만 기항과 영해 통과는 인정해도 좋다'라는 회답은 44.2%였다. 핵무기를 실은 함정의 기항과 영해 통과 정도는 용인할 수 있다는 목소리가 반대하는 목소리를 약간 웃돌았다.

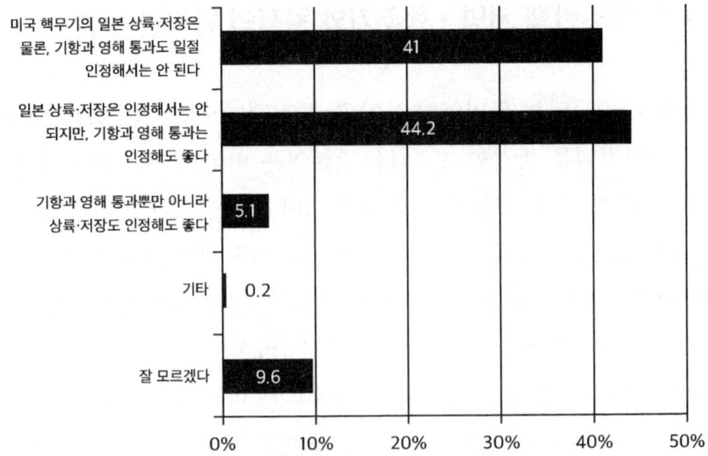

미국에 의한 핵무기 반입에 관하여, 요미우리 신문사, 1981년

이를 통해 '비핵삼원칙'의 '들여오지 않는다'에 관해서는 좀 더 많은 수의 국민이 기항, 영해 통과를 반입에 해당하지 않는다고 여겼음을 알 수 있다. 일각에서는 이런 생각을 '비핵삼원칙'이 아닌 '비핵2.5원칙'이라 불렀다.

이 여론조사는 더 흥미로운 데이터를 보여준다. "당신은 일본정부가 '핵무기를 일절 들여오지 않는다'라는 방침을 진지하게 지키고 있다고 생각하는가?"라는 질문에 대해 '지키고 있다고 생각한다'가 11.5%인 것에 반해 '그렇지 않다고 생각한다'라는 응답이 77.4%로 나타났다. 대다수의 사람들이 정부의 설명을 신뢰하지 않고 실제로는 핵무기가 반입되었다고 생각하고 있었던 것이다.

정부가 이미 '들여오지 않는다'라는 원칙을 지키고 있지 않기 때문에 '비핵삼원칙'을 유지하되 기항과 영해 통과는 인정하자. 그 정도로 평화 국가라는 아이덴티티는 무너지지 않는다. 무엇보다 한발 양보해 미국 핵무기의 비호('핵우산'이라 불리는) 아래 있을 수 있다면 그것도 괜찮지 않은가? 이런 식의 양면적인 태도가 널리 공유되었다고 할 수 있다.

문학자의 반핵 서명 - 핵무기와 원전의 엄격한 구별

양면적 태도라는 의미에서 보자면, 핵전쟁에 대한 일본인의 태도야말로 양면적임을 발견할 수 있다. 일본인은 미국의 핵우산에 대해 핵전쟁에 휘말릴지도 모른다는 불안과 대미종속에 대한 불만을 느꼈다. 하지만 다른 한편으로 핵우산을 망각하고 마치 일본은 핵무기와 전혀 관계없다는 듯한 행동도 정착되고 있었다. 1980년대 초반의 반핵 운동은 이런 양면적인 태도의 기만을 문제 삼았다.

1979년 12월 북대서양 조약 기구(NATO)가 미국의 신형 중거리 핵미사일의 유럽 배치를 결정했다. 배치 후보로 거론된 것은 서독, 영국, 이탈리아, 벨기에, 네덜란드의 다섯 국가였다. 소련은 이미 1970년대 후반부터 유럽을 향해 중거리 핵미사일 배치를 시작했고, NATO의 결정은 소련에 대한 대항 조치였다.

이로 인해 앞서 거론된 5개 국가만이 아닌 서유럽 사람들 또한 미소의 제한적 핵전쟁에 휘말릴 가능성을 의식하지 않을 수 없었다. 그에 따라 서독을 중심으로 대규모 반핵 운동이 일어났다.

이 반핵 운동에 호응해 일본에서는 1982년 1월, 287명의 문학자가 '핵전쟁의 위기를 호소하는 문학자 성명'을 발표했다.

이 성명은 지구상에는 이미 대량의 핵무기가 저장되어 있으므로, 핵전쟁이 일어나면 그것이 지구 자체의 파멸을 초래할 것이라는 인식에 근거한다. 핵무기 폐기와 군비경쟁 중지를 세계에 호소함과 동시에 일본정부의 '비핵삼원칙' 엄수를 요구하는 성명이었다.

이 성명은 정치적 견해를 초월한 통일된 행동으로 보도되었지만, 원전 문제는 언급하지 않고 핵무기 문제에만 집중했다. 이미 1970년대에 원폭과 원전을 함께 비판하는 문제의식이 주로 시민운동 쪽에서 생겨났고, 1980년대에도 그 의식은 계승되었다. 문학자의 반핵 서명에는 이런 시민운동의 문제의식과 비슷한 사람이 참여하고 있었다. 게

朝日新聞

文学者287人が
反核アピール

平和のため
すぐ行動を

政治的見解を
超え初の結集

4-1 「핵전쟁의 위기를 호소하는 문학자 성명」, 『아사히 신문』 1982년 1월 21일

다가 1981년 6월에는 이스라엘 공군기가 건설 중인 이라크의 원자로를 공격해 파괴했다. 건설 중이었기 때문에 핵연료의 손실은 없었고 방사성 물질이 확산되는 일도 없었지만, 이 사건으로 인해 원전과 관련 시설의 위험성이 다른 측면에서 분명해졌다. 그럼에도 불구하고 문학자의 반핵 서명은 원전 문제를 언급하지 않았다.

그 이유에 관해 발기인의 한 명인 독문학자이자 작가인 나카노 고지(中野孝次, 1925-2004)는 다음과 같이 회상한다. "나중에 가면 원전에 관해서는 이견이 있을 것이라는 예측 아래 일부러 원전을 넣지 않았던 것입니다."(「문학자의 반핵성명 5주년 국가=핵을 넘어 살아남기 위해」, 『아사히 저널』, 1987년 4월 3일 호) 이런 판단이 내려질 정도로 핵에너지의 '군사적 이용'과 '평화적 이용'을 엄격하게 구분하는 태도는 여전히 뿌리 깊었다.

요시모토 다카아키와 다카기 진자부로의 비판

요시모토 다카아키

그것을 잘 보여주는 예가 사상가 요시모토 다카아키(吉本隆明, 1924-2012)의 반응이다. 요시모토는 일본 문학자들의 반핵 서명을 친소적 운동이라고 비판했다. 반핵 운동이 레이건 정부의 핵확산을 비판하면 할수록 상대적으로 소련이 평화세력이라는 인상이 강해진다. 그것은 폴란드에서 일어난 민주화 운동을 탄압하고 있는 소련에도 적절한 명분을 줄 수 있다. 따라서 일본 문학자들의 반핵 서명은 결과적으로 소련에 이익이 된다는 것이 요시모토가 내세운 비판의 골자였다.

여기에서 주목하고 싶은 부분은 요시모토가 반핵 서명을 비판하는 글에서 반핵과 반원전을 결부시키는 이념을 '착오'라고 지적하는 점이다. 요시모토는 다음과 같이 말한다.

> '반원전'이라고 말할 경우의 '핵'은 핵에너지의 이용과 개발 문제를 본질로 한다. 가령 '정치'가 관련되는 경우라도 그것은 어디까지나 취급 수단을 둘러싼 정치적 투쟁이지 핵에너지 그 자체에 대한 투쟁은 아니다. 핵에너지 문제의 진정한 본질은 과학이 석유, 석탄의 뒤를 이을 다음 차원의 진보된 에너지를 해방시켰다는 것이다. 정치 투쟁은 이 과학이 낳은 물질 해방의 의미를 포괄할 수 없다. 기성 좌익이 '반원전'이라고 할 때는 대부분 과학기술을 의식하지 않는 반동적인 윤리를 포함하고 있다.

1980년대 초반에는 과학기술의 진보를 긍정하면서 정치적 견해를 들고 오는 것에 대해 경계하는 요시모토와 같은 주장이 일정한 설득력을 갖고 있었다. 원전에 대한 비판과 의문이 정착되어 있었지만, 여전히 통일된 견해를 내놓기는 어려운 상황이었다.

다카기 진자부로

고조된 반핵 운동에 대해서는 운동에 참가한 사람들 안에서도 의문이 표출되었다. 일본 원자력 개발의 주류에 있었지만, 거기에서 벗어나 원자력자료정보실을 설립하고 원전에 경고를 던졌던 다카기 진자부로(高木仁三郎, 1938-2000)는 1982년 반핵 집회에 참가했을 때 다음과 같은 감상을 말했다.

> 몇십만의 사람들이 모인다는 것은 그 기저에 '핵의 시대'에 대한 막연한 위기감이 있기 때문입니다. 그러나 '언제라도 핵전쟁의 단추를 누른다면'이라든가 '인류 절체절명의 위기'라고 소리 높여 외쳐도 뭔가 마음에 와닿는 리얼리티가 없어요.
>
> 조금 다른 회로를 통해 사람들의 마음속에 잠재된 위기감에 다가간다면 삶의 장소와 반핵 운동을 보다 분명하게 연결할 수 있지 않을까요?

다카기는 그런 생각에서 핵전쟁의 공포에 호소하는 것이 아니라 핵이 초래할 사회적 억압과 왜곡에 착목하게 되었다고 말한다. 다카기는 핵에너지의 해방을 관리하는 사회는 권력에 의한 지배 형태를 취하게 된다고 지적한다. 그리고 핵의 '크기·강도'는 인간의 일상적인 세계와 공존할 수 없다고 주장한다.

미소 간 긴장과 핵전쟁에 대한 불안

반핵 운동의 고양 이후에도 미소 간의 긴장을 느끼게 하는 사건은 계속되었다. 1983년 3월 미국의 레이건 대통령은 전략 방위구상(SDI, 일명 '스타워즈 계획')을 제창했다. 미소가 대량의 핵무기를 배치해 서로를 겨냥하는 상태에서 벗어나 국토와 국민을 보호한다는 명목으로 인공위성을 이용한 핵미사일 요격 시스템의 구축에 나선 것이다. 미국 우위의 입장을 이용한 레이건의 군비 확장 정책은 물론 소련에게는 위협이었다.

여론조사 결과도 핵전쟁에 대한 불안이 높아지고 있음을 보여주었다. 전후 40주년에 해당하는 1985년 6월 『아사히 신문』이 실시한 여론조사를 보면 "미래에 핵무기를 사용하는 전면전이 일어날 것 같은 불안을 느끼는가?"라는 질문에 '불안을 느낀다'가 56%, '느끼지 않는다'가 32%였다. 피폭 30주년인 1975년에 실시된 여론조사에서도 같은 질문 항목이 있었는데, 이때의 응답과 비교해도 결과는 불안하다는 답변이 증가했다.

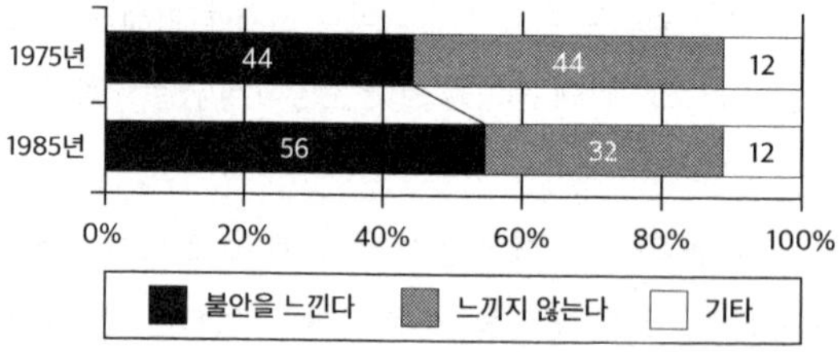

전면적인 핵전쟁이 일어날 것이라고 느끼는가?, 아사히 신문사

이상과 같이 1980년대 전반에는 핵무장론이 화제가 되었고 동시에 문학자들이 핵전쟁의 위기를 호소했다. 그리고 핵에너지의 '군사적 이용'에 대한 관심이 고조됨에 따라 대중문화가 그리는 종말의 모습

에도 변화가 나타났다. 1970년대에 공해와 천재지변 등으로 다양하게 전개되던 종말에 대한 상상력은 다시 핵전쟁으로 수렴되어 갔다.

평론가인 가와모토 사부로(川本三郎, 1944-)는 1985년에 다음과 같이 쓰고 있다. "1985년을 살아가는 아이들은 올해를 전후 40년이라기보다 '전전戰前'으로 받아들이지 않을까? 아이들은 대중문화를 통해 매일 지구 붕괴의 모습을 접하면서 종말적인 전쟁인 핵전쟁의 공포를 리얼하게 느꼈음에 틀림없다."(「세계는 지금, 전쟁에 빠짐(戦争漬け)」, 『주간포스트』, 1985년 8월 23일 호) 가와모토가 말한 것처럼, 분명 1980년대 전반의 대중문화에서는 핵전쟁이 빈번하게 일어나고 있었다.

가득한 종말

1980년대 전반 대중문화의 특징은 핵전쟁 이후의 세계에 주안점을 두었다는 것이다. 그런데 작품에서 그려지는 핵전쟁 이후의 세계에서는 핵전쟁으로 사망한 인간, 방사선 장애로 고통받는 인간의 모습은 볼 수 없고, 인류가 절멸하는 일도 없다. 반핵 운동과 핵의 공포, 혹은 핵무장론 등이 논의되는 현실 세계의 차원을 뛰어넘어 상상력의 세계에서는 '그 이후의 세계'를 전개하고 있었다. 작품의 시작 부분에서 핵전쟁이 발발하는 것은 세계를 멸망시키기 위함이 아니라 세계를 출발시키기 위함이었다.

그것을 보여주는 상징적인 작품이 애니메이션 작가이자 영화감독으로 알려진 오토모 가쓰히로(大友克洋, 1945-)의 대표작 『AKIRA』(『주간 영매거진』, 1982-1990 부정기 연재, 1988년 극장용 애니메이션으로 제작)이다. 이야기는 핵전쟁이 끝난 다음부터 시작된다. 1982년 12월 6일에 간토지구에 신형폭탄이 투하되면서 제3차 세계대전이 일어난다. 그로부터 32년이 지난 2019년의 '네오도쿄'가 『AKIRA』의 무대이다.

4-2 부론손·하라 데쓰오, 『북두의 권』

이 작품보다 더 널리 읽힌 작품으로 만화 원작자 부론손(武論尊, 1947-)과 만화가 하라 데쓰오(原哲夫, 1961-)가 제작한 『북두의 권』(『주간 소년점프』, 1983-1988 연재. 1984에 TV 애니메이션으로 제작)이 있다. 이 작품이 게재될 당시 『주간 소년점프』는 발행 부수가 300에 이를 정도로 주간 소년만화잡지 가운데서 특히 많은 독자를 획득하고 있었다. 『북두의 권』도 『AKIRA』처럼 핵전쟁 이후부터 시작된다. 첫 페이지에 '199X년, 세계는 핵의 화염에 휩싸였다.'라고 설명되고 있는데, 전반적인 서사는 그 이후에 펼쳐지는 약육강식의 세계와 영웅의 활약에 주안점을 둔다. 방사성 낙하물을 맞아서 머리는 백발이 되고 몸은 병에 침식된 '토키'라는 등장인물이 나오는데, 여기에 도입된 핵은 그저 다른 인물과 차별화된 성격을 부여하기 위한 수단에 불과하다.

핵무기에 의한 피폭으로 시작되는 작품은 주간지 외의 장소에서도 제작되어 수용되었다. 1983년 오사카에서는 제23회 일본 SF 대회가 개최되었는데, 당시 개회식에서 상영된 작품 「DAICON Ⅳ 오프닝 애니메이션」을 확인해보자. 'DAIKON'이란 '오사카 컨벤션'의 애칭이다. 제작은 훗날 《신세기 에반게리온》을 감독한 안노 히데아키(庵野秀明, 1960-)와 평론가 오카다 도시오(岡田斗司夫, 1958-)가 맡았다. 당시 간사이 지방의 대학생이던 이들은 나중에 애니메이션 제작사 '가이낙스'를 설립한다. 8미리 필름으로 제작된 이 오프닝 애니메이션에서는 원자폭탄으로 보이는 폭탄이 모든 것을 파괴하고 세계는 황폐해진다. 그리고 나서 공중에 떠오르는 전함에서 빔이 발사되자 세계는 재생되고 지구의 표면은 녹색으로 바뀐다.

또한 애니메이션 감독 미야자키 하야오(宮崎駿, 1941-)의 만화 『바람 계곡의 나우시카』(『애니메쥬』, 1982-1994. 1984에 극장용 애니메이션으로 제작)도 같은 갈래의 작품으로 볼 수 있다. 『바람 계곡의 나우시카』의 무대는 '불의 7일간'이라 불리는 전쟁으로 산업과 문명이 붕괴하고 유해 물질로 지표의 대부분이 불모지로 변한 세계이다. 대전쟁으로 생긴 유해 물질로 인해 오염된 지구라는 이미지는 핵전쟁과 방사선에 의한 오염을 강하게 연상시킨다.

'리셋'의 도구인 핵무기

1950년대부터 1960년대의 대중문화가 그린 종말은 주로 핵전쟁으로 초래되었다. 1960년대적인 대중문화 중에도, 예를 들면 데즈카 오사무의 『넘버7』처럼 핵전쟁에서 시작하는 것도 있고, <세계대전쟁> 처럼 핵전쟁을 그린 것도 있었다. 이들 작품은 평화를 희구하는 모습을 보여주거나 현대사회에 경종을 울리는 것을 하나의 정석으로 삼았다. 거기에는 평화를 바란다는 일종의 규범의식이 작동하고 있었다.

이러한 작품들과 비교하면 앞서 거론한 1980년대 전반에 발표된 작품들은 미야자키 하야오의 사상이 전면에 드러난 『바람 계곡의 나우시카』를 제외하면, 평화 등의 이념이나 핵에 대한 공포와는 전혀 관련이 없다. 그런 의미에서 80년대 대중문화의 핵에 관한 묘사를 60년대식 '핵 디스토피아'의 단순한 재생산으로 간주할 수 없다. 80년대 대중문화의 제작자와 수용자는 평화를 추구하고 핵전쟁에 반대한다는 태도를 작품 속에 뚜렷이 밝혀야 한다는 규범의식에서 벗어나 있었다.

그렇다고 해서 평화를 바라는 의식이 아예 사라진 것은 아니다. 미야자키 하야오처럼 자신의 문명관을 작품 세계에 녹여내는 제작자도 있었다. 다만 대부분의 대중문화가 추구한 것은 철저한 파괴와 그 이후의 신세계였으며, 그런 의미에서 세계를 파괴할 능력이 있는 핵무기는 편리한 존재였다고 할 수 있다.

1980년대 초반 대중문화 속의 핵전쟁은 핵의 공포와 평화를 바라는 규범의식에서 벗어나 있었고, 어디까지나 무대 설정으로만 사용되었다. 그 수법은 처음 몇 페이지에서 핵전쟁의 발발과 종언을 그린 후, 그다음부터는 거의 핵을 화제로 등장시키지 않는 방식이었다. 핵전쟁은 세계의 끝이 아니라 이야기의 기원이 되고 있다.

이야기에 몰두한 독자들은 종종 작품 서두에 등장했던 핵전쟁을 잊어버린다. 핵전쟁은 세계를 '리셋'하는 장치로써 점차 풍경처럼 당연한 것이 되었다. 그런 의미에서 앞서 거론한 작품들은 전후 일본에서 핵에 관한 의식과 대중문화의 관계가 도달한 하나의 정점을 보여준다. 이들 작품이 보여주는 것은 핵무기를 세계에 파괴적인 타격을 안겨준 원인으로 이해하면서도, 핵무기에 어떤 현실적인 공포나 위기를 느끼지 못하는 이질적인 의식의 병존이었다.

불안을 부채질한 쓰루가 원전 사고

지식인들과 대중문화가 각각의 방식으로 핵전쟁에 주목하고 있을 때, 원전에 관한 사람들의 의식에 변화를 요구하는 사건이 일어났다. 1981년 4월의 쓰루가 원전에서 방사선 누출 사고가 일어난 것이다. 쓰루가 원전 주변 해초에서 높은 선량의 방사선이 검출되었고, 일반 배수로에도 방사성 물질이 섞여 들어갔다는 사실이 알려진 것이다.

게다가 일본 원자력 발전 주식회사(이하 일본원전)가 통산성에 제출한 사고 보고서에 따르면, 1975년 9월 이후 이 발전소에서는 그때까지 공개하지 않은 14건의 사고와 문제가 있었다. 사고가 은폐되었음이 알려지자 일본원전의 낮은 안전 의식이 세상에 드러났고 다른 원전들도 여러 사고들을 감추고 있던 것이 아닐까라는 불신이 높아졌다.

쓰루가 원전 사고를 전후로 총리부가 실시한 여론조사 결과를 비교하면, 사고의 발생과 은폐가 얼마나 많은 사람들에게 불신감을 안겨주었는지를 한눈에 알 수 있다.

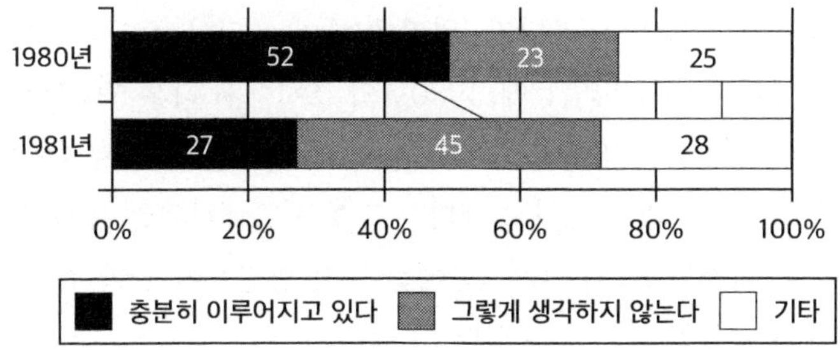

원자력발전소의 원자로와 그 관련 시설에 대한 안전 대책이
충분하다고 생각합니까, 총리부

쓰루가 원전 사고 이전인 1980년 11월에 실시한 총리부의 '에너지 절약에 관한 여론조사'에는 "당신은 원자력발전소의 원자로와 관련 시설에 대한 안전 대책이 충분하다고 생각합니까?"라는 질문 항목이

있다. 이에 대한 회답은 '충분히 이루어지고 있다'가 전체의 52%였고, 반면 '그렇게 생각하지 않는다'는 23%에 머물렀다. 1980년에는 조사 대상자의 반수 이상이 원전과 관련 시설의 안전 대책이 충분하다고 인정하고 있었다고 볼 수 있다. 이와 같은 결과에서는 바로 전년도에 발생한 스리마일섬 원전 사고의 영향을 발견할 수 없다. 일본의 원전에 대한 신뢰도는 여전히 높았다고 할 수 있다.

그럼 쓰루가 원전 사고 이후에 실시한 여론조사에서 원전 안전성에 관한 의식은 어떻게 변했을까? 앞선 조사로부터 1년이 지난 1981년 11월에 이루어진 설문에서는 같은 질문에 대해 다음과 같은 결과가 나왔다. 안전 대책이 '충분히 이루어지고 있다'라고 답한 것은 전체의 27%에 불과했고, '그렇게 생각하지 않는다'라는 응답이 45%를 넘었다. 여론조사는 1년 전과는 반대로 원전의 안전 대책에 대한 의문이 확산되고 있었다는 것을 보여주고 있다.

같은 조사의 "원자력 발전을 원활히 추진함에 있어 무엇이 중요하다고 생각합니까? 다음 중 골라주세요."라는 항목에서는 '원자력 발전 시설의 안전 대책을 철저히 할 것'이라는 선택지를 고른 응답자가 49.4%로 가장 많았다. 게다가 '원전을 줄이는 편이 좋다'를 고른 사람은 전체의 10%를 넘었는데, 1980년의 조사에서 나온 5%보다 크게 늘어난 수치였다. 스리마일섬 원전 사고 이후, 규모는 다르지만 일본에서도 원전 사고가 일어났고 게다가 그것을 은폐하려는 움직임도 발각되었다. 따라서 1980년대 전반에는 원전 안전성에 관한 신뢰가 크게 흔들리고 있었다고 할 수 있다.

원자로를 끌어안은 고질라

원자력발전소에 대한 관심의 고양은 <고질라>(도호, 1984)에도 흘러들어갔다. 1954년에 공개된 첫 번째 <고질라>는 이형의 괴물로서 사람들을 공포에 빠뜨리면서 당시 여전히 생생했던 전쟁의 기억과 비키니수폭 실험의 기억을 자극했다. 그러나 시리즈로 양산되는 과정에서 고질라는 아이들에게 친숙한 정의의 편으로 역할을 바꿨다. 흥행 수입은 줄곧 하락했고 1975년 <메카고질라의 역습>을 마지막으로 고질라 시리즈는 일단 중단되었다.

4-3 〈고질라〉, 1984

이후 약 9년 만에 제작된 고질라 영화는 첫 번째 영화가 사용했던 타이틀인 '고질라'를 그대로 내세웠다. 즉 영화는 자신을 첫 번째의 속편으로 자리매김시키고, 두 번째 작품 이후로 양산된 고질라 시리즈를 답습하지 않았다. 그리고 고질라는 30년 만에 모습을 드러낸 이형의 몬스터로 그려졌다. 핵에너지와 방사선에 관한 장면이 많다는 점에서도 고질라의 원점을 재확인하는 영화가 되었다.

시작 부분에는 고질라가 뿜어내는 방사성 물질을 맞고 거대해진 갯강구가 등장하고, 30년 전 고질라의 습격으로 부모를 잃은 등장인물이 '고질라는 이른바 핵무기 같은 것이다'라고 말하는 장면도 있다. 무엇보다 1984년이라는 시대적인 영향을 뚜렷하게 보여주는 것은 고질라 자신이 핵에너지와 방사선을 흡수한다는 설정일 것이다. '고질라'는 소련의 원자력 잠수함을 공격한 후 시즈오카현 '이하마 원전'을 습격해 그곳의 원자로를 뜯어내어 가슴에 끌어안고 방사선을 흡수한다.

고질라가 방사선을 전부 흡수했기 때문에 원전 부근은 방사선 오염을 피할 수 있었다.

이런 묘사에서 1980년대 원전 사고의 리얼리티를 읽어내는 것도 가능할 것이다. 1960년대 후반에 방영된 특촬 TV 프로그램과 영화에서는 괴수나 괴인들이 원전과 원자력 시설을 습격하는 이야기가 많았다. 등장인물은 원전과 원자력 시설이 파괴될 위험을 경고하지만, 파괴의 위기는 언제나 회피된다. 또한 괴수들이 원전과 원자력 시설을 파괴하더라도 방사성 물질이 퍼지는 장면은 그려지지 않는다. 1984년의 <고질라>에서도 파괴된 원자로에서 방사성 물질이 대량으로 유출된다는 설명을 들은 등장인물들이 당황하며 '방사능 측정기'를 확인하는 장면이 나오지만, 방사선은 고질라에게 흡수된다. 역시 방사선에 의한 환경오염과 건강 피해는 그려지지 않았다.

그리고 <고질라> 공개로부터 2년 후, 세계는 실제로 원전의 대규모 폭발을 경험하게 된다.

체르노빌 원전 사고와 그 여파

1986년 4월 26일, 소련의 체르노빌 원자력발전소에서 사고가 발생한다. 제4 원자로에서 노심 용해가 일어났고, 폭발로 생긴 원자로의 구멍에서 흘러나온 방사성 물질은 우크라이나, 벨라루시, 러시아까지 퍼졌다. 1986년 한 해 동안 우크라이나 주민 약 95만 명이 대피했고, 반경 30㎞ 내에는 현재까지도 출입이 제한되고 있다. 피해자 수를 확정하기는 어렵지만, 사고로부터 20년이 지난 2006년 세계보건기구(WHO)와 국제원자력기구(IAEA) 등이 공동으로 발표한 보고서에 따르면, 원전 내에서 피폭자 가운데 134명의 급성 방사선 장애가 확인되었고, 3주 이내에 28명이 사망했다고 한다(경제산업성 『에너지백서 2013』). 국제

朝日新聞

ソ連で原発事故か

北欧に強い放射能

タス通信「偶然の出来事」

大気からコバルト検出

4-4 체르노빌 원전 사고를 보도하는 기사, 『아사히 신문』 1986년 4월 29일

평가 척도(INES, International Nuclear Event Scale)에 따른 평가는 레벨 7이었다. 2011년 후쿠시마에서 원전 사고가 일어나기 전까지, 레벨 7의 평가를 받은 사고는 체르노빌이 유일했다.

당초 소련은 원전 사고를 은폐하려 했다. 하지만 핀란드, 스웨덴, 노르웨이 등에서 검출된 높은 수치의 방사선량 때문에 원전 사고가 발각되었다. 검출된 방사성 물질의 종류와 바람의 방향을 근거로 판단한 결과, 소련의 원전에서 문제가 발생했다는 추측에 도달한 것이다. 소련의 공식 발표는 나중에 이루어졌다. 한편 1986년 5월 3일에 일본의 빗물에서도 방사성 물질이 확인되었는데, 정부는 '즉시 건강에 영향을 줄 수 있을 정도는 아니다.'라고 발표했다.

원전의 필요성을 주장하는 사람들은 원전은 큰 사고가 일어나지 않도록 설계되었다고 주장했지만, 체르노빌의 원전 사고로 그런 주장은 근거를 잃었다. 소련과 일본의 원자로는 그 구조가 다르기 때문에 일본에서는 그런 사고가 일어날 리 없다는 의견도 있었지만, 설사 원자로 형태가 달라도 심각한 원전 사고가 일어날 가능성까지 부정할 수는 없었다. 체르노빌 원전 사고는 기존의 원전 인식에 충격을 안겨주었다. 즉 정부도 심각한 사고의 가능성을 부정해온 기존의 논리, 지금까지 해왔던 주장만으로 국민을 납득시키기는 어려워졌고, 국민도 더 이상 원전 추진파에게 모든 것을 맡긴 채로 계속 무관심한 상태로 있을 수는 없었다. 사고 이후에는 일본만이 아니라 원전을 가동하고 있는 나라들에서 원전의 안전성에 관한 논의가 활발해졌다.

과반수를 넘는 '현상 유지'

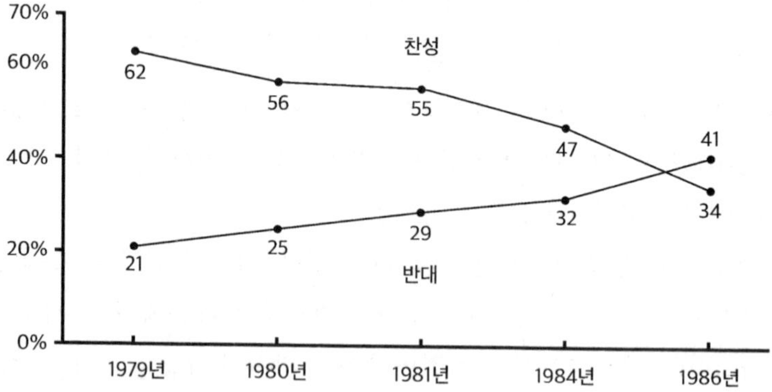

원전 추진에 대한 찬반

일본에서도 원전 추진에 반대하는 여론이 높아지고 있었다. 『아사히 신문』이 체르노빌 원전 사고로부터 3개월이 지난 1986년 8월에 실시한 조사를 보자. 원전 추진의 찬반 여부를 묻는 질문에서 추진에 찬성이라고 답한 것은 전체의 34%, 반대 의견이 41%를 차지했다. 핵에너지에 관한 여론조사가 시작된 이후 처음으로 반대가 찬성을 앞지른 것이다.

기타 질문 항목에 대한 회신에서도 원전에 대한 부정적인 의견이 높은 비율로 나타났다. "원자력이라는 말을 들으면 왠지 무섭다는 느낌을 받습니까?"라는 질문에는 '무섭다고 느낀다'가 69%, '그렇지 않다'가 25%, 또 "일본의 원자력발전소에서도 큰 사고가 일어날 수 있다는 불안감을 느낍니까?"라는 질문에는 '불안감을 느낀다'가 67%, '느끼지 못한다'가 23%로 집계되었다.

여기서 주목하고 싶은 것은 "일본은 앞으로 원자력 발전을 어떻게 해야 한다고 생각합니까?"라는 질문에 대한 응답이다. 원전 추진 방침에 대한 비판과 원전에 대해 부정적인 이미지가 증가했음에도 불구하고, 일본이 원전을 '그만두어야 한다'라는 응답은 9%, '줄이는 편이 좋다'라는 응답은 13%에 불과했다. 과반수를 넘는 60%의 사람들이 '현재의 수준을 유지해야 한다'라고 응답했다.

다수의 사람들이 지금 이상으로 원전을 증설하는 것에는 반대했고, 불안도 느끼고 있었다. 하지만 원전을 '줄이는 편이 좋다', '그만두어야 한다'라는 응답은 적었다. 체르노빌과 같은 원전 사고가 일본에서는 일어나지 않는다고 생각했기 때문일까?

원전에 대한 불안과 함께 원전의 확대에도 반대하지만, 이미 가동하고 있는 원전은 유지하는 편이 좋다는 의견은 2년 후인 1988년에 『아사히 신문』이 실시한 여론조사 결과에서도 반복되었다. 1988년에는 원전 추진에 반대하는 사람들의 비율이 더욱 높아졌다. "원자력 발전을 추진하는 것에 찬성인가, 반대인가?"라는 질문에 '찬성'은 29%, '반대'는 46%로 나타났다. 그러나 "일본의 원전을 앞으로 어떻게 하면 좋을까?"라는 질문에는 역시 '현상 유지'가 55%로 반수를 넘었고, '줄인다'는 17%, '그만둔다'는 10%에 그쳤다.

그럼 총리부가 실시한 조사의 결과는 어땠을까? 총리부가 1987년 8월에 실시한 조사에는 "우리 나라의 현재 총발전전력량의 27%가 원자력에 의한 것이며 그것은 우리 나라에서 사용하는 전체 에너지의 약 10%에 해당합니다. 앞으로 우리 나라는 원자력 발전을 늘려갈 계획입니다만, 당신은 어떻게 생각합니까? 다음 중에서 골라주세요."라는 질문이 있었다.

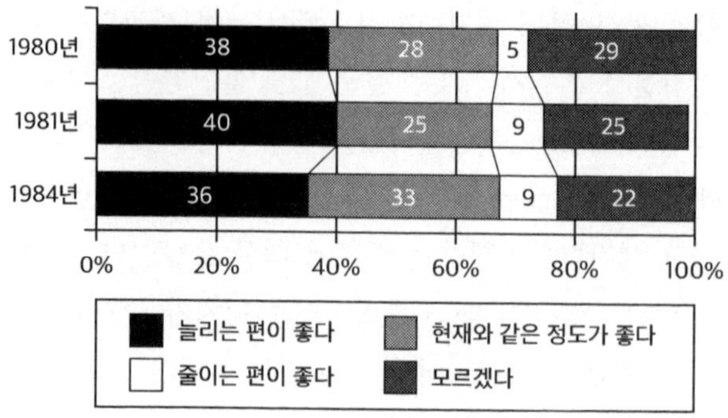

총전력량에서 원자력 발전이 점하는 비율을 어떻게 해야 할까, 총리부

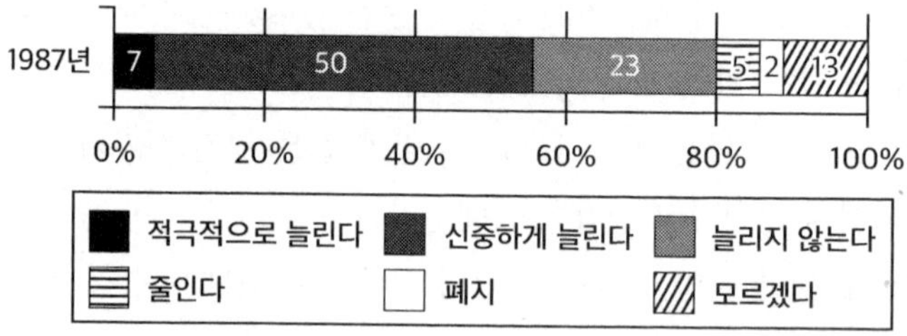

총전력량에서 원자력 발전이 점하는 비율을 어떻게 해야 할까, 총리부, 1987년

이 질문에 대한 대답은 '적극적으로 늘리는 편이 좋다'가 7%, '신중히 늘려가는 편이 좋다'가 50%, '더 이상 늘리지 않는 편이 좋다'가 23%, '지금보다 줄여가는 편이 좋다'가 5%로 나타났다. '적극적으로'와 '신중하게'를 합치면 원전을 늘려야 한다는 응답이 과반을 넘었다. 이런 결과는 1980년대 전반에 총리부가 실시한 같은 종류의 조사결과와도 크게 다르지 않았다. 즉 체르노빌 원전 사고가 원전에 대한 사람들의 의식에 미친 영향은 제한적이었다고 할 수 있다.

그런데 이 조사는 질문안에 전체 전력량 가운데 원자력 발전이 차지하는 비율을 알려주고 있기 때문에, 응답자에게 원전의 중요성을 암묵적으로 시사했을 가능성이 있다. 조사 결과가 총리부의 이름으로 발표되었다는 것은 이 조사가 일종의 여론 유도 목적을 가지고 실시되었을 가능성을 상기시킨다.

아사히 신문사와 총리부의 여론조사 결과는 체르노빌 원전 사고로 인해 원전에 관한 사람들의 의식이 일시적으로 동요하기는 했지만, 정작 원전이 필요하다는 인식 그 자체는 별 영향을 받지 않았다는 것을 보여준다. 그런데 이런 여론조사의 숫자만으로 이 시기에 많은 사람이 반원전 운동에 관심을 가졌던 배경을 이해하는 것은 불가능하다.

반원전 뉴웨이브

체르노빌 원전 사고 이후 반원전 운동을 고양시킨 발단은 식품 오염 문제였다. 당시 일본에는 북유럽에서 일본으로 수입되던 식품이 방사선에 오염되지는 않았을까 하는 불안이 퍼지고 있었다. 이에 후생성은 1986년 11월 방사선 오염 식품에 대한 잠정 기준을 식품 1㎏당 30 베크렐로 확정했다.

이후 터키산 헤이즐넛, 향신료, 스웨덴산 순록 고기 등에서 기준치를 초과하는 방사선이 검출되었고, 후생성은 수입업자에게 이들 식품을 반송하도록 지시했다. 그런데 이번에는 수입 식품의 검사 체제에 대한 의문이 제기되었다. 그래서 원자력자료정보실은 직접 방사선을 측정하기 위해 1987년 11월 '방사능 오염 식품 측정실'을 개설했다. 또한 연구자들도 독자적으로 수입 식품의 방사선을 측정하기 시작했다.

방사선을 직접 측정하려는 움직임과 함께 각지에서는 반원전 데모와 강연회가 활발히 개최되었다. 특히 반원전 운동에는 여성과 젊은이들이 적극적으로 참여했고, 정당과 평화단체 등의 조직에 의존하지 않고 시민들이 스스로 일어났다는 점에서 종래의 사회운동과는 다른 새로운 면이 있었다. 그런 이유에서 이 운동은 '반원전 뉴웨이브'라고 불렸다.

1988년 1월 한 주부의 호소로 결성된 '그룹, 원전 없이 살고 싶다'가 이가타 원전의 출력 조정 실험을 반대하는 운동을 기획하고, 다카마쓰의 시코쿠전력 본사 앞에서 집회를 열었다. 집회에는 아이를 데리고 나온 여성 참가자가 유독 많았다. 주최자인 '그룹, 원전 없이 살고 싶다'는 집회뿐만 아니라 독자적인 서명운동도 펼쳤다. 노동조합과 평화단체 등 기존의 운동 네트워크를 이용하면서도 그것들에 의존하지 않고, 유기농업, 리사이클, 자연 보호, 소비자, 여성, 제3세계에 관한 단체들로부터도 서명을 받는 방식으로 독자적인 네트워크를 형성했다.

여성들의 적극적인 참가와 함께 청년층의 참가 역시 '반원전 뉴웨이브'의 특징 중 하나였다. 이때의 청년들은 정당과 평화단체에 속한 청년들이 아니었다. 오히려 '서브컬처'에 친숙한 젊은이들이었다.

'서브(sub)'란 원래 '하위'를 의미하는데, '서브컬처'라는 말은 1960년대 정통적이고 고급스러운 상위문화에 대한 대항개념으로 수입되었다. 그런데 1970년대부터 1980년대에 걸쳐서 서브컬처라는 말은 단순히 '상위에 대한 서브'가 아니라 '주류에 대한 서브'와 같은 의미도 띠기 시작했다. 대중적인 것을 싫어하지만 경쾌하고 지적인 태도를 추구하는 젊은이들이 서브컬처의 적극적인 지지층을 형성했다.

너무 멋져서 발매할 수 없습니다

1980년대에는 이런 젊은이들이 주된 독자층인 잡지가 호조를 보였다. 『POPEYE』(헤이본샤 출판, 이후 <매거진 하우스>로 바뀜, 1976-), 『Hot-dog PRESS』(고단샤, 1978-2000), 『BRUTUS』(헤이본샤, 이후 <매거진 하우스>, 1980-) 등의 잡지가 여기에 해당한다.

연이은 잡지 창간에서 알 수 있듯이 1970년대 후반은 청년층을 겨냥한 월간 정보지의 황금시대였다. 예를 들어 『POPEYE』는 미국 서부 젊은이들의 문화를 취재해서 소개했고, 『Hot-dog PRESS』는 매뉴얼형 정보지로 젊은이들에게 새로운 라이프 스타일을 제안했다. 그 외에 독자 참가형 잡지인 『빅클리하우스』(파르코 출판, 1974-1985)는 프리 라이터의 칼럼과 독자 투고를 중심으로 지면을 구성했다. 이들 잡지는 신문과 종합잡지 등이 다루던 정치·경제 관련 담론 및 문예지, 미술 잡지, 영화 잡지가 형성했던 문화에 관한 담론과 구별되는 새로운 스타일을 성공적으로 제시했고, 도시에서 소비사회를 즐기는 청년들(과 그것을 동경하는 지방의 청년들)이라는 독자의 존재를 가시화시켰다.

이마와노 기요시로

청년들을 반원전 쪽으로 끌어들인 서브컬처는 무엇보다 록 음악이었다. 그것은 반핵 운동과 록 음악이 결합한 영국식 문화가 일본에 파급된 결과였다. 또한 1984년에는 반핵을 호소하는 야외라이브 '아토믹 카페 페스티벌'이 도쿄의 히비야 야외 음악당에서 개최되었다. 체르노빌 원전 사고 이후 반핵 운동과 록 음악의 결합은 한층 밀접해졌다. 당시 그런 분위기를 상징하는 인물이 이마와노 기요시로(忌野清志郎, 1951-2009)였다. 특히 이마와노는 그의 악곡이 발매중지 처분을 받는 사건을 통해 주목을 받았다.

체르노빌 원전 사고 이후 이마와노가 소속된 밴드 'RC 석세션'은 엘비스 프레슬리의 '러브 미 텐더'와 에디 코크란의 '서머타임 블루스'에 반원전 메시지를 담은 가사를 입혀서 불렀다. 이들은 싱글 '러브 미 텐더'와 앨범 'COVERS'를 1988년에 발매할 예정이었는데, RC 석세션이 소속된 도시바 EMI가 갑자기 이들 음악의 발매 중지를 결정했다. 발매 중지를 전하는 광고는 1988년 6월 22일 『아사히 신문』, 『마이니치 신문』, 『요미우리 신문』 등 주요 신문에 게재되었다. 광고에는 '너무 훌륭해서 발매할 수 없습니다.'라고만 되어있을 뿐, 발매 중지에 이르게 된 경위와 이유는 일절 언급되지 않았다. 이마와노는 『다카라지마』(1988년 8월 호)의 지면을 빌려 도시바 EMI의 모회사가 당시 원전 산업계의 대기업인 도시바였기 때문에 자체적으로 원전을 비판하는 가사를 담은 음악의 발매를 포기한 것이 아닐까라고 쓰고 있다.

이 소동은 다른 뮤지션들을 자극했다. 젊은이들에게 인기있는 뮤지션들이 반핵·반원전 노래를 차례로 발표했다. 1988년 7월에는 '체르노빌에는 가고 싶지 않아'라는 가사가 있는 더 블루 하츠(THE BLUE HEARTS)의 노래 '체르노빌'이 자체 제작으로 발매되었다. 8월에는 '윈드스케일, 스리마일, 체르노빌'처럼 과거의 원전 사고를 나란히 부른 사노 모토하루의 '경고대로 계획대로'가 발매되었고, 11월에는 '방사능 싫어'라고 연호하는 폭풍슬럼프의 '스바루'(앨범 『HIGH LANDER』에 수록)가 발표되었다.

이 시기에 월간 종합잡지 『다카라지마』는 반원전을 노래한 아티스트들에게 주목하면서 서브컬처에 친숙한 젊은이들과 반원전 운동을 연결짓는 역할을 맡았다.

『다카라지마』가 제시한 두 가지의 새로운 시도

잡지 『다카라지마(宝島)』의 역사는 쇼분샤(晶文社)의 출자를 받은 원더랜드사가 월간지 『원더랜드』를 창간했던 1973년으로 거슬러 올라간다. 창간 당시의 콘셉트는 편집자인 음악평론가 우에쿠사 진이치(植草甚一, 1908-1979)를 중심으로 미국 문화를 소개하는 것이었다. 그런데 원더랜드사가 1974년에 JICC 출판국에 매수됨에 따라 제3호부터 잡지명이 『원더랜드』에서 『다카라지마』로 바뀌었다. 『다카라지마』는 평론, 에세이, 칼럼을 통해 미국 서부 해안의 서브컬처로 간주되는 음악, 마약 문화, 정신세계를 소개하는 한편, 일본의 만화와 판타지, SF, 그림책 등도 열정적으로 소개한 문화 종합잡지였다.

1980년대에 접어들자 『다카라지마』에 뚜렷한 변화가 찾아왔다. 동시대의 『POPEYE』, 『Hot-Dog PRESS』, 『BRUTUS』와 같은 잡지들이 호조를 보이자, 이를 의식한 듯 1980년대 초반의 『다카라지마』는 판매 가격을 내림과 동시에 미국 문화를 소개하는 잡지에서 라이브 정보와 이벤트 정보, 패션과 잡화, 아트에 관한 정보를 게재하는 종합 정보지로 탈바꿈했다. 그리고 1987년에는 '포지티브한 생활 정보 매거진'을 내세우기에 이르렀다. 이즈음 『다카라지마』는 발행 부수 30만 부를 넘기며 젊은 독자에 대한 영향력을 확대해 가고 있었다.

청년 대상 종합 정보지로 방향을 전환한 『다카라지마』의 특집을 보면 대중음악에 관한 기사들이 눈길을 끈다. 특히 야자와 에이키치(矢沢永吉), 이마와노 기요시로(忌野清志郎), YMO, 나카지마 미유키(中島みゆき), 체커스(CHECKERS), 더 블루 하츠(The Blue Heart), 고메고메클럽(米米クラブ) 등 젊은이들에게 인기를 끌었던 그룹이나 인물이 빈번하게 지면에 등장했다.

그럼 『다카라지마』는 어떤 방식으로 반원전 메시지를 제시하고 있었을까? 『다카라지마』의 화법에는 다음과 같은 두 가지의 특징이 있었다. 첫째는 반원전의 메시지와 새로운 젊은이의 라이프 스타일의 접속이고, 둘째는 철저한 구어체의 화법이다.

반원전의 메시지와 새로운 젊은이의 라이프 스타일의 접속을 검증하려면 『다카라지마』 1988년 6월 호에 게재된 7쪽에 걸친 특집 'ATOMIC CRISIS'를 보면 된다.

4-5 『다카라지마』 1988년 6월 호

체르노빌 원전 사고로부터 2년을 맞이

4-6 히로세 다카시, 『위험한 이야기—체르노빌과 일본의 운명』

해 원전이 있는 사회에 경종을 울리기 위해 기획된 이 특집은 서두에 더 블루 하츠의 음악 '체르노빌'의 가사를 인용하고 있다. 페이지를 넘기면 원전을 테마로 한 다큐멘터리와 영화, 대중음악의 소개, 원전의 위험성을 호소하는 만화 에세이, 북가이드, 반원전 운동단체의 리스트 등과 나란히 '반원전 운동에 관한 문구와 소박한 제안'이라는 기사가 있다.

이 기사는 "다카라지마 소년·소녀여! 그대들이 좋아하는 더 블루 하츠는 '체르노빌'이라는 노래를 부르고 있다! RC 석세션과 하마다 쇼고(浜田省吾)도 노래 안에서 반핵을 호소하고 있다!"라는 독자에 대한 호소로 시작한 후, '히로세 다카시 토크 라이브'에 관한 레포트로 옮겨간다.

평론가 히로세 다카시(広瀬隆, 1943-)는 체르노빌 원전 사고 이전부터 『도쿄에 원전을!—신주쿠 1호 원자로 건설 계획』(1981)을 발표하는 등 이미 원전에 관한 비판적인 논객으로 알려져 있었다. 특히 이 책에서 히로세는 원전 추진파를 향해 원전이 안전하다면 도쿄에 설치하자고 말한다. 원전을 해안 주변의 절벽에 건설한 이유가 사고가 났을 때의 피해를 줄이기 위한 것인데, 원전이 안전하다면 도쿄에 짓지 못할 이유가 없다는 논리이다. 1980년대 초반에 이미 이런 주장을 펼쳤던 까닭에 체르노빌 원전 사고 이후 히로세의 언론 활동은 주목을 받을 수 있었다.

히로세가 체르노빌 이후에 간행한 『위험한 이야기—체르노빌과 일본의 운명』(1987)은 1년 사이에 30회의 증쇄를 거듭할 정도의 베스트셀러가 되었다. 히로세의 주장은 소련의 원전 사고에 대한 공식 발표는 사실을 축소하고 있으며, 그 배후에는 원자력 발전으로 부를 축적하는 그룹이 있다는 것이었다. 히로세의 활동에서 영향을 받아 반원전 운동에 관심을 가지거나 실제로 운동에 참가하는 사람들이 늘어났다. 이런 현상을 미디어는 '히로세 다카시 현상'이라고 보도했다.

반원전 운동을 '멋지게 보이게 만든다'

히로세는 문필 활동과 병행해 원전 입지 지역과 전국 각지를 돌아다니며 강연회를 개최했다. 『다카라지마』의 기사는 이런 히로세 다카시의 강연회 기록이었다. 강연회를 '토크 라이브'라고 불렀던 것도 음악을 좋아하는 젊은이들의 공감을 끌어내기 위함이었다.

기사는 거기에 모인 젊은이들 다수가 '평범한 학생이거나 오타쿠들'인 것을 우려하면서 다음과 같이 말한다.

> 당신들이 진지하게 원전문제에 뛰어들려는 열의(와 같은 것)는 느낄 수 있다. 어쨌든… 한 번의 서명이라도 훌륭한 행동이다. 거기서부터 한 발 더 나아가는 수단으로 '당신 자신을 좀 더 멋져 보이게 만들 것'을 나는 제안하고 싶다. 역시 겉모습만 달라져도 보이는 임팩트가 달라진다. 그것은 중요한 반원전 운동의 일환으로 생각해도 된다.

반원전 운동에 참가하는 것도 좋지만, '당신 자신을 좀 더 멋져 보이게 만들' 것을 제창하고 있다. '겉모습'과 '보이는 임팩트'와 같은 라이프 스타일도 '반원전 운동의 일환'이라는 의식은 단지 『다카라지마』에 한정된 것이 아니었다. 흥미로운 사실은 노사카 아키유키도 이 시기에 같은 주장을 전개하고 있다는 점이다. 노사카는 반원전을 내건 집회의 참가자들에 대해 "지나친 마스터베이션으로 창백해진 얼굴을 한 녀석들이 '인권'이다, '차별'이다, 라는 말을 입에 올리고 있다."라고 말하며 다음과 같이 쓰고 있다.

> 집회에 모이는 인간들 모두가 세련되고 멋진 모습을 하면 좋을 것 같아, 나는. 지금은 옷이 싸잖아. 대량 소비의 세상이 되었으니까. 거꾸로 생각하면 되잖아. 잇세이·미야케(イッセイ·ミヤケ)나 겐조·다카다(ケンゾ·タカダ)나 하나에·모리(ハナエ·モリ)라든가 그런 것을 입은 인간들, 즉 하라주쿠에 있는 녀석들과 같은 모습을 한 인간들이 원전에 반대하면, 나는 얼마간의 가능성이 있다고 생각한다.

노사카 아키유키는 당시 젊은이들에게 인기가 있던 'DC 브랜드'(디자이너가 자신만의 개성을 살려 출시한 상품들-옮긴이 주)를 거론하면서 그것을 몸에 걸친 사람들이 원전을 반대한다면 반원전 운동에 더 많은 사람이 참여할 수 있을 것이라고 말한다. 펑크 스타일로 집회에 가는 것을 제안하는 『다카라지마』와 마찬가지로 과거 반핵 평화운동의 주역들과는 다른 새로운 집단에 기대를 보내고 있는 것이다. 소비사회를 살아가는 젊은이들의 가치관과 라이프 스타일이 원전을 포기하게 만드는 열쇠가 될지도 모른다는 직관이 거기에 있었다.

대중문화를 말하는 것처럼

『다카라지마』가 반원전을 다루는 두 번째 특징은 철저한 구어체 화법이다. 이에 관해서는 앞서 언급한 '보이는 임팩트'를 중시하는 인용문에서 찾아볼 수 있으며, 나아가 1980년대 이후 젊은이를 대상으로 한 잡지의 칼럼과 에세이에서도 비슷한 종류의 사례를 쉽게 발견할 수 있다. 여기에서는 『다카라지마』의 '단골'이던 방송작가 및 소설가 가게야마 다미오(景山民夫, 1947-1989)와 다양한 이력을 가진 표현예술가 이토 세이코(いとうせいこう, 1961-)의 대담을 인용해 두고자 한다. 이들은 원전을 하나씩 세워가면서 거기서 생산된 전기를 낭비하는 세태를 비판한 후, 다음과 같이 대담을 이어간다.

> 이토: 이제는 패션으로도 보기 흉해졌어요. 하지만 우리는 어떻게 하면 좋을까요. '이토 씨 힘 내세요'라는 편지도 촌스럽군요(웃음).
>
> 가게야마: 전기를 마음껏 사용하겠다는 생각으로 원전을 세우고, 그것도 그것대로 즐거우면 그만이라는 사고방식이 확실히 존재한다고 생각하지만, 어느 쪽이 바보인가 하면 역시 그쪽(즐거우면 그만이라고 생각하는 쪽-옮긴이 주)이 바보(웃음). 이제 논리적으로 바보가 증명되었으니까 그 녀석들 얼굴을 보며 바보라고 말할 수 있네요. 이것은 쾌감이에요. 똥을 던져 버리자구.
>
> 이토: 마지막에는 언제나 똥이죠(웃음).

전력의 낭비를 경계하는 이 대담에서는 가볍고 격식을 무시한 어조가 강조되고 있으며 웃음소리를 의미하는 기호(웃음, 笑)가 빈번히 사용되고 있다. 여기서 『다카라지마』가 말하고 싶은 것은 절전의 권장이 아니다. 오히려 원전에 대해 가볍고 격식을 파괴한 어조로 말해도 상관없다는 메시지이다. 경직된 정치적 언어로 원전을 말하는 것이 아니라, 좋아하는 대중문화에 관해 친구와 대화하듯이 원전에 관해서도 같은 방식으로 말하는 방법을 독자를 향해 실천하고 있는 것이다.

순정만화 속 반원전

음악이나 잡지와 함께 만화 또한 젊은이들을 향해 반원전의 메시지를 던졌다. 만화, 잡지, 반원전 서적은 서로를 참조하면서 반원전의 문화권을 만들어갔다. 그런 양상을 소녀만화가 야마기시 료코(山岸涼子, 1947-)의 『파에톤』(『ASUKA』, 1988년 5월 호)이라는 작품에서 살펴보자. 파에톤은 그리스 신화에 등장하는 어떤 젊은이의 이름이다. 그는 신이 되고 싶다는 생각으로 세계를 파멸로 몰고 가다가 끝내 처벌을 받는다. 야마기시의 『파에톤』은 그리스 신화의 파에톤과 핵에너지를 손에 넣은 인류를 중첩시켜 원전에 대한 불안을 직설적으로 표현한 에세이 형식의 만화이다. 만화에는 히로세 다카시의 『위험한 이야기』가 인용되고 책의 표지에도 사용되고 있다.

4-7 야마기시 료코의 『파에톤』에 인용된 『위험한 이야기』

4-8 고토 가즈, 『여섯 번째 무지개』

또한 소녀만화가인 고토 가즈(ごとう和, 1952-)의 『여섯 번째 무지개』(『BE·LOVE』 1988 연재)라는 만화가 있다. 이 작품의 주인공은 원전에서 일하는 기술자를 남편으로 둔 쌍둥이 엄마다. 반원전 운동이 고양되는 가운데 원전에서 일하는 남편을 둔 주인공은 지역사회에서 답답함을 느낀다. 주부들에게 건네받은 책(간샤 다에코(甘蔗珠恵子), 『아직 늦지 않았어』, 1987년)을 읽어도 그 내용을 받아들이지 못한다. 그럴 즈음 대지진이 일어나고 원전이 폭발한다. 주인공은 아이들을 데리고 피난길에 나서는데, 피난지의 병원에서 방사선 피폭의 영향 때문인지 머리카락이 빠지기 시작한다. 일찍이 외면했던 책의 내용이 현실로 나타난 것을 알게 된 주인공은 홋카이도로 이주를 결심하고 거기에서 자신이 만든 음식을 아이들에게 먹이고 싶다고 생각한다.

마지막 장면에서는 전력회사 앞으로 쓴 '지금 바로 원전을 멈춰주세요.'라는 내용의 엽서를 손에 들고 눈물을 흘리는 주인공이 그려지고 있다. 그리고 그 아래에는 잃어버린 단란했던 가족의 기억과 독백이 겹쳐진다. 독백은 '아무것도 알려고 하지 않았던 나, 깨달았을 때는 이미 늦었다. 그래도 혹시 아직 늦지 않았을지 모른다는 생각에 나는 매일 엽서를 보내겠다. 행복했던 날은 다시 돌아오지 않겠지만 만약 아직 늦지 않았다면...'이라고 쓰여있다. 야마기시 료코의 『파에톤』과 마찬가지로 반원전 운동에 관련된 사람들이 읽던 책이 등장하면서 독자의 의식이 반원전 운동으로 향하게 한 만화였다.

『파에톤』도 『여섯 번째 무지개』 도 조용히 발표된 만화는 아니었다. 『파에톤』이 게재된 월간 소녀만화잡지 『ASUKA』와 『여섯 번째 무지개』가 게재된 격월간 발행의 여성 대상 만화잡지 『BE·LOVE』는 당시 발행 부수가 30만 부를 넘는 인기잡지였다.

원전 추진 만화

이렇게 반원전을 호소하는 만화가 대중적인 매체에 게재되는 한편, 같은 시기 전혀 다른 장소에서는 원전 추진 만화도 발표되고 있었다. 원전 추진 만화를 발행한 것은 원자력 관련 단체였다. 그 배경에는 반원전의 목소리가 높아지는 것에 위기감을 느껴 대책을 모색하려던 전력회사와 관련 단체, 정부 기관의 움직임이 있었다.

전국의 전력회사가 공동으로 설립하고 전력에 관한 홍보 활동을 담당했던 전기사업연합회는 1988년 4월에 '원자력 PA(public acceptance) 기획 본부'를 설치했다. 이듬해 5월에는 통산성이 '원자력 공보 추진실'을 설치하고 전문가로 구성된 '원자력 PR 부대'를 두어 강사를 각지에 파견하는 계획을 세웠다. 이런 움직임에 관련 단체도 호응해 대량의 '원전 광고'가 생겨났고, 동시에 다양한 원전 추진 만화가 그려졌다. 이들 만화가 강조한 것은 원전의 안전성이었다.

4-9『사랑의 에너지 게임』

4-10『요코 씨의 사랑은 에너지』

『사랑의 에너지 게임』이라는 만화에서는 원전 사고와 조우해 혼란에 빠진 주인공에게 '분명 사고로 방사능이 샜을 거야.', '하지만 그것으로 피폭이 일어날지는 알 수 없어.', '내가 걱정하는 건 인위적인 실수가 구조적인 결함으로 둔갑해 세계로 퍼지는 거야.'와 같이 말하는 인물이 등장한다. 또 『요코 씨의 사랑은 에너지』를 보면 등장인물이 '원자력발전소는 지진에도 충분히 안전합니다.', '원자력발전소도 신칸센과 빌딩의 엘리베이터처럼 대지진 등의 재해가 일어났을 때 안전하게 정지하게 되어 있습니다.'라고 단언하는 장면도 있다. 만화가 가진 재미와 친근함 속에 원전 추진 메시지를 삽입하고 있는 것이다.

4-11
『고향 재발견!! 한가득 여행 정보』

그 외에도 조금 특이한 홍보로 여행 가이드북을 들 수 있다. 일본 전기 협회 신문부가 1994년에 간행한 『고향 재발견!! 한가득 여행 정보』 같은 가이드북이다. 언뜻 보면 어디서나 볼 수 있는 흔한 여행 가이드북 같지만, 표지를 자세히 살펴보면 뭔가 다르다는 것을 알 수 있다. '원자력이 있는 마을 탐방 가슴 설레는 해변 ROAD'라고 다음과 같은 11곳이 거론되고 있다.

'도마리무라(泊村) 지역'(홋카이도), '오마마치(大間町)→히가시도오리무라(東通村)→롯카쇼무라(六ヶ所村) 지역'(아오모리), '오나가와초(女川町) 지역'(미야기), '오쿠마마치(大熊町)→후타바마치(双葉町)→도미오카마치(富岡町)→나라하마치(楢葉町)→도카이무라(東海村) 지역'(후쿠시마), '가시와자키시(柏崎市)→가리와무라(刈羽村) 지역'(니가타), '하마오카초(浜岡町) 지역'(시즈오카), '시카마치(志賀町) 지역'(이시카와), '쓰루가시(敦賀市)→미하마초(美浜町)→오이초(大飯町)→다카하마초(高浜町) 지역'(후쿠이), '가시마초(鹿島町) 지역'(시마네), '이카타초(伊方町) 지역'(에히메), '겐카이초(玄海町)→센다이시(川内市) 지역'(사가·가고시마).

설명할 필요도 없이 이들 지역은 모두 원전을 갖고 있다. 가이드북에서는 원전 주변에 있는 원자력 관련 홍보 시설과 레저 스포츠를 소개한다.

체르노빌 원전 사고를 계기로 고조된 반원전 기운에 대항하기 위해 전력회사와 관련 단체는 원전 홍보에 힘을 쏟고 있었다. 『신문 아카하타』의 조사에 따르면 도쿄전력의 전력 보급 개발 비용은 체르노빌 원전 사고가 일어난 1986년에 121억 엔이었지만, 1990년에는 224억 엔으로 뛰어올랐다. 원전의 PR이 신문과 TV에서 적극적으로 이루어진 것도 이때부터였다.

반원전 뉴웨이브의 종식

반원전 메시지를 적극적으로 제시하는 대중문화는 1988년부터 1989년에 걸쳐 크게 유행했다. 하지만 이후 급격히 모습을 감췄다. 그것은 같은 시기의 음악인들이 원전 문제를 곡에 넣으면서도 부르지 않게 된 것과 궤를 같이한다. 게다가 '반원전 뉴웨이브'도 영향력을 잃어갔다.

그렇다고 반원전 뉴웨이브가 아무런 성과도 없이 끝난 것은 아니었다. 1988년 3월에는 고치현 쓰보가와초(窪川町)에서 탈원전을 공약으로 내건 촌장이 당선되었다. 4월 23, 24일 이틀 동안 히비야 공원에서 개최된 '원전 중지를 위한 1만인 행동'에는 2만 명이 운집했다. 7월에는 와카야마현 히키가와초(日置川町) 촌장 선거에서 원전 유치 반대를 공약으로 내건 촌장이 당선되었다. 게다가 원전에 비판적인 태도를 분명히 했던 사회당은 여성 당수 도이 다카코(土井たか子, 1928-2014)를 앞세워 1989년 7월의 참의원 선거에서 약진했다.

그러나 큰 흐름에서 보면 원전 추진의 방향성은 꺾이지 않았다. 사회당이 약진한 참의원 선거에서 여러 단체가 원전 문제를 선거의 쟁점으로 삼기 위해 후보자를 옹립했지만, 한 명의 당선자도 내지 못했다. 또한 '탈원전법' 제정을 위한 서명운동이 시민과학자 다카기 진자부로의 주도로 진행되는 가운데 그 취지에 찬동하는 국회의원에게 의원 입법 형태의 법안 제출을 요청하는 운동도 펼쳐졌지만 당초 목표는 거의 실현되지 못했다.

그렇다면 반원전 메시지를 담은 대중문화가 퇴조하고 반원전 운동이 이렇다 할 성과를 남기지 못한 것은 어떤 이유 때문일까?

비평가이자 만화연구자인 오쓰카 에이지(大塚英志, 1958-)는 '반원전 뉴웨이브'가 고조되던 시기에 그것을 일종의 유행이라고 지적한 바 있다. 그는 반원전 뉴웨이브 이전부터 운동에 참여했던 사람들은 이후에도 담담하게 활동을 이어갔겠지만, '히로세 다카시 현상'으로 모여든 사람들은 일 년도 지나지 않아 떠날 것이라고 지적한 후, 다음과 같이 쓰고 있다.

> '체르노빌' 관련 비디오의 유행도 '반원전' 의식의 결과라기보다 단순히 '무서운 것을 봤다'라는 문맥에서 이해하는 편이 좋을 것 같다. 제작된 사체보다 정말로 방사능에 노출되어 죽어가는 사람들 쪽이 진짜 같다. 하지만 그것은 TV 모니터의 화면 속에서는 조금 색다른 상품에 불과했다. 미디어는 방사능조차 표백시킨다.
>
> -「<반원전>의 도시민요학」,『신문화』, 1988년 6월 30일 호

오쓰카의 이런 주장을 부연하면 다음과 같다. 즉 미디어는 방사선과 방사성 물질의 대량 살포라는 사건을 정보로 퍼뜨렸다. 하지만 그것이 사람들 사이에 퍼진 이유는 체르노빌 관련 책, 음악, 만화도 '진짜 같은' 상품이었기 때문이다. 공포를 공포로 받아들였다기보다 무해한 기호와 유희로서 반원전 운동을 즐긴 것이다. 다만 즐기면서 반대운동을 한다는 발상이 기존의 사회운동과는 다른 가능성을 가져온 것

도 사실이다. 그런 행동 원리는 2011년 후쿠시마 원전 재해 이후에 다시 한 번 커다란 소용돌이를 낳았다.

반원전 메시지를 담은 만화가 퇴조한 이유는 당시 다음과 같이 추측되기도 했다. 만화에서 원전은 '재미없는' 테마라는 것이다. 나가사키 원폭에 관한 저서도 있는 다카세 쓰요시(高瀨毅, 1955-)는 작품 속에 원전을 그려넣은 만화가를 대상으로 한 인터뷰 기사에서 다음과 같이 적고 있다.

> 만화가에게 원자력 발전 혹은 방사능이라는 문제는 결코 재미있는 것이 아니다. 그리기 어려운 대상인 것 같다. 취재를 해보면 이런 테마가 표현의 소재로서 훌륭하게 자신의 창조력을 자극한다는 대답은 결국 누구로부터도 들을 수 없었다.

다카세가 말하는 것처럼 1980년대 후반의 원전 사고와 방사선으로 인한 환경오염은 만화가들에게 창조력을 자극하는 소재가 아니었을지도 모른다. 그것은 아마도 만화에만 한정된 것이 아니라 영화와 음악을 비롯해 동시대 사람들의 의식에 적용되는 부분이 있을 것이다.

신중한 검증이 필요한 문제이지만, 결과적으로 '반원전 뉴웨이브'를 유행이라는 말로 이해할 수밖에 없는 이유는 먼 곳에 있는 체르노빌과 눈에 보이지 않는 방사성 물질 및 방사선을 사람들의 상상 속에 계속 붙잡아두기가 곤란하기 때문은 아닐까?

소비사회의 피폭국

한편 지쿠시 데쓰야(筑紫哲也, 1935-2008)는 소비사회를 만끽했던 1980년대 후반의 일본 청년들의 가치관과 라이프 스타일의 근원에 '피폭국 일본'이라는 아이덴티티가 있다고 지적했다.

당시 『아사히 저널』의 편집장이던 지쿠시는 영화에 관한 국제 심포지엄의 사회를 맡았는데, 그때 일본과 외국의 표현예술가들 간의 어떤 차이를 깨닫게 된다. 예컨대 그는 자신의 신념을 그대로 표현하려는 외국에 비해 일본의 표현예술가들은 그런 신념을 갖는 것 자체에 회의적이고, 가령 있다고 해도 그것을 직접 표현하는 것을 '세련되지 않다'고 생각하는 경향이 있다는 것이다(『청년들의 신들Ⅳ』).

신념이란, 행위와 사고를 통제하는 극히 개인적인 참조의 틀로 이해할 수 있다. 그런 것을 갖고 있지 않고, 혹은 갖고 있어도 그것을 감춘 채 '무엇이든 가능하다'고 찬양하는 1980년대 일본 청년들의 심성을 현대에서는 '소비사회적 시니시즘'으로 평가하기도 한다. 사회학자 오사와 마사치(大澤真幸, 1958-)에 따르면 '소비사회적 시니시즘'이란 '그때까지 사상을 지탱하던 중심의 실체를, 상대적인 차이를 제시하는 게임과 놀이 속으로 환원시켜 버리는 것'이다(『전후의 사상공간』).

그러나 지쿠시의 생각은 달랐다. 그는 일본의 젊은 표현예술가들이 신념을 입에 올리지 않는 이유를 피폭국이라는 아이덴티티에서 찾았다. 지쿠시의 생각은 다음과 같다. 피폭국에서 태어나서 자란 일본 청년들은 '과학'과 '진보'가 반드시 인류에게 행복을 가져오는 것은 아니라는 것을 알고 있다. 그리고 핵무기가 대량으로 배치된 상황에서 자신들은 '가짜 인생', '가짜 평화' 속에서 살고 있을 뿐이라고 느낀다. 왜냐하면 어떤 '진리'의 탐구도 '한 발의 폭탄이면 끝'나기 때문이다. 지쿠시는 그것이 시니시즘의 원인일 것이라고 말한다. 지쿠시의 말에 따르면 앞서 말한 가게야마 다미오와 이토 세이코, 그들을 추종했던

『다카라지마』의 독자들도 또한 피폭국의 특징을 자신들도 모르는 사이에 체현하고 있던 것이 된다.

1980년대 청년들의 심성과 피폭을 연결하는 지쿠시의 생각이 적절한지는 여기서 논하지 않겠다. 다만 특정 세대의 정신을 설명할 때 일본이 피폭국이라는 사실을 끌어오는 사고가 1980년대에도 여전히 유효했다는 점을 확인해 두고 싶다. 생각해 보면 1980년대 초반에 핵무장론을 주장한 시미즈 이쿠타로도 일본인의 국민성과 피폭을 연결해서 핵무장의 정당성을 주장했다.

그러나 1990년대가 되면 피폭국이라는 사실은 현재진행형인 사회문제를 설명할 때 설명의 도구로서의 성격을 점차 상실하고, 피폭이라는 사실 그 자체가 계승되어야 하는 것으로 신성시되기 시작했다. 그러자 평화운동과 사회운동에 대한 청년들의 관심은 한층 희박해졌고, 핵이 공공의 문제로 다루어지는 기회도 줄어들었다.

안정된 대립구조로 - 1990년대부터 3.11후

제5장

텔레비전 속의 핵 위기

1990년에 총리부가 실시한 원자력에 관한 여론조사에 따르면 원자력 관련 시설에 대해 불안과 근심을 느낀다는 사람이 90.2%였다. 이것은 1987년 조사 때의 86%를 웃도는 결과였다. 체르노빌 원전 사고 이후 원전과 핵무기에 둘러싸인 일상생활에 불안을 느끼는 사람의 비율은 계속해서 증가하고 있었다.

이 시대 청년의 감성을 잘 표현한 만화로 소녀만화가 요시노 사쿠미(吉野朔実, 1959-)의 작품 「Give Me Shelter」가 있다. 요시노가 그린 단편 만화의 연작 「애처로운 눈동자」 시리즈 중 하나인 이 만화는 당시 40만 부를 발행했던 여성 대상 월간 만화잡지 『부~케(ぶ~け)』 1991년 6월 호에 게재되었다.

5-1 요시노 사쿠미, 「Give Me Shelter」

법률가를 꿈꾸는 주인공 청년은 친구와 동거 중이다. 집으로 돌아온 주인공은 미국의 원자력 잠수함이 납치됐다는 뉴스를 접한다. 원자력 잠수함에는 192발이나 되는 핵탄두가 실려 있고, 일본도 핵 공격의 표적이라는 보도가 나온다. 긴급피난경보가 시민들에게 피난을 지시한다. 대피소는 지하 셀터.

긴급사태임에도 불구하고 동거인은 핵 셸터에 무엇을 가지고 갈지 고민한다. 그는 그동안 수집한 비디오, 포스터, CD, 잡지를 품에 안고 전부 소중해서 버릴 수가 없다고 한탄한다. 그런 동거인한테 "너 뭔가 즐거워 보이는데?" 하고 지적당한 주인공은 짐짓 냉정한 척 "뭔가 새롭게 태어나는 느낌 아니야?"라고 말하면서 입꼬리를 살짝 올린다. 두 사람은 자신들이 지금 위기의 한가운데 있다는 사실에 현실감을 느끼지 못하고, 왠지 그 상황을 남의 일처럼 즐기고 있는 것처럼 보인다.

겨우 짐을 정리한 두 사람은 핵 셸터로 향하는 도중 집에 남아있는 노인을 발견하고, 싫다고 하는 노인을 억지로 셸터로 데리고 간다. 군중 속에서 이리 치이고 저리 치이면서 겨우 핵 셸터로 들어선 후, 내려오는 셔터 문에 머리를 부딪힌 주인공은 정신을 차린다. 그는 들판에서 잠들어 있던 것이다. 그리고 지금까지 겪었던 일이 꿈이었음을 깨닫는다.

그러나 이야기는 이것으로 끝이 아니다. 주인공이 들판에서 집으로 돌아오니 이번에는 규모 9의 지진으로 이바라키현의 원자력발전소에서 사고가 났다는 뉴스가 흘러나온다. 주인공과 동거인은 어안이 벙벙한 채 다음과 같은 대화를 나눈다.

> "일본의 원자력발전소는 '사고가 나지 않는다'는 것을 전제로 만들었기 때문에 만약 사고가 나면 끝장이야."
> "…어떻게 되는 걸까?"
> "돌연변이와 대머리가 늘어날 거야."
> "대머리?… 와, 싫다."
> "전부 대머리가 되면 신경 쓸 일 없지 뭐."
> "전부 다…?"

> "그보다 이번에는 고깃집에서 아르바이트해라. 가끔 고기가 들어간 카레가 먹고 싶다고."
> "알았어. 그렇게 할게."

원자력발전소 사고를 보도하는 텔레비전을 켜둔 채로 두 사람은 카레를 먹기 시작한다. 그들이 작은 테이블을 가운데 두고 마주 앉아 카레를 먹고 있는 컷이 맨 하단에 있고, 페이지를 넘기면 카레를 먹고 있는 두 사람이 텔레비전 화면 속에 그려지고 있다. 여기서 독자는 원자력발전소 사고 후 종잡을 수 없는 대화를 나누던 두 사람이 텔레비전 속 존재였다는 것을 알게 된다.

이후 텔레비전을 보고 있던 노인(꿈속에서 주인공들이 핵 셸터로 데리고 간 인물)이 텔레비전을 끄고 툇마루에서 서성거린다. 텅 빈 거리와 들판이 그려진 컷을 끝으로 이야기는 막을 내린다. 이 작품은 어디서부터 어디까지가 이야기 속 '현실'이고, 어디서부터 어디까지가 '이야기 속 이야기'인지를 판단하기 어려운 구조로 되어있다.

주목할 점은 두 가지이다. 첫 번째는 앞에서 인용한 등장인물들의 대화이다. 그들은 원자력발전소 사고에 관한 뉴스를 듣고 일단 놀라지만, 곧바로 일상생활로 돌아와 아르바이트와 카레 이야기를 시작한다. 여기에 핵에 대한 공포가 없다고는 할 수는 없다. 오히려 핵에 대한 공포가 일상생활의 한 부분이 되어 있다.

두 번째 포인트는 만화 속 텔레비전의 역할이다. 주인공들은 텔레비전 보도를 통해서 핵 테러와 원자력발전소 사고 소식을 접한다. 여기에서 이야기의 구조도 이들이 텔레비전 속의 존재라는 것을 넌지시 보여준다. 이 만화는 미디어가 현실을 집어삼키는 모습을 그리면서 미디어를 매개로 비일상적인 핵의 공포가 일상 속에 침투하고, 그 비일상이 어딘가 즐거운 것으로 수용되는 상황을 그리고 있는 것이다.

참극의 기호화 - 반복되는 이미지

만화 『Give Me Shelter』가 핵으로 인한 참극과 미디어의 친화성을 강조한 것은 이 작품이 발표된 1991년 6월이라는 시기와도 관련이 있다.

1991년 1월, 걸프전쟁이 발발하고 미국을 주축으로 한 다국적군이 이라크를 향해 공중 폭격을 시작했다. 이 걸프전쟁의 상황은 텔레비전을 통해서 전 세계로 전송되었다. 적외선 카메라가 포착한 한밤중의 바그다드를 날아다니는 수많은 미사일 영상과 기름을 뒤집어쓴 바닷새의 영상이 반복적으로 흘러나왔다.

일본에서는 '오차노마'(お茶の間, 가족들이 모이는 거실과 같은 공간-옮긴이 주)라 불리는 사적 공간에서 보는 전쟁을 '리빙 워(living war)'라고 한다. 텔레비전 영상으로 보는 전쟁은 우리의 일상과 연결되는 전쟁이면서 동시에 머나먼 곳의 전쟁이다. 텔레비전이 이런 이미지를 반복적으로 사회에 송출함으로써 참극은 실체를 잃고 기호화 된다. 생생한 참극에 대해 장난을 치는 것은 어렵지만, 기호로 바뀌면 유희의 대상으로 삼을 수 있다. 그런 의미에서 『Give Me Shelter』는 텔레비전 속의 원자력발전소 사고와 등장인물의 반응(심지어 텔레비전 속에서 생긴 사건의 형태로)을 함께 그림으로써 텔레비전으로 인해 참극이 고도로 스펙터클해진 시대의 감성을 즉각적이면서 정확하게 잡아내고 있다.

돌이켜 보면 2001년 9월 11일에 세계무역센터 빌딩에 비행기가 충돌했던 영상이나 대테러 전쟁의 영상 또는 거대 쓰나미가 해안으로 밀려오는 영상을 우리는 이미 어딘가에서 본 적이 있다. 엔터테인먼트 영상이나 책은 그러한 참극의 이미지를 생산했고 우리도 그런 것들을 즐겨 상상해왔다. 전쟁이나 재해 이미지는 미디어를 통해서 사회에 확산되고 일상생활로 파고든다. 그러는 사이에 사람들은 전쟁이나 재해의 이미지에 익숙해진다. 똑같은 일이 원자력발전소와 그 위험성을 두고 일어났는지도 모른다. 게다가 앞에서 확인한 바와 같이 청년들의 감성은 핵무기나 원전이라는 사회문제를 가볍게 여기는 태도를 낳았다. '원전 사고'와 '카레'가 같은 수준으로 다루어지게 된 것이다.

5-2
에가와 다쓰야, 『마법동자 타루루토』

그리고 핵무기가 아닌 원자력발전소를 스포츠 기술의 이름으로 쓰는 만화나 원자력발전소에 관한 블랙코미디도 등장하게 된다.

에가와 다쓰야(江川達也, 1961-)가 『주간 소년점프』에서 연재했던 『마법동자 타루루토(まじかる☆タルるートくん)』(1988-1992 연재)에는 대기업 전력회사의 사장 아들인 '하라코 쓰토무'('원자력'을 일본어 훈독으로 읽은 것-옮긴이 주)라는 등장인물이 있다. 그는 주인공과 복싱 대결을 하는데 그때 그가 사용하는 기술 이름이 '원자력 발전 펀치'이다. 과거의 대중문화에서 핵무기가 이런 기술의 이름으로 쓰이기는 해도 원자력발전소가 사용되는 일은 없었다. 1950년대의 유도 만화 『이가구리 군』에 '원폭 던지기'가 등장한 지 약 40년이 지나서 소년만화에서 싸움 상대역이 사용하는 필살기 이름에 원전이 등장한 것이다.

또한 핵에너지의 '평화적 이용'을 조롱하는 블랙코미디도 발표되었다. SF 만화가 아사리 요시토(あさりよしとお, 1962-)의 만화 「라디오맨」(『그리핀(グリフォン)』, 1992-1994 연재)이다. '정의의 편'인 '라디오맨'은 원자로 탑재 슈트를 입고, 원자력과 관계된 다양한 도구를 사용한다. 데즈카 오사무의 『철완 아톰』으로부터 약 40년이 지나자 핵에너지의 '평화적 이용'과 '정의의 편'이라는 조합이 얼마나 우스꽝스러운 것인가를 코미디기법으로 폭로하는 만화가 등장한 것이다.

냉전 종결 - 흔들리는 핵무기의 존재 가치

1991년에 소비에트연방이 해체되었다. 소련공산당이 해산되고 소비에트연방을 구성했던 각 공화국이 독립했다. 한반도의 대립과 중국과 자본주의국가 사이의 대립은 여전히 남아있지만, 미소의 대립을 축으로 한 냉전 체제는 종언을 고했다.

냉전의 종결은 동서 양 진영의 대립을 지탱하던 핵무기와 그것을 둘러싼 개발 경쟁에도 큰 영향을 미쳤다. 핵무기를 향한 비판이 과거와는 다른 관점에서 이루어지게 되었다. 사카모토 요시카즈는 『상대화 시대』(1997)에서 그 변화에 대해 말하고 있다.

사카모토는 약 45년에 걸친 냉전을 '핵무기의 대립으로 형성된 일촉즉발의 시대'였다고 언급하고, '반·핵무기'와 '반·핵전쟁'을 명확하게 구별하지 않고 두 개를 합쳐 '반핵'이라는 단어를 사용했다는 점이 냉전 시대의 특징이라고 말한다. 핵무기 옹호자들은 그것을 핵전쟁을 포함한 전면전쟁을 억제할 힘으로 평가했고, 비판자들은 그것을 파멸적 핵전쟁의 원인으로 이해했다. 옹호자와 비판자는 서로 대립하는 입장이지만, 핵무기와 핵전쟁을 하나로 파악한다는 점에서는 공통된다.

사카모토가 말하는 것처럼 냉전의 종결은 핵무기와 핵전쟁 사이를 멀게 만들었다. 냉전 종결은 핵무기 옹호자들이 자명하게 여겼던 핵무기에 대한 정당화 논리를 흔들었다. 따라서 냉전 종결은 핵무기 폐기를 호소해온 반핵 운동 측에는 절호의 기회였다.

실제로 1990년대에는 핵무기와 핵실험의 정당성이 의심받았다. 1991년 7월에 미국과 소련이 핵무기 삭감에 합의했는데, 소련 붕괴 후인 1993년에는 미국과 러시아가 더 진전된 핵무기 감축 조약을 체결했다. 또한 1995년 프랑스의 핵무기 실험은 예상보다 훨씬 강한 국제적인 비난을 초래했다.

그러나 이와 같은 변화가 반드시 반핵 운동에 유리한 것만은 아니었다. 핵전쟁의 위기에서 멀어질수록 하루빨리 핵무기를 폐기해야 한다는 절박한 위기감도 약해질 가능성이 있기 때문이다. 그리고 실제로 사람들의 핵무기에 대한 의식은 절박한 위기감에서 멀어진 것처럼 보였다. 그러나 시선을 1995년으로 한정하면 확실히 핵무기에 대한 관심이 높아지고 있었다는 것도 확인할 수 있다.

피폭 50년 - '평화의 공동화'에 대한 의혹

1995년, 일본사회는 전후 50년이라는 일종의 전환기를 맞이했다. 그해에 핵의 '군사적 이용'에 관한 일본인의 의식을 새삼 확인할 수 있는 사건이 일어났다.

미국의 스미스소니언 국립항공박물관은 제2차 세계대전 종결 50주년 사업으로 특별전을 기획하고 1993년부터 히로시마시, 나가사키시와 연락을 취하면서 준비를 진행하고 있었다. 히로시마에 원폭을 투하한 폭격기 '에놀라 게이(ENOLA GAY)'와 함께 히로시마와 나가사키의 원폭자료관에서 사진과 유품 등을 빌려와 전시함으로써 원폭 투하의 역사를 다시 생각해 보는 기획이었다.

그런데 이 기획에 대해 미국의 퇴역군인협회 등이 격한 반대 의견을 내놨다. 결국 이런 의견을 수용해 스미스소니언 박물관은 1995년 2월 특별전 기획을 중지하기로 결정했다. 이 소동은 전쟁 종결로부터 50년이 지났지만 여전히 원폭에 대한 일본과 미국의 역사 인식에 좁히기 힘든 차이가 있다는 사실을 통감케 했다.

당시 히로시마 시장인 히라오카 다카시(平岡敬, 1927-)는 피폭 체험에 뿌리를 둔 히로시마의 평화를 향한 호소가 국제정치 속에서 큰 영향을 미치지 못했다는 점을 반성하면서 다음과 같이 말했다.

> 히로시마의 평화사상이 현실주의의 벽을 넘지 못한 것은 지금까지 이 사상이 제대로 비판받는 일이 없었기 때문이다. 사상도 운동도 비판받는 것을 통해 풍요로워지고 발전한다. 평화는 절대 부정할 수 없는 인류의 사상이다. 그것을 인류 최초로 원폭을 맞은 히로시마가 말하면, 히로시마의 평화는 '미토코몬의 문양(黄門様の葵の印籠)'[1]과 같이 되어 일본 국내에서는 매스컴을 포함해서 모두가 두려워하는 대상이 된다. 이래서는 평화사상의 내용이 깊어질 리가 없다.
>
> -『희망의 히로시마』

평화의 내실을 묻지도 않은 채 그 단어만 숭상해온 것이 평화의 공동화(空同化)를 초래했다는 주장이다. 오랜 시간 일본의 평화운동은 핵무기의 피해를 세계에 알리는 것에 중점을 두었다. 1960년대부터 1970년대에 걸쳐서 아시아에 대한 가해 문제도 부상하면서 피해와 가해의 양 측면에서 원폭을 생각하려는 시도가 시민운동 안에서 나타났지만, 전후 50년이 지났어도 그런 인식이 일본에 정착되지는 못했다. 또한 히로시마·나가사키의 원폭 문제를 말할 때면 언제나 전쟁 체험의 풍화를 거론하면서 '두 번 다시 반복해서는 안 된다.'라는 논법이 사용되지만, 그때에도 원자력발전소 문제에 질문을 던지는 일은 거의 없었다.

1 미토코몬(黄門様)이 자신의 신분을 밝힐 때 꺼내는 도쿠가와 가문의 아오이(葵) 문양이 새겨진 인롱(印籠). 조선시대 암행어사의 마패와 비슷한 역할을 했다.-옮긴이 주

빈발하는 사고 - '몬주', 도카이무라 JCO 임계 사고

1995년은 한신아와지(阪神淡路) 대지진과 옴진리교 사건이 발생한 해로 기억되지만, 동시에 핵에너지 연구개발 체제를 흔드는 중요한 사고가 있었던 해이기도 하다. 12월, 고속증식로 '몬주'에서 냉각제인 나트륨이 누설되어 화재가 발생했다. 게다가 동력로·핵연료개발사업단(이하 동연)은 사고 현장의 비디오테이프에서 나트륨 누설의 증거 영상을 삭제했다. 이 은폐·조작 공작이 밝혀지면서 핵을 둘러싼 여러 사업과 그것을 운영하는 조직에 대한 신용은 실추되었고, 고속증식로의 개발 계획은 큰 타격을 입게 되었다.

『아사히 신문』의 여론조사 결과만 봐도 '몬주'의 사고를 계기로 원자력 연구개발체제에 대한 불신이 심각해졌음을 알 수 있다. "몬주를 중심으로 한 핵연료 재이용 계획을 앞으로 어떻게 하면 좋겠습니까?"라는 질문에 '일본은 에너지 자원이 부족하기 때문에 계획이 계속 진행되어야 한다'라고 답한 사람은 겨우 17%에 불과했다. 반면 "일본의 원자력발전소에서 큰 사고가 발생할 수 있다는 불안을 느끼십니까?"라는 질문에 '느낀다'라는 대답은 73%나 되었다. 이것은 체르노빌 원전 사고 이후의 조사 결과보다도 훨씬 높은 수치였다.

원자력발전소나 핵시설에 대한 불안과 그것을 운용하는 조직에 대한 불신은 원자력 정책 결정과정의 민주화를 촉진했다. 그중에서도 주목받은 것은 원자력위원회가 설치한 원자력정책원탁회의였다. 취지는 각계각층에서 참가자를 초청하여 출석자 간의 대화를 중심으로 한 회의를 개최하고 그 논의를 공개한다는 것이다. 이 원자력정책원탁회의는 1996년 한 해 동안 총 11회가 열렸지만, 최종적으로 '신新원탁회의 설치'와 '고속증식로 개발의 방향을 폭넓게 논의하는 장의 설치'라는 두 개의 사항을 제언하는 데 그쳤다. 공개적으로 논의한다는 원탁회의의 시도는 이후에도 이어졌지만, 그것이 원자력정책을 크게 바꾸지는 못했다. 하지만 원자력 연구개발에 비판적인 의견도 듣겠다는 자세를 어필하는 시도로서는 일정한 효과가 있었다.

그러나 이러한 노력으로 몬주 사고가 불러온 원자력 연구개발 체제에 대한 불신이 불식되지는 않았다. 오히려 불신은 더 깊어졌다. 몬주의 뒤를 이어 비슷한 사고가 연달아 발생했기 때문이다.

1997년 3월 11일, 이바라키현 도카이무라에서 사용이 끝난 핵연료가 담긴 드럼통에서 화재가 일어났다. 소화되었다고 생각되었는데 10시간 후에 다시 폭발이 발생한 것이다. 이것은 국제평가척도에서 당시 국내 최고인 레벨3(중대한 이상 현상)으로 평가되었다. 이를 계기로 동연은 해체 수준으로 개편되었고, 1998년 10월에 새로운 법인인 '핵연료사이클개발기구'가 발족되었다.

1990년대 원자력 관련 시설에서 일어난 사고는 여기에서 그치지 않았다. 1999년 9월에 이바라키현 도카이무라의 핵연료 가공정제 회사인 JOC 도카이 사무실에서 사고가 일어났다. 핵연료사이클개발 기구의 실험로 '조요'에서 사용할 우라늄 연료를 만드는 도중에 스테인리스 양동이 안에서 우라늄 용액이 임계에 도달하는, 그야말로 전무후무한 사고가 발생한 것이다. 그 결과 작업자 세 명이 피폭을 당하고, 그중 두 명이 사망했다(국제평가척도 레벨 4). JOC에서는 안전 규제에 기반한 정식 매뉴얼이 아니라 작업의 순서를 생략한 독자적인 매뉴얼을 작성해서 거기에 맞춰 작업을 수행하고 있었다. 임계 사고가 발생하자 JOC는 반경 500미터 이내의 주민에게 피난 권고를 내렸고, 반경 10킬로미터 이내의 주민에게는 실내 대피와 환기장치 정지라는 권고를 내렸다.

1999년 10월에 아사히 신문사가 실시한 여론조사에서는 원자력발전소 추진에 대한 '반대'가 42%로 '찬성'의 35%를 웃돌았다. 그러나 "앞으로 어떻게 하는 것이 좋을까?"라는 질문에는 '현상을 유지하는 정도로 둬야한다'가 전체의 반을 차지했다. 추진에는 반대하지만, 적극적으로 줄일 필요는 없다는 '현상 유지'의 태도가 선명히 나타나 있다. 이것은 체르노빌 원전 사고 후의 여론조사 결과와 매우 유사하다.

이러한 결과는 일본사회의 원자력 관련 시설에 관한 여론의 특징을 단적으로 보여준다. 사고가 일어나면 불안은 급상승하고, 신규 건설에 대해서도 대체로 비판적이다. 그러나 이미 가동하고 있는 원전의 안전성을 확인한 후에 가동을 계속한다는 의견이 다수를 차지한다. 불안이나 공포는 어느새 퇴색되고 '원자력발전소가 존재하는 일상'으로 스스로 돌아가는 것이다.

2000년대에 들어서도 원자력 관련 시설은 많은 사고를 겪었다. 1993년에 착공된 아오모리현 롯카쇼무라(六ヶ所村)의 재처리 공장은 사용이 끝난 핵연료를 저장하는 풀에서 발생한 누수와 작업자의 체내 피폭과 같은 사고를 겪고 나서 2014년 현재까지도 가동이 중지된 상태에 있다. 또한 롯카쇼무라의 재처리공장을 반대하는 운동으로 '스톱 롯카쇼' 캠페인이 있다. 뮤지션인 사카모토 류이치(坂本龍一, 1952-2023)가 중심이 되어 2006년부터 음악 활동을 통해 핵연료 사이클 계획에 의혹을 제기하는 운동을 전개했다.

이와 같이 1990년부터 2000년대에 걸쳐 일본사회는 원자력발전소와 원자력 시설의 사고를 반복적으로 경험했다. 그 결과 원전의 가동을 중지하는 등의 눈에 보이는 성과는 없었지만, 그래도 사람들이 어느 정도는 원자력발전소나 원자력 시설의 위험성을 의식하게 되었다. 그리고 이를 배경으로 대중문화에서도 원자력발전소 사고나 이후의 세계가 리얼하게 그려지게 되었다.

방사선 오염, 장애를 그린 전투 미소녀 이야기

그중 하나로 2001년에 방영된 텔레비전 애니메이션 <지구소녀 아르주나(地球少女アルジュナ)>(2001)가 있다. 여고생인 주인공은 오토바이 사고로 사망하는데 지구를 구한다는 조건으로 다시 살아난다. 그녀는 특수한 능력을 무기로 지구를 습격한 정체불명의 괴물들과 싸운다. 지구에 닥친 위기는 사실 이 괴물들이 일으킨다는 것이 이 애니메이션의 세계관이다. 괴물은 특수한 능력을 가진 인간에게만 보이고, 대부분의 사람에게 괴물의 소행은 단순한 화재처럼 보인다.

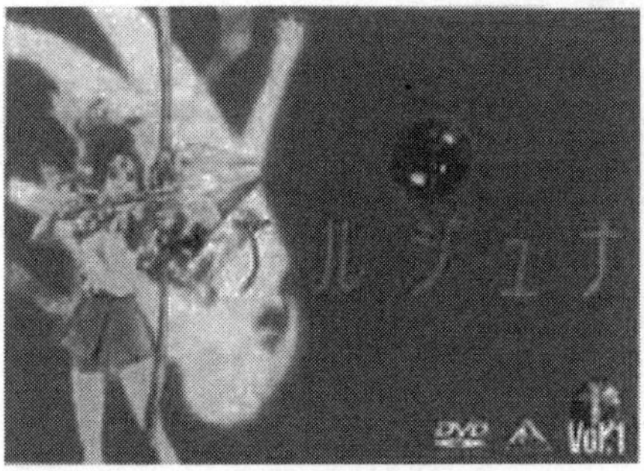

5-3 〈지구소녀 아르주나〉

이 작품은 1990년대 후반부터 유행한 '전투 미소녀'라는 장르를 계승하고 있다. 전투 미소녀란 『미소녀 전사 세일러 문』(『나카요시』, 1992-1997 게재, TV 애니메이션도 같은 기간)의 등장인물들처럼 세계를 구하기 위해서 싸우는 10대 소녀를 가리키는데, 1990년대 이후 대중문화 안에서 하나의 조류를 형성했다.

제1화와 제2화에서 괴물이 원자력발전소를 습격한다. 하지만 원자력발전소에서 일하는 직원들은 괴물을 볼 수 없는 까닭에 원자력발전소에 사고가 발생했다고 생각한다. 노심의 자동정지시스템이 작동하지 않아 방호복을 입은 직원이 원자로가 있는 건물 안으로 돌입하는 장면에는 '원자로는 리스크가 너무 커. 건설 비용이나 핵폐기물 보관까지 포함하면 거의 타산이 맞지 않아.'라며 원자력발전소의 필요성에 의문을 제기하는 직원의 모습도 나온다. 텔레비전 애니메이션 시리즈에서 제1화는 시청자가 그 방송을 계속 볼지 여부를 결정하는 척도가 되는 중요한 회차이다. 그런데 첫 회에서 원자력발전소가 습격당하는 이야기를 다뤘다는 것은 '몬주'나 JCO로 대표되는 원자력 관련 시설 사고에 대한 임팩트가 강했기 때문으로 짐작된다.

5-4
이노우에 도모노리, 『COPPELION』

전투 미소녀와 원자력발전소를 연결지은 만화로는 이노우에 도모노리(井上智徳)의 『COPPELION』(『영 매거진(ヤングマガジン)』, 2008년부터 연재 중)도 빼놓을 수 없다.

만화에서는 대지진의 여파로 도쿄의 '다이바 원자력발전소'에서 비상용 노심 냉각 장치가 고장나고 멜트다운이 일어난다. 방사성 물질이 유출되어 동일본은 파괴적인 피해를 입는다. 특히 피해가 심각했던 도쿄는 높은 방호벽으로 둘러싸이고 출입금지 구역으로 지정된다. 사고로부터 20년이 지난 후, 방사선으로 오염된 도쿄에 생존자 탐색 임무를 맡은 세 명의 여고생이 파견된다. 그녀들은 유전자 조작으로 태어난 인간인데 방사선에 대한 특수한 항체를 가졌다는 설정이다.

이야기의 설정에서 알 수 있는 것처럼 제복을 입은 소녀들이 '선택받은 자'로서 전투를 벌인다는 이야기는 전투 미소녀 장르의 패턴을 답습한 것이다. 또한 원전 사고 이후의 세계라는 발상은 1980년대에도 이미 있었다. 1980년대 후반에 나온 『AKIRA』와 『북두의 권』이 핵전쟁 이후의 세계를 무대로 설정하여 원전 사고에 대한 불안감을 표현했기 때문이다. 이렇게 보면 『COPPELION』이라는 작품은 그 이전의 대중문화의 설정을 조합해서 원전 사고로 인한 주변 지역의 오염과 방사선 장애를 리얼하게 그린 작품으로 평가할 수 있다.

야쿠자 만화 - 발견된 '사회병리'로

현실감 있는 이야기를 만들기 위해 원자력발전소를 도입한 점에서 보면, 덴노지 다이(天王寺大, 1955-) 원작, 와타나베 미치오(渡辺みちお, 1954-) 그림의 야쿠자 만화 『백룡 LEGEND - 원자력 마피아 편』도 여기에 포함할 수 있다. 『백룡 LEGEND』는 2011년 2월 4일 호의 「원자력 마피아 편」으로 시작되었다. 게재지인 『주간 만화 고라쿠(ゴラク)』는 성애, 폭력, 갬블 등을 테마로 한 만화로 인기를 얻어 판매부수 50만 부를 자랑하는 청년남성 대상의 만화잡지였다.

만화 속에서 '도토전력(東都電力)'은 지표 밑에 활성 단층이 있다는 것을 알면서도 '니노하네 원자력발전소'를 니가타현에 설치하고, 오히려 활성 단층의 존재를 지적하는 학자에게 압력을 가한다. 중심 내용은 주인공인 야쿠자가 돈과 정의를 위해 원자력발전소 추진에 얽힌 비리를 밝혀낸다는 이야기이다. 만화 속 '도토전력'과 '니노하네 원자력발전소'의 관계는 독자에게 도쿄전력과 가시와자키가리야(柏崎刈谷) 원자력발전소를 연상케 한다. 가시와자키가리야 원자력발전소는 2007년 7월의 니가타현 주에쓰 해역 지진이 발생했을 때 3호기에서 화재가 발생했고, 7호기에서 미량의 방사성 물질이 방출되었다.

이 「원자력 마피아 편」은 연재하던 중에 동일본대지진과 후쿠시마 원전 재해가 발생하면서 제7화로 게재가 중단되었지만, 2013년 8월부터 재개되어 완결되었다.

원작자인 덴노지 다이는 금융 만화 『미나미 제왕』으로 유명한 만화

5-5 덴노지 다이·와타나베 미치오, 『백룡 LEGEND』

가이다. 『백룡 LEGEND』도 『미나미 제왕』과 비슷한 이야기라고 해도 무방하다. 야쿠자가 돈을 위해서 거대 기업이나 조직의 은폐 작업을 폭로하고 결과적으로 약자를 구한다는 내용이다.

『백룡 LEGEND』는 주로 철도 회사나 부동산 회사, 영어 회화 교실이나 스모 교실 등의 시사 문제를 다루면서 기업의 유착구조나 부정, 조직의 병리를 겨냥한 이야기를 주로 다뤘다. 이와 같은 야쿠자 만화를 연재 형식으로 이어가기 위해서는 소재가 될 만한 '사회병리'가 필요하다. 그런 소재로 원자력발전소와 전력회사가 발견된 것이다.

이상에서 핵에너지의 '평화적 이용'에 주목했는데, 2000년대는 피폭 체험에 관한 의식도 전환기에 해당한다. 피폭을 직접 경험한 세대가 감소하고 피폭 체험도 풍화되면서 그 계승을 위기감과 함께 호소하게 된 것이다.

피폭 기억의 풍화 - 이상적인 계승 방법이란?

원폭과 관련한 대중문화 속에서 2000년대에 크게 화제가 된 것 중 하나로 『고요한 거리 벚꽃의 나라』(2004)가 있다. 이것은 히로시마에서 태어나고 자란 만화가 고노 후미요(こうの史代, 1968-)가 『만화 액션』에 발표했던 단편을 모은 것이다. 당시 『만화 액션』은 성인 남성이 주요 독자였고 판매부수는 약 20만 부인 잡지였다.

그녀는 책의 후기에서 자신이 피폭 2세도 아니고 친척 중에 피폭자도 없다고 말한다. "히로시마에서 자랐지만 가까이에 피폭자는 없었다. 그래서 나는 피폭을 그리지 않으려고 피해왔는지도 모른다."라고 말한다. 그것을 증명이라도 하듯이 책 말미의 참고 문헌에 다수의 원폭에 관한 서적을 올려놓고 있다. 즉, 고노는 자신의 개인적인 기억이 아니라 문헌이나 자료를 통해 얻은 지식을 재구성하는 방식으로 피폭을 이야기했다고 할 수 있다.

언젠가 멀지 않은 미래에 피폭 체험을 이야기할 수 있는 사람들이 이 사회에서 사라질 것이다. 그래서 여러 단체가 피폭자의 증언을 아카이브에 보관하기 시작했다. 이러한 시대에 비체험자는 원폭을 어떻게 이야기할 수 있을까? 이런 문제를 생각하는 데 있어서도 『고요한 거리 벚꽃의 나라』는 중요한 작품이다.

이 작품은 「고요한 거리」와 「벚꽃의 나라」라는 두 개의 파트로 구성되어 있다. 「고요한 거리」의 무대는 1955년 히로시마. 피폭자 여성 미나미의 연애와 죽음이 그려지고 있다. 여성 피폭자가 피폭의 후유증으로 죽는다는 이야기는 원폭을 다룬 대중문화의 정형인데, 그것이 2000년대에도 재생산되고 있는 것이다. 그러나 중요한 점은 후편에 해당하는 「벚꽃의 나라」이다.

「벚꽃의 나라」는 현대 도쿄의 교외가 무대이다. 미나미의 조카에 해당하는 나나미는 아버지의 행동을 이상하게 여겨서 미행하다가 결국 히로시마까지 오게 된다. 아버지는 옛날에 신세를 졌던 히로시마 사람들을 찾아다니고 있었다. 그런 아버지의 뒤를 쫓는 나나미는 고모인 미나미와 자신의 어머니(그녀도 피폭자이다)에 대한 이런저런 고민 끝에 피폭 2세라는 정체성을 스스로 선택한다. 여기에서 피폭의 이상적인 기억의 계승이 그려진다.

과민해진 미디어와 독자

5-6 고노 후미요, 『고요한 거리 벚꽃의 나라』

『고요한 거리 벚꽃의 나라』는 제8회 문화청 미디어 예술제 만화부문 대상, 제9화 데즈카 오사무 문화상 신생상을 수상하는 등 높은 평가를 받았다. 대표적인 평을 보자.

> 겨우 100쪽 분량이지만, '전쟁을 모르는 세대가 갖고 있는 전쟁의 그림자'를 훌륭하게 그려내고 있다. 부모로부터 자식 세대로 이어지는 바

람과 기억, 가치관을 둘러싼 세대 간의 미묘한 차이를 사랑스럽게 표현하고, 강한 메시지가 있지만 억지로 강요하지 않으면서 독자의 수용을 환기시키는 독특한 표현 방식에 감동했다.

-「시상 이유」, 2004년 문화청 미디어예술제 만화 부문

이 만화에 대한 평가는 전쟁이나 원폭을 그리면서도 그것을 '억지로 강요하지 않는' 표현에 주목하고 있다. 그렇다면 왜 '억지로 강요하지 않는다'고 평가되었을까? 이유는 여러 가지가 있겠지만, 그중 하나로 독특한 필치를 들 수 있다. 스크린톤을 사용하지 않고 전부 손으로 그리고 있어서 선이 따뜻함을 자아낸다. 하지만 역시 가장 큰 이유는 『맨발의 겐』처럼 잔혹한 묘사나 정치적 주장이 보이지 않았다는 점에 있다. 고노 후미요도 다음과 같이 말하고 있다.

『맨발의 겐』이라는 만화가 유명하지만, 이후 원폭을 다룬 만화는 매우 적습니다. 차별 표현에 대한 규제가 너무 강해지다 보니 만화가 스스로 이런 테마를 다루지 않게 되었기 때문이라고 생각합니다. 악평이나 항의를 받기 전에 자숙하는 듯한 그런 풍조가 오랫동안 지속되었습니다.

그래서 저는 가능한 한 그런 규제에 걸리지 않도록 만화를 자세히 읽어야만 의미를 알 수 있는 작품으로 만들려고 했습니다.

-『JM 매니지먼트 리뷰』, 2005년 12월 호

여기에 언급되고 있는 것처럼 『맨발의 겐』이 나온 1990년대와 『고요한 거리 벚꽃의 나라』가 출간된 2000년대는 창작 표현을 둘러싼 사회적 환경에 큰 차이가 있었다. 1990년대 이후 동화책이나 어린이를 대상으로 한 만화 등의 흑인 묘사가 비판받기 시작했는데, 그로 인해 『꼬마 검둥이 삼보(ちびくろサンボ)』 같은 동화책은 절판되었고 출하도 정지되었다. 소설 중에서는 1993년에 쓰쓰이 야스타카(筒井康隆, 1934-)

의 단편소설 「무인 경찰」이 고등학교 국어교과서에 게재될 때 작품 속 간질에 대한 묘사가 '차별적'이라는 지적을 받아 문제가 되기도 했다. 쓰쓰이는 이에 대한 항의로 '절필 선언'을 해서 화제가 되었다. 이와 같이 1990년대 이후 편견을 조장할 수 있는 표현에 미디어도 작가도 독자도 민감해져 있었다.

동일본대지진과 원전 재해

2011년 3월 11일 14시 46분에 진도 9.0의 대지진이 발생했다. 15시 35분에는 13미터의 쓰나미가 태평양 연안의 일본 동북 지역을 덮쳤고, 후쿠시마 제1원전은 모든 교류전원을 상실했다. 이튿날인 12일 오후에는 1호기의 원자로 건물에서 수소 폭발이 일어나고 2호기와 4호기가 연이어 폭발, 건물이 파괴되었다. 이로 인해 대량의 방사선과 방사성 물질이 발전소 밖으로 퍼져나갔다. 또한 원자로에 냉각수를 보내는 펌프가 정지되면서 핵연료가 압력 용기의 밑바닥으로 떨어졌다(멜트다운). 일부 핵연료가 압력 용기를 뚫고 나오는 사고도 있었다(멜트쓰루).

일본인들은 만화나 TV 프로그램, 영화 속에서 원자력발전소가 위기를 맞아도 그것은 어디까지나 공상의 세계에서 벌어지는 일이라고 생각했다. 해외에서 원전 사고가 일어나도 일본에서는 그런 일이 절대 일어나지 않을 거라고 굳게 믿어왔다. 아니, 믿었다기보다도 원자력발전소는 대부분의 사람에게 관심 밖의 일이었다. 자원이 적은 일본에는 필요하겠지. 세계에 기술과 근면의 나라로 알려진 일본에서 그런 사고가 일어날 리가 없다. 그런데 도대체 원자력발전소는 어디에 있는 걸까? '안전신화'란 이와 같은 무관심의 다른 이름이기도 하다. 그만큼 후쿠시마 제1원전의 전원 상실과 건물 폭발은 일본의 원자력발전소에

대한 '안전신화'를 완전히 무너뜨렸다. 후쿠시마 제1원전 사고 후 후쿠시마(福島)는 가타카나로 후쿠시마(フクシマ)[1]로 불리게 되고, 스리마일섬, 체르노빌에 이어 설계 당시의 예상 피해를 뛰어넘는 인류 최악의 세 번째 사고로 세계에 알려졌다.

이 재해는 발생 직후부터 큰 충격을 안겨주었다. 여기서 '직후'라는 말이 전제하는 시간적 간격은 며칠이 아닌 몇 시간, 몇 분 단위이다. 그것을 가능하게 한 것은 인터넷이었다. 게다가 거대 미디어 회사가 집중되어 있는 도쿄가 지진으로 피해를 입은 것도 있어 기존 미디어는 재해를 대대적으로 보도했고, 그 결과 많은 사람이 지진 피해와 원전 재해를 자신에게 닥친 위기로 받아들였다.

동일본대지진 발생 반년 후인 2011년 9월에 아사히 신문사가 실시한 여론조사에 따르면 원자력발전소를 단계적으로 줄여서 미래에는 가동 수를 제로로 만드는 것에 찬성하는 사람의 비율이 77%나 되었다. 또한 요미우리 신문사가 실시한 조사에서도 '원자력발전소를 줄여야 한다'와 '전부 폐기'라고 대답한 사람의 비율을 합치면 70%에 달했다. 심지어 같은 해 9월에 실시된 마이니치 신문사의 조사에서도 '위험성이 높은 것부터 운전을 정지시키고, 조금씩 숫자를 줄여간다'가 60%, '가능한 한 빨리 전부 정지시킨다'가 12%로 같은 결과가 나왔다.

신문사 조사 외에 2011년 10월에 NHK방송문화연구소에서 실시한 '원전과 에너지에 관한 의식조사'의 결과도 마찬가지의 경향을 보여주고 있다.

1 일본에서는 보통 외래어를 가타카나로 표기한다. 福島라는 한자의 지명이 가타카나 フクシマ로 표기되었다는 것은 후쿠시마가 일본 내 지역이라는 의미에서 벗어나 '원전 사고지'를 나타내는 하나의 고유명사가 되었다는 의미로 해석된다.-옮긴이 주

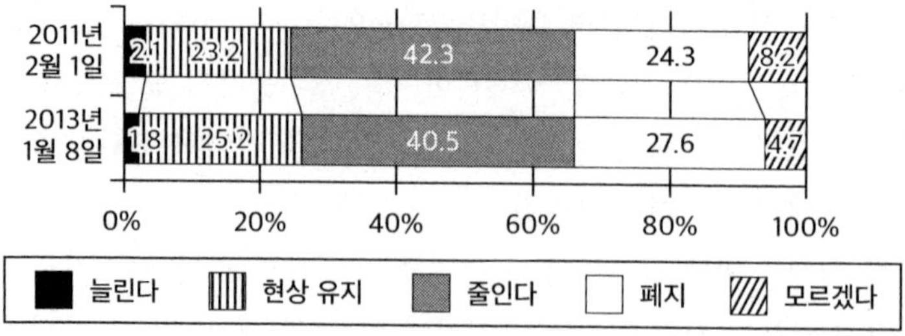

원전과 에너지에 관한 의식 조사, NHK방송 문화 연구소

해당 조사의 결과를 보면 '줄인다'가 42.3%, '전부 폐기'가 24.3%였다. 이른바 '탈원전'을 요구하는 목소리가 전체의 60%를 넘고 있다. 앞에서 확인한 바와 같이 체르노빌 원전 사고 후인 1988년에 실시한 같은 조사에서는 원자력발전소를 '줄인다'와 '멈춘다'는 의견을 전부 합쳐도 전체의 30%에도 미치지 못했다. 그것과 비교하면 후쿠시마 제1원전 사고가 사람들의 의식에 미친 영향의 크기를 가늠할 수 있다.

지금까지 원자력발전소에 관심을 두지 않고, 또는 관심을 둔다고 해도 자신과 상관없는 일처럼 생각하던 사람들이 이제 원전 재해를 자신들의 문제로 받아들이게 된 것이다. 그리고 그렇게 느낀 사람들은 각지에서 원자력발전소에 관해 의견을 표명하기 시작했다.

탈원전 운동의 고양

2011년 4월에 접어들자 원자력발전소에 대한 항의 운동이 일어나기 시작했다. 우선 주목하고 싶은 것은 도쿄·고엔지에서 진행된 '원전을 멈춰 데모(原発やめろデモ)'이다.

이 '원전을 멈춰 데모'를 주최한 것은 '아마추어의 반란(素人の乱)'이라는 네트워크였다. 아마추어의 반란은 2000년대 들어와 도쿄의 고엔지(高円寺)를 거점으로 형성된 자영업자 중심의 단체로서 반빈곤, 반신자유주의라는 사상적인 문맥 속에서 독특한 정치적 의사를 표명하는 활동을 전개했다. '아마추어의 반란'의 중심인물들은 대체로 1970년대 중반에 태어나서 90년대 장기불황과 취업빙하기를 경험한 소위 '로스트 제너레이션(잃어버린 세대)'에 해당한다.

그들은 체르노빌 사고 후 국내에서 대중문화와 반원전의 접합을 10대 때 경험하였고, 그런 의미에서 자신들한테 익숙한 문화를 통해서 항의 운동을 실천하는 방법을 선택했다고 볼 수 있다(『원자력발전소를 멈추는 사람들 - 3·11부터 관저 앞까지』).

이후 도시를 중심으로 일본 각지에서 데모가 활발해졌는데, 그중에서도 주목을 끄는 것은 '사운드 데모'라 불리는 형식이었다. '사운드 데모'란 과거처럼 데모 참가자가 보조를 맞춰서 걸으면서 구호 등을 외치는 것이 아니라, DJ가 음악을 틀고 축제와 같은 분위기 속에서 참가자들이 흥겹게 코스프레나 플래카드를 이용해 의사표시를 하는 형식의 데모이다. 이는 2001년 9월 11일에 일어난 세계동시다발테러부터 이라크전쟁까지의 시기에 미국에 협력하는 일본정부의 방침에 이의를 제기하는 데모에서 시작되었다.

'원전을 멈춰 데모' 외에도 지식인들이나 기존의 평화단체 등도 데모와 집회를 주최했다. 2011년 6월에는 오에 겐자부로 등의 호소로 '안녕! 원자력발전소 1,000만인 행동'이 발표되었다. 이 호소 운동으로부터 3개월이 지난 9월에 도쿄·메이지 공원에서 '안녕! 원자력발전소 5만인 집회'가 개최되어 6만 명의 시민이 운집했다.

10월에는 탈원전을 주장하는 여러 단체가 모여서 '수도권 반원전 연합'을 결성했고, 이듬해인 2012년 3월부터 총리 관저 앞에서 항의 활동을 개시했다. 이후 매주 금요일에 개최된 이 활동은 2012년 6월부터 7월에 걸쳐서는 주최 측 추산 20만 명이 모이는 큰 물결로 확산되었다.

대중문화도 원전 재해라는 충격을 적극적으로 작품에 반영했다. 체르노빌 원전 사고가 일본의 대중문화에 원전을 둘러싼 찬반의 대립을 가져왔다면, 동일본대지진과 원전 재해 이후의 대중문화는 찬반의 논의가 아니라 원전과 함께 살아온 자신들의 인식을 되묻고 미래의 전망을 여는 시각을 제기했다.

그날 이후의 만화들

만화가 시리아가리 고토부키(しりあがり寿, 1958-)는 2011년 3월 15일부터 신문의 네 컷 만화 『지구방위가의 사람들』(『아사히 신문』 석간, 2002년 4월-)에 지진 피해와 원전 재해를 그리기 시작했다.

신문에 게재된 네 컷 만화에는 예를 들어 『사자에상』이나 『고보짱(コボちゃん)』처럼 많은 사람이 위화감 없이 읽을 수 있도록 전형적인 가족의 일상을 유머러스하게 그린 것이 많다. 물론 시사 문제를 다루기도 하지만, 대체로 독자에게 '오늘도 평소와 다름없는 날이네.'라는 생각을 갖게 하는 기능이 있다.

자신들을 '지구방위가'라고 일컫는 가족을 중심에 둔 『지구방위가의 사람들』도 기본적으로는 같은 취지의 네 컷 신문만화였다. 그러나 이 만화는 지진 피해와 원전 재해 이후를 연일 다루었다. 여진의 불안이나 식재료의 결핍, 계획 정전, 그리고 그런 비일상 속에서 일상성을 회복하기 위해서 등장인물들이 입에 올리는 농담 등을 적극적으로 그리고 있다. 이 만화가 게재된 석간을 읽은 독자는 동일본에 거주하는 사람만이 아니다. 전국에 있는 사람들이 이 만화를 통해서 보도와는 다른 위상에서 비상사태의 일상을 유사 체험한 것이다.

『지구방위가의 사람들』이 네 컷 신문만화로서 이례적인 이유는 등장인물들이 실제로 도호쿠의 재해지를 방문해 그곳에서 자원봉사 활동에 참여한다는 점에도 있다. 4월 20일 신문에 게재된 회차에서 '지구방위가'의 사람들은 '명색이 지구방위가인데 이번 지진 때 아무것도 하지 않았다'라는 사실을 자각하고 구조를 위해 재해지로 향한다. 그날 이후 재해지로 향하는 과정과 자원봉사의 모습이 그려진다.

체르노빌과 후쿠시마를 연결해서 재해지의 상황에 대한 이해를 돕는 만화도 등장했다.

5-7 하기오 모토, 『나노 하나』

소녀만화의 대가인 하기오 모토(萩尾望都, 1949-)의 『나노 하나(なのはな)』(『월간 flowers』, 2011년 8월 호)는 후쿠시마 원전 재해를 경험한 가족을 그

리고 있다. 주인공은 쓰나미로 할머니를 잃은 초등학생 6학년인 '나호'이다. '나호'는 통학할 때 마스크를 써야 하고, 학교 교정은 사용금지, 교실에서는 매일 체르노빌의 오염에 대해 배우는 일상 속에서 몇 번이나 체르노빌에 관한 꿈을 꾼다. 꿈에는 체르노빌에서 농사를 짓고 있는 할머니와 인형을 가지고 있는 소녀가 나온다. 어느 날 할머니 친구의 방문을 계기로 '나호'는 꿈의 의미를 알게 된다. 할머니의 친구는 간호사로 1990년대에 아이들의 치료를 위해 우크라이나의 병원을 방문한 적이 있다. 할머니는 손수 만든 인형을 친구에게 주면서 그녀 나름의 방식으로 체르노빌의 피해자에게 응원을 보낸 것이다. '나호'는 할머니의 친구와 이야기를 나누다가 체르노빌의 오염지역에서 해바라기나 호밀, 유채꽃과 같은 식물이 자라고 있다는 것을 알게 된다. 마지막 꿈에서 '나호'는 원자력발전소 같은 건물이 바라다보이는 유채꽃밭에서 체르노빌의 소녀와 재회하고, 두 사람은 서로에게 마음을 연다.

지진 이후의 '유대'와 분단

지진 피해와 원전 재해 후 일본에서는 '힘내라 일본(頑張ろうニッポン)'이나 '유대(絆)'라는 말이 빈번하게 미디어에 등장하고 사람들의 입에 오르내렸다. 일본에서 '絆'라는 한자는 친밀한 관계성을 가진 인연의 끈을 의미하는데, 지진 피해 후 재해지에 대한 배려를 촉구할 때 자주 사용되었다. '힘내라 일본'이라는 응원의 말도 마찬가지 기능을 했다.

지진 피해와 원전 재해의 충격은 일부 사람들에게 위축감을 안겨주었다. 사람들은 일종의 자기방어처럼 자신도 모르는 사이에 소극적인 태도를 취했던 것 같다. 말 그대로 자신을 지탱했던 기반이 흔들리고 존재의 불안에 직면하자, 그것을 견디지 못하고 가장 확실한 뿌리인 '일본'에 지푸라기라도 잡는 심정으로 매달린 것처럼 보인다.

하지만 지진 피해와 원전 재해가 과도하게 연대를 호소하지 않으면 안 될 정도로 과거부터 지속된 일본의 분단을 가속화시켰다는 측면도 간과해서는 안 된다.

그런 사례를 여기서 전부 소개할 여유는 없다. 다만 재해지와의 물리적 거리에 따른 의식의 격차에 관한 문제라면, 재해지의 잔해를 수용하기로 결정한 지자체 주민이 불안을 호소하며 지자체의 결정에 반대한 경우나 교토의 '고잔노 오쿠리비[1]'에서 사용될 예정이었던 소나무가 재해지에서 왔다는 이유로 사용이 거부당한 일 등을 들 수 있다. 또한 재해지라고 불리는 지역 내부에도 수많은 분단선이 있었다. 피해의 많고 적음에 따라 의식의 차이가 있었고, 방사선 오염의 영향을 어떻게 평가해야 할지, 대피할지 말지, 그곳에서 아이를 키워야할지 말지를 둘러싸고 사람들의 의견이 분분했던 것은 분단되어 있던 재해지 내부의 상황을 잘 보여준다.

5-8 『맛의 달인』

원전 재해를 둘러싼 사회의 분단은 만화에서도 반복적으로 표현되었다. 논의를 촉발시킨 것은 '먹방 만화'의 대표적인 작품 『맛의 달인(美味しんぼ)』(『빅코믹스프리트』, 1983-)이었다. 『빅코믹스프리트』 2014년 5월 12일·19일 통합 호에 게재된 「후쿠시마의 진실 편」에서는 후쿠시마 제1원전을 방문한 주인공이 코피를 흘리는 장면이 나온다. 게다가 실재하는 인물이 실명으로 등장해 원전 사고 이후에 코피를 흘리는 사람이 늘어났다고 말한다. 또한 오염 제거 작업이 끝나도 후쿠시마에서 살 수 없다고 생각하는 연구자의 발언도 소개되고 있다. 이러한 것에 대해서 '잘 다뤘다'라는 목소리가

1 五山の送り火. 교토에서 매년 8월 16일 밤 장작에 불을 붙여 쓴 큰 글씨를 조망하는 행사. -옮긴이 주

있는 반면, 정부 인사들은 '풍평피해를 부추기는 일이 있어서는 안 된다.'라고 발언했고, 후쿠시마현도 '사람들을 불안하게 하고 곤혹스럽게 한다.'라는 성명을 내놓았다.

이와 같은 사태는 과거 비키니섬 사건을 받아들였던 방법과는 대조적이다. 1954년의 비키니섬 사건 후로 피폭된 선원들한테 국민들의 관심이 쏟아지고, 미디어는 연일 방사성 낙하물의 위험성을 보도했다. 그러나 그 후 약 60년이 흘러 후쿠시마 제1원전 사고를 경험한 일본사회에서는 '당장 영향은 없을 것'이라는 피폭에 대한 정부의 견해를 답습하는 듯한 보도가 대부분이다. 『맛의 달인』을 둘러싼 문제는 보도 대상에 대한 배려가 요구되고 오해를 낳을 법한 논쟁적 요소가 배제되기 쉬운 현대의 정보 환경과도 관계가 있다. 여기에 사고 피해를 축소하고 싶어하는 정치적인 의도가 작용해서 만화에 대한 비난이 생겨났다는 점도 덧붙일 수 있다. 어쨌든 원전 재해로부터 3년이 지난 2014년에도 방사선으로 인한 환경 피해나 건강 피해를 어떻게 평가해야 할지를 둘러싸고 여론은 둘로 나뉘어 있다.

이와 같은 원전 재해 후 일본사회의 분단에 초점을 맞춘 영화로 소노 시온(園子温, 1961-)의 <희망의 나라>(2012년 10월)를 들 수 있다.

'희망'은 어디에 있을까?

5-9 소노 시온, 〈희망의 나라〉

영화 <희망의 나라>의 무대는 '나가시마현'으로 가공의 지역이다. 히로시마, 나가사키, 후쿠시마를 조합해서 '나가시마'라는 이름을 붙인 것이다. 이 '나가시마현'에는 원자력발전소가 입지해 있다. 영화는 후쿠시마 원전 재해로부터 몇 년이 지난 후에 다시 한 번 대지진이 '나가시마현'을 덮쳐서 원폭 사고가 일어났다는 설정이다. 영화는 원전 재해라는 상황 속에서 살아가는 사람들의 모습을 한 가족과 젊은 연인들에 초점을 맞춰서 그리고 있다.

영화 속에서는 원전 사고가 발생한 후에 원자력발전소로부터 반경 20킬로미터 권내가 경계 구역으로 지정되어 출입이 금지된다. 주인공 가족이 사는 곳은 딱 20킬로미터 경계선이었고, 집은 권외, 정원은 권내로 지정되었다. 방호복을 입은 직원들에 의해 주인공들의 정원에 못이 박히고 출입금지를 표시하는 노란색 테이프의 경계선이 쳐진다. 지진 피해로 인한 분단을 상징적으로 보여주는 장면이다.

가족 중 노부부는 지금까지 살던 곳에 남아있기로 결정하고, 아들 부부에게는 만일의 경우를 생각해서 대피하라고 설득한다. 아들 부부는 처음에는 대피를 거부했지만, 부모의 강한 설득으로 대피를 결정한다.

마을을 떠난 아들 부부의 생활은 순조롭지 않다. 두 사람은 아파트를 빌려서 생활을 시작했는데, 임신한 아내는 병원에서 다른 임산부가 '내 젖에서 세슘이 나왔어.'라고 말하는 것을 듣고 방사선에 대해 극도의 두려움을 갖게 된다. 그래서 아내는 방안에서도 방호복을 입고, 방사선 측정기를 손에서 놓지 않고, 병원이나 마트에 갈 때도 방호복을 벗으려고 하지 않는다. 방사선은 눈에 보이지 않고 절대로 안전하다는 선량의 기준도 없는 까닭에, 아내는 안전을 추구할수록 상식의 기준을 점점 벗어나게 된다. 아내는 일종의 '공포증' 상태에 빠진 것이다.

그런 아내의 모습이 지역사회에서 소문으로 퍼져갔다. 겉으로는 지진 피해 전의 일상으로 돌아간 것처럼 살아가는 지역 사람들에게 방사선 오염을 과도하게 두려워하는 아내의 모습은 차별과 조소의 대상이 된다. 남편의 건설업 동료들도 아내를 비웃고, 심지어 그렇게 싫다면 이 마을을 떠나라는 말까지 한다. 한편 치매인 어머니와 함께 집에 남은 아버지는 자신들의 집마저 피난 구역에 포함되자 기르던 소를 죽인 후 아내와 함께 자살한다.

이와 같이 분단이 강조된 <희망의 나라>에서 특히 중요한 장면이 있다. 한 쌍의 중요 등장인물인 '요코'와 '미쓰루'라는 두 사람의 젊은이가 경험하는 에피소드다. '요코'의 집은 쓰나미에 휩쓸려 출입금지 구역으로 지정되었다. 추억의 물건이 남아있지 않을까, 자신이 살던 곳이 어떻게 되었을까라는 궁금증을 안고 '요코'와 '미쓰루'는 과거 '요코'의 집이 있던 장소에 발을 디딘다. 눈으로 뒤덮인 땅에는 인간이 생활했던 흔적은 거의 남아있지 않았다. 멍하게 주변을 배회하는 두 사람은 그곳에서 두 명의 어린아이를 만난다.

그중 한 명은 어렸을 때 들었던 비틀즈의 레코드를 찾고 있다고 말한다. '요코'와 '미쓰루'는 아이들이 '어렸을 적'이라고 말하는 것과 비틀즈의 레코드를 언급하는 것에 이상함을 느낀다. 그들이 현실의 존재가 아닐지도 모른다고 생각한다. 다소 당황하면서도 '요코'는 찾는 것을 도와주자고 말하고, 아이들의 눈을 의식해서인지 살짝 까불대면서 '한 발짝, 두 발짝, 세 발짝'하며 점프하듯이 걷는다. 그러자 아이들 중 하나가 '그렇게 걷는 건 오만한 거예요. 앞으로 일본인은 한 발씩, 한 발씩 걸어갈 거예요.'라고 말한다. 성장과 진보를 연상케 하는 점점 커지는 숫자들의 배열은 '오만하'며, 글자 그대로 숫자는 하나씩 하나씩 확실하게 세야 한다는 메시지가 이상한 아이들의 입을 통해 제시됨으로써 강한 환기력과 함께 영화에 의미를 더하고 있다. '한 발씩, 한 발씩'이라는 말은 영화의 마지막에서 반복되고 있다. 다른 등장인물들이 '한 발, 한 발'이라고 말하면서 온화한 표정으로 걷는 장면이 이 영화의 라스트신이다.

탈성장이라는 '정의'와 수용하지 못하는 현실

오만하지 않은 착실한 걸음. 이런 인식은 지진 피해 후 많지는 않지만 여러 곳에서 언급되었다. 예를 들어 문예평론가인 가토 노리히로(加藤典洋, 1948-)는 다음과 같이 말한다.

> 일본은 지금까지 구미의 서양 나라들과 '따라잡거나 따라잡히는' 방식으로 발전해왔는데, 더 이상 '따라잡거나 잡히는' 방식, '캐치업(catch-up)에서 프런트 런너(front runner)로'는 안 된다. '따라잡았다면 추월하지 않는다.' 따라잡으면 더는 달리지 않고 같이 나란히 걷는다. 그게 좋다고 생각한다. '성장'을 더욱 성장시키는 것에서 벗어나는 것(outgrowing the growth).
>
> -『3.11—죽은 신에게 내팽개쳐지다』

경제성장을 전제로 한 사고방식은 원자력발전소를 필요로 하는 사고방식이기도 하다. 정계와 재계, 그것을 지지하는 사람들이 '일류국'이라는 환상을 고집한다면 하루라도 빨리 원자력발전소를 가동시켜서 경제적인 타격을 조금이라도 줄이려고 노력할 것이다. 어쩌면 잠재적인 핵무기 보유국으로서 원자력발전소와 핵연료 사이클을 유지하려고 할지도 모른다. 이제 와서 어떻게 원자력발전소를 멈추겠냐고 말하며 밀린 대금을 갚지 않고 단기적인 이익만을 얻으려고 한다. 이런 주장들을 견제한다는 의미에서 경제성장을 추구하는 태도를 경계하자는 의견은 정곡을 찌르는 측면이 있다.

그러나 재해 이전까지 불안정한 노동과 빈곤이 사회문제로 존재했다는 사실을 잊어서는 안 된다. 성장은 비록 낭비적인 측면이 있기는 하지만, '조금 더 좋은 생활', '조금 더 쾌적한 생활'을 하고 싶다는 누구나 갖고 있는 절실한 바람에 뿌리를 두고 있다. 그런 점에서 성장의 환상에 매달리고 싶다는 절실함을 다른 방향으로 돌리기란 쉬운 일이 아니다.

2014년 도쿄도지사 선거에서 전 총리였던 호소가와 모리히로(細川護熙, 1938-)는 원자력발전소 '제로'를 내걸고 고이즈미 준이치로(小泉純一郎, 1942-) 전 총리와 연대했지만, 득표수는 3위에 그쳤다. 그런 결과는 탈성장을 받아들이지 못하는 현대사회의 심성과 무관하지 않았을 것이다. 탈성장 논의는 아마도 '올바른' 것이겠지만, 그런 '정의'가 반드시 지지받지 않는 것이 현대 일본사회의 모습이다.

한편, 탈원전에 대한 여론은 여전히 뿌리가 깊어서, 2014년 3월 아사히 신문사가 실시한 여론조사에서 원자력발전소 재가동 '반대'가 59%를 차지했다. 그러나 국가와 지자체가 이러한 여론과 정반대의 방향으로 나아가는 것을 막을 수는 없다. 여당의 안정을 원하는 것은 다른 누구도 아닌 유권자라는 씁쓸한 인식을 인정할 필요가 있을 것이다.

원전이 있는 일상으로의 복귀

일본은 다시 원자력발전소가 있는 풍경으로 돌아가려 하고 있다. 원전을 새로 설치하지 않는 한, 지금 있는 원전은 몇 년 후에는 폐로 작업에 들어가기 때문에, 사실상 지금도 탈원전의 과정에 있다고 볼 수도 있다. 하지만 2014년 2월에 발표된 「에너지기본계획정부안」을 보면, 그런 이해가 과연 타당한 것인지 자문하지 않을 수 없다.

「에너지기본계획정부안」은 선순환으로 들어서고 있는 경제와 2020년 도쿄 올림픽·패럴림픽을 염두에 두고 그것을 지원하기 위해서는 안정된 에너지 수급 구조가 필요하다고 주장하고 있다. 게다가 정책의 방향성으로 신중한 유보를 언급하면서도 "원자력규제위원회가 세계에서 가장 엄격한 수준의 규제 기준에 적합하다고 인정한다면, 그 판단을 존중해 원자력발전소의 재가동을 추진한다."라고 분명하게 적시하고 있다. 그리고 이런 정부안에 호응하듯이 2014년 7월의 가고시마현 가와우치 원자력발전소는 원전 사고 이후에 만들어진 안전 기준을 충족하고 있다는 안전 심사의 결과를 계기로 재가동 쪽으로 움직이고 있다. 아사히 신문사가 같은 해 7월 말에 실시한 여론조사에서는 3월에 실시한 원자력발전소의 전반적인 재가동을 묻는 여론조사 때와 마찬가지로 반대가 59%에 달했음에도 정·재계와 지자체의 주류파는 재가동을 밀어부치고 있다.

여기에 작용하고 있는 것은 후쿠시마의 원전 사고를 경험했기 때문에 오히려 원자력발전소를 안전하게 운용할 수 있다는 논리이다. 그것을 반대하는 측은 후쿠시마의 원전 사고를 경험했기 때문에 오히려 원자력발전소에서 손을 떼야 한다고 주장한다. 이 지점에서 어떤 유사점을 눈치챌 수 있을 것이다.

과거에는 일본이 피폭국이었기 때문에 원자력발전소를 추진해야 한다는 주장이 있었다. 그와 반대로 피폭국이기 때문에 원자력발전소에서 손을 떼야 한다는 주장도 있었다. 또한 피폭국이니까 핵무장을 하자는 주장도 있었고, 피폭국이니까 핵무기의 폐기를 호소하는 주장도 있다. 둘은 평행선을 걸어왔다. 그리고 이러한 대립은 결론을 내리지 못한 상태에서 논의가 끝나버렸고, 정신을 차려보니 원자력발전소가 여전히 건재한 일상으로 돌아와 있다. 현재 원자력발전소가 필요하다고 생각하는 쪽과 필요없다고 생각하는 쪽 모두가 지금까지 해왔던 대로 같은 주장을 반복할 가능성이 높다. 서로 다른 의견이 계속 대치하는 상태는 달리 보면 안정 상태라고도 할 수 있다. 그런 위태로운 안정 속에서 관심은 점점 줄어든다. 그런 의미에서 원자력발전소의 '안전신화'도 '핵우산' 아래서의 평화도 무관심의 다른 이름이다.

글을 마치며 – 변함없는 양면적 태도

소설가 이케자와 나쓰키(池澤夏樹, 1945-)는 세계의 끝을 논한 평론집 『즐거운 종말(楽しい終末)』(1993)에서 핵에너지와 에이즈, 지구 환경오염 등을 거론하며 '우리는 실로 다양한 종말론에 둘러싸여 그것을 호흡하고, 분명하게 말하지만 그것을 즐기고 있다.'라고 쓰고 있다.

이 책에서는 핵을 다룬 여론조사와 대중문화, 여러 다양한 담론 등을 통해 전후 일본의 의식을 되짚어 봤는데, 이케자와가 말한 것처럼 사람들은 핵에너지의 파괴력과 방사선의 영향을 두려워하면서도 동시에 그것을 즐기고 있었다.

두려워하면서 즐긴다는 정신적 상태는 다른 동물에서는 찾아볼 수 없다는 의미에서 극히 인간적이라고 할 수 있는데, 이 책을 마무리하는 시점에서는 인간의 본질적인 측면이 아니라 현상적인 측면에 주목하고 싶다. 일본인이 취했던 핵에 관한 양면적인 태도의 다양성을 다시 한 번 정리해두고자 한다.

예를 들어 핵의 '군사적 이용'을 부정하고 '평화적 이용'을 긍정한다는 양면성이 있다. 이것은 1950년대에 정착해서 '고질라'와 '아톰' 같은 전후 일본을 대표하는 대중문화와 함께 익숙한 대상으로 간주되었다는 사실이 상징적으로 보여준다.

또한 원폭에 관해서는 히로시마·나가사키의 사망자를 애도하고 핵무기와 핵보유국을 증오하면서도 일본이 '핵우산' 아래에 있다면 핵무기의 표적이 되는 일은 없을 것이라는 근거 없는 낙관에 빠져 있었다는 양면성이 있었다.

나아가 원전에 관해서도 양면적 태도가 공유되고 있었다. 원전과 원자력 관련 시설의 사고 등을 경험하고 그것들이 위험하다는 것을 알면서도, 이미 가동하고 있는 원전에 관해서는 그 존재를 용인했다. 이것은 원전이 가동되기 시작한 1970년대 이후 서서히 정착되었다. 예를 들어 1970년대에 다수 제작된 특촬 TV 프로그램에서는 정체불명의 인물들과 악의 조직이 원전을 노리지만, 결국 위기는 회피되거나 설사 원전이 파괴되어도 방사성 물질이 확산되는 사태는 그려지지 않았다. 이때 특촬 TV 프로그램이 제시했던 것은 '뭔가 문제가 있다면 위험하지만 그런 일은 결코 일어나지 않는다.', '설사 문제가 있어도 결코 치명적인 사태로 발전하지 않을 것이다.'라는 인식이었다. 게다가 핵무기 폐지를 위해 노력하면서도 핵연료 사이클 계획을 단념하지 않고 플루토늄을 축적했다는 것도 양면성이라고 할 수 있다.

여기에 언급한 핵에 관한 여러 양면적 태도는 어느 한 쪽이 '진심(혼네, 本音)'이고 다른 쪽이 그저 표면상의 '방침(다테마에, 建前)'과 같은 관계가 아니다. 또한 양면적인 태도가 나쁘다고 말하고 싶은 것도 아니다. 다양한 가치관을 존중하는 나름 성숙된 현대사회에서 국민적 합의와 통일된 견해의 형성은 결코 쉬운 일이 아니다. 장점이 곧 단점이라는 말이 있는데, 그런 사회에서는 핵무기와 원전에 관해 다양한 의견을 끈질기게 숙고할 가능성이 있는 반면, 찬성과 반대가 고정화될 수도 있다. 현재의 상태를 보면 앞서 말한 양면적 태도는 때로 대립하고 때로 협력하면서 통합되는 일 없이 여전히 지속되고 있다.

그렇다면 이런 양면적 인식이 서로 충돌하면서도 결과적으로 온존

되어 왔다는 것을 어떻게 이해하면 좋을까?

사회적 여파가 큰 사건을 기점으로 놓고 그 이전과 이후로 시간을 나누는 사고법에서 하나의 요인을 찾을 수 있다. 자신의 주장을 전개할 때 그런 기점을 거론하며 그것이 있으니까 이런저런 행동을 취해야 한다고 호소하는 방법이다.

이 책의 문맥에서 말하면, 히로시마·나가사키의 경험에 주목해 핵의 폐지가 주장되는 한편, 같은 경험에 근거해 핵무장을 주장할 수도 있다. 피폭을 경험했으니까 원전은 필요없다는 주장이 나오는가 하면, 피폭의 경험을 살려서 원전을 안전하게 사용할 수 있음을 보여주자는 주장도 나온다. 이것은 히로시마·나가사키의 경험만이 아니다. 원전 재해에 관해서도 마찬가지이다. 원전 재해를 경험한 일본의 안전 기준은 세계 최고의 수준이며, 원전 재해를 경험했기 때문에 원전을 안전하게 가동할 수 있다는 논리이다.

그런데 이런 식의 논법은 고통에 뿌리를 두고 있어 공감을 얻기 쉽고 나아가 지지자를 얻는 데도 도움이 되지만, 같은 사건을 근거로 전혀 다른 주장이 나올 경우 감정적인 대립으로 치닫거나 사상과 신조가 다르니까 방법이 없다는 체념을 낳기도 쉽다. 그리고 이 논법은 눈앞에서 진행되고 있는 미증유의 사태에 직면한 개인에게 생각할 여유를 허용하지 않고 태도의 결정을 종용하는 측면도 있다.

그리고 이렇게 고정된 대립에 시간의 흐름이 더해지면, 생생한 고통의 감각은 기억이 되고 어느새 망각된다. 고통의 감각은 무뎌지고 대립은 더욱 심화된다. 대립이라는 이름의 균형 안에서는 사람들은 고통에 익숙해지고 그것을 즐기기조차 한다. 다른 한편 고통의 감각을 유지하는 사람들은 피해를 받으면서도 그것을 인내한다. 이렇게 해서 핵무기는 여전히 세계를 뒤덮고 있고, 일본인의 의식은 매년 8월에 잠시 반핵의 의지를 확인할 뿐이다. 이렇게 해서 일본은 원전대국으로 올라섰던 것이다. 이것이 과거 일본인의 핵에 대한 의식이다.

이런 의식에 변화가 없는 상태에서 과거의 경험을 반복적으로 언급하며 원전에 관한 시나리오를 쓰는 것은 어렵지 않다. 원전 사고의 피해자는 고통에 대한 인내를 강요당하고, 원전 입지지역은 원전에 의지하며 그 외의 지역은 원전을 용인한다. 그런 용인은 곧 무관심으로 변한다. 원전을 둘러싼 추진파와 반대파가 안정된 대립 구조를 낳고 인내와 무관심이 결합된 기묘한 비정함 속에서 사람들은 매년 3월에 원전 재해를 반복하지 말자고 맹세할 것이다. 그리고 원전은 사람의 시선이 미치지 않는 장소에서 '안전'하게 계속 가동될 것이다.

이런 곤란한 상황에서 벗어나는 것이 과연 가능할까? 21세기 전반의 일본사회는 기로에 서 있다.

저자 후기

이 책을 쓰게 된 계기로 거슬러가면 오에 겐자부로에 이른다. 오에의 소설과 평론을 읽으면 작품과 그것을 읽는 자신과의 긴장관계 속에 여러 사회문제가 개입해 들어옴을 느낀다. 한 인간의 문학과 사상에 관한 이해가 심화되면, 거기서 세계 전체를 조망할 수 있는 넓은 시야에 도달하는지도 모르겠다. 그렇게 생각하며 오에의 작품을 읽어가는 가운데 절망적인 체념과 그것을 넘어서려는 희망적이라 말할 수 있는 강한 의지를 느끼게 되었다. 그리고 그 원인의 하나로 히로시마 원폭의 문제가 있음을 깨닫게 되었고, 나아가 원폭에 그치지 않고 핵에너지와 인류의 관계를 파악하려는 시점을 알게 되었다.

그래서 필자는 당초의 질문을 변경했다. 히로시마와 나가사키에 투하된 원자폭탄이 전후 일본의 사상과 문화에 어떤 영향을 미쳤는가라는 커다란 질문을 던졌다. 그 이후 원폭에 관한 여러 책에 손을 대면서 원폭과 원전을 연결하는 담론을 접하게 되었다. 같은 핵분열에서 나온 에너지인데 무기로 사용하면 부정하고 발전용 동력원으로 사용하면 찬양한다. 양자를 구별할 수 있다는 것은 과연 근거가 있는 합리적인 사고인가? 방사선 문제를 어떻게 생각할 것인가? 우리가 죽은 이후에도 남아 있을 방사성 폐기물의 문제는?

그리고 깨달은 것은 인류는 이런 질문을 도마 위에 올려놓은 채 핵무기를 개발하고 사용하면서 그 수를 늘려왔다는 점이다. 원전에 관해서도 마찬가지이다. 핵에너지 연구개발의 초기부터 그런 문제들은 어떻게든 해결될 거라는 무책임한 감정이 만연했다고 생각하지는 않는다. 그러나 현실에 핵무기의 수가 늘어나고 원전의 수가 늘어가는 가운데 핵무기와 원전은 당연하며 그것이 질서를 형성하고 있다고 생각하게 되었다. 사고가 일어나도 그것이 없는 질서를 구상할 수 없을 정도로 그 존재를 자명한 것으로 바라보았다. 그렇게 말할 수 있는 이유는 필자 자신이 그랬기 때문이다. 세상 물정을 알게 되면서 핵무기와 원전 문제를 언급할 기회는 있었지만, 결국 본격적으로 관심을 쏟게 된 것은 오에 겐자부로를 체계적으로 읽기 시작한 지난 10년 동안의 일이다. 그때까지는 정신적으로도 물리적으로도 핵은 먼 곳에 있었다. 대량의 핵무기와 원전은 자신과는 관계가 없는 것으로 생각하고 있었다.

그럼 도대체 왜 필자를 포함해 많은 사람은 핵에너지를 자신과는 관계가 없는 것으로 생각한 것일까? 이 질문을 염두에 두고 이 책을 집필했다. 거기에서 도출된 것은 핵에너지를 말하는 틀이 변화했다는 사실이다.

전후 초기 핵에너지는 인류나 문명과 같은 커다란 틀 안에서 거론되었다. 히로시마·나가사키에서 드러난 원폭의 파괴력과 반복되는 원수폭 실험은 인류의 미래를 비관하게 만들었다. 다른 한편 아직은 실현되지 못한 '평화적 이용'은 번영의 상징, 문명의 구세주로 간주되었다. 그러나 다행스럽게도 핵전쟁은 발발하지 않았고 핵무기 제한에 관한 국제 규약도 진전되었기 때문에 핵무기에 대한 상상력은 마모되었고 '군사적 이용'은 서서히 히로시마·나가사키라는 일본 내부의 특정 지역의 문제로 의식하게 되었다. 즉 핵에너지를 말하는 틀은 전후 지속적으로 축소되는 경향이 있었다. 국가가 그것을 원했고 대부분의 사람도 그것을 따랐다.

그러나 2011년의 동일본대지진과 원전 재해 이후 일본에 사는 사람들은 원전에 관한 말하기 방식을 특정 지역과 전문가 집단의 문제에서 일본 전체의 문제로 확장하기 시작했다. 앞으로는 그것을 일본에서 인류와 문명이라는 범위로 넓혀가면서 동시에 지역의 문제로도 이야기해야 할 것이다. 인류와 문명을 생각한다는 것은 너무 커서 힘에 부칠지도 모른다. 지역의 문제로 이야기하는 것은 다른 지역에 사는 사람들에게는 어려울지도 모른다. 그러나 역사에서 배울 점은 거기에 있다. 태만하면 원자력 시설은 다시 재해를 일으킬 것이다. '군사적 이용'에 관해서도 마찬가지가 아닐까?

1960년까지 핵에 관한 의식은 이전 저서에서 다루었는데, 집필을 마치고 나서 바로 현대까지 조망할 필요를 통감했다. 그 이전에도 1960년대 이후의 핵에너지를 둘러싼 담론을 모아두었기 때문에 나름대로 감은 있었지만, 현대로 올수록 거리를 두면서 자료를 읽고 기술하는 것에 어려움을 느꼈다. 이 책이 과거의 흔적에 머물지 않고 현대적인 의미가 있기를 바라지만 과연 어떨지 궁금하다.

조사하지 못했던 것, 쓰지 못했던 것도 많다.

잘 알려진 것처럼 피폭被爆과 피폭被曝은 비단 일본만의 문제가 아니다. 제목을 일본인으로 한 것은 어디까지는 필자가 조사할 수 있는 범위를 가리키는 것에 지나지 않는다. 또한 처음에는 피폭자운동과 문학작품도 이 책에 포함시킬 예정이었지만, 역량 부족으로 실현시키지 못했다. 앞으로 핵의 문제를 축으로 폭넓게 문화와 사상과 마주하면서 전후 일본을 다시 사고하는 작업을 계속해 가고 싶다.

이 책이 나오는 네 정말로 많은 분의 도움을 받았다. 집필이 난항에 빠졌을 때 도움을 주셨던 분들을 떠올리고 모두 각자의 자리에서 각자의 과제에 몰두하는 모습을 상상하며 마음을 다잡았다.

기획 단계에는 스기모도 요시히코 선생님, 후쿠마 요시아키 선생님, 가와구치 다카유키 선생님, 사카구치 히로시 씨가 도움을 주었다. 구상 단계에서는 여러 연구회가 보고할 기회를 제공해 주었다. 교토대학 현대사 연구회, 원폭문학연구회, 전쟁사회학연구회, 그 외 여러 장소에서 귀중한 의견을 얻을 수 있었다. 또한 초고 단계에서는 야마구치 마코토 선생님, 사이키 다카시 선생님, 사카 겐타 씨, 모리시카 히로시 씨로부터 귀중한 코멘트를 받았다. 비판에 대해서 제대로 대응하지 못한 적도 있었는데 이 책으로 대신하고 싶다.

자료조사에는 요시무라 가즈마 선생님, 다키모토 유키토 선생님, 마에다 사토시 씨, 와타나베 아사코 씨로부터 중요한 교시와 배려를 받았다. 착상을 말할 수 있는 기회를 주었던 고베시외국어대학의 학생들, 훌륭한 연구 환경을 마련해준 고베시외국어대학의 외국학연구소 여러분에게도 진심으로 감사를 드리고 싶다.

편집을 담당해 준 시라토 나오토 씨는 언제나 전화와 이메일로 질책과 격려를 해 주셨다. 신서라는 매체에 쓰는 것은 처음이었기 때문에 시행착오의 연속이었데 시라토 씨의 조언으로 극복할 수 있었다. 음색은 부드럽지만, 내용은 엄격한 시라토 씨의 목소리를 들을 기회가 줄어든 것에 안도와 함께 쓸쓸함이 교차한다.

2014년 12월

야마모토 아키히로

부록

참고 문헌

有沢広巳監修,『原子力発電一その不安と期待』, 日本経済新聞社, 1974년

池山重郎,『原爆・原発一核絶対否定の理論と運動』, 明石書店, 2012년

石原慎太郎・野坂昭如,『闘論一君は日本をどうするのか』, 文芸春儒, 1975년

岩垂弘,『'核'に立ち向かった人びと』, 日本図書センター, 2005년

植村秀樹,『'戦後'と安保の六十年』, 日本経済評論社, 2013년

宇吹暁,『ヒロシマ戦後史一被爆体験はどう受けとめられてきたか』, 岩波書店, 2014년

梅本哲也『核兵器と国際政治一一九四五一一九九五』, 財団法人二本国際問題研究所, 1996년

ウィンクラー, アランM(麻田貞雄監訳 / 岡田良之助訳),『アメリカ人の核意識一ヒロシマからスミソニアンまで』, ミネルヴァ書房, 1999년(原著 : ALLAN M. WINKLER, Life Under a Cloud: American Anxiety About the Atom, Oxford University Press, 1993)

大石裕編,『戦後日本のメディアと市民意識一'大きな物語'の変容』, ミネルヴァ書房, 2012년

大江健三郎,『ヒロシマ・ノート』, 岩波書店, 1965년

大澤真幸,『戦後の思想空間』, 筑摩書房, 1998년

岡本太郎,『私の現代芸術』, 新潮社, 1963년

小熊英二,『社会を変えるには』, 講談社, 2012년
小熊英二編著,『原発を止める人々ー3・11から官邸前まで』, 文芸春秋, 2013년
貸本マンガ史研究会編・著,『貸本マンガRETURNS』, ポプラ社, 2006년
加藤哲郎,『日本の社会主義ー原爆反対・原発推進の論理』, 岩波書店, 2013년
加藤哲郎・井川充雄(編著),『原子力と冷戦ー日本とアジアの原発導入』, 花伝社, 2013년
笠井潔・巽孝之(監修),『3・11の未来 日本・SF・創造力』, 作品社, 2011년
加藤典洋,『3・11ー死に神に突き飛ばされる』, 岩波書店, 2011년
鎌田慧編,『さようなら原発』, 岩波書店, 2011년
川口隆行,『原爆文学という問題領域』, 創言社, 2008년
川村湊,『原発と原爆ー'核'の戦後精神史』, 河出書房新社, 2011년
川村湊,『震災・原発文学論』, インパクト出版会, 2013년
川本三郎,『微熱都市』, 白水社, 1985년
岸田純之介,『核』, 学場書房, 1975년
北田暁大,『嗤う日本の「ナショナリズム」』, NHK出版, 2005년
紀平栄作,『歴史としての核時代』, 山川出版社, 1998년
木村朗子,『震災後文学論ー新しい日本文学のために』, 青土社, 2013년
木本玲一,『グローバリゼーションと音楽文化ー日本のラップ・ミュージック』, 勁草書房, 2009년
切通理作,『怪獣使いと少年』, 宝島社, 1993년
慶応義塾大学アート・センター(編集),『慶応義塾大学アート・センター / Booklet20 ゴジラとアトムー原子力は'光の国'の夢を見たか』, 慶応義塾大学アート・センター, 2012년
研究会「戦後派第一世代の歴史研究者は21世紀に何をなすべきか」編,『シリーズ'21世紀歴史学の創造' 別巻Ⅱ'3・11'と歴史学』, 有志社, 2013년
原子力産業会議,『原子力年表ー一九三四～一九八五』, 丸ノ内出版, 1986년
原子力資料情報室,『原子力市民年鑑2011ー2012』, 七つ森書館, 2012년
原子力総合年表編集委員会,『原子力総合年表ー福島原発震災に至る道』, すいれん舎, 2014년

原水爆禁止日本国民会義21世紀の原水禁運動を考える会編,『開かれた‘パンドラの箱’と核廃絶へのたたかい―原子力開発と日本の非核運動』, 七つ森書館, 2002년
原爆体験を伝える会編,『原爆から原発まで―核セミナーの記録(上)・(下)』, アグネ, 1975년
小沢節子,『‘原爆の図’描かれた“記憶”, 語られた“絵画”』, 岩波書店, 2002년
斉藤環,『被災した時間―3・11が問いかけているもの』, 中公新書, 2012년
坂本義和,『相対化の時代』, 岩波書店, 1997년
坂本義和編,『核と人間Ⅰ 核と対決する20世紀』, 岩波書店, 1999년 / 『核と人間Ⅱ 核を超える世界へ』, 岩波書店, 1999년
坂本義和・圧野直美監修, 岩垂弘・中島竜美編集,『日本原爆論体系』全7巻, 日本図書センター, 1999년
佐々木守,『戦後ヒーローの肖像―“鐘の鳴る丘”から“ウルトラマン”へ』, 岩波書店, 2003년
佐藤卓己,『八月一五日の神話―終戦記念日のメディア学』, ちくま新書, 2005년
柴田鐵二・友清裕昭,『原発国民世論―世論調査にみる原子六意識の変遷』, ERC出版, 1999년
上丸洋一,『原発とメディア―新聞ジャーナリズム２度目の敗北』, 朝日新聞出版, 2012년
陣野俊史,『世界史の中のフクシマ―ナガサキから世界へ』, 河出書房新社, 2011년
絓秀実,『反原発の思想史―冷戦からフクシマへ』, 筑摩選書, 2012년
杉田弘毅,『検証―非核の選択』, 岩波書店, 2005년
政策科学研究所編,『原子力安全性に関する総合調査研究』, 政策科学研究所, 1976년
高木仁三郎,『核時代を生きる』, 講談社, 1983년
高木仁三郎,『原発事故はなぜくりかえすのか』, 岩波書店, 2000년
高月靖,『キム・イル 大木金太郎伝説―海峡を越えた原爆頭突き』, 河出書房新社, 2013년
高橋昇・天笠啓祐・西尾漠［編］,『技術と人間』論文選―問いつづけた原子力 1972―2005』, 大月書店, 2012년
武谷三男,『武谷三男著作集』全六巻, 勁草書房, 1968 - 1970년
武谷三男編,『原水爆実験』, 岩波書店, 1957년

武田徹,『'核'論—鉄腕アトムと原発事故のあいだ』, 勁草書房, 2002년 / 増補版,『私たちはこうして'原発大国'を選んだ 増補版'核'論』, 中央公論新社, 2011년
武田晴人,『高度成長 シリーズ日本近現代史⑧』, 岩波書店, 2008년
田中靖政,『現代日本人の意識—行動科学的調査と分析』, 中央公論新社, 1971년
中国新聞社編,『ヒロシマ四十年—森滝日記の証言』, 平凡社, 1985년
直野章子,『被ばくと補償—広島, 長崎, そして福島』, 平凡社新書, 2011년
長岡弘芳,『原爆民衆史』, 未来社, 1977년
仲川保雄,『〈増補〉放射線被爆の歴史—アメリカ原爆開発からフクシマ原発事故まで』, 明石書店, 2011년
長坂秀佳,『長坂秀佳術』, 辰巳出版, 2004년
中村正則,『戦後史』, 岩波書店, 2005년
永山靖生,『日本SF精神史—幕末・明治から戦後まで』, 河出ブックス, 2009년
西谷修,『アフター・フクシマ・クロニクル』, ぷねうま舎, 2014년
平岡敬,『希望のヒロシマ』, 岩波書店, 1996년
福間良明,『'反戦'のメディア史』, 世界思想社, 2006년
福間良明,『焦土の記憶 沖縄・広島・長崎に映る戦後』, 新曜社, 2011년
福間良明・山口誠・吉村和真編,『複数の'ヒロシマ'—記憶の戦後史とメディアの力学』, 青弓社, 2012년
ブロデリック, ミック編著(柴崎昭則・和波雅子訳),『ヒバクシャ・シネマ—日本映画における広島・長崎と核のイメージ』, 現代書館, 1999년(原著 : Mick Broderick, Hibakusha cinema: Hiroshima, Nagasaki, and the nuclear image in Japanese film, Kegan Paul International, 1996)
ブラウ, モニカ, 立花誠逸訳,『検閲 1945 - 1949禁じられた原爆報道』, 時事通信社, 1988년
堀場清古,『禁じられた原爆体験』, 岩波書店, 1995년
堀場清古,『原爆—表現と検閲』, 朝日新聞社, 1995년
ほるぷ出版編集部編,『反核—文学者は訴える』, ほるぷ出版, 1984년
本田宏・堀江孝司編著,『脱原発の比較政治学』, 法政大学出版局, 2014년

本間龍,『原発広告』, 亜紀書房, 2013년
前田哲男,『非核太平洋 被爆太平洋新編 棄民の群島』, 筑摩書房, 1991년
三宅泰雄,『核兵器と放射能』, 新日本出版社, 1969년
三宅泰雄,『三宅泰雄科学論集第二巻 原子力を考える』, 水曜者, 1979년
向坊隆,『エネルギー問題についての基礎知識』, 講談社, 1978년
村田浩,『朝日市民教室 日本と核時代 第四巻 原子力と産業社会』, 朝日新聞社, 1969년
安田常雄編,『〈シリーズ日本社会の歴史4〉社会の境界を生きる人びと—戦後日本の縁』, 岩波書店, 2013년
山崎正勝,『日本の核開発—1939～1955 原爆から原子力へ』, 績文堂, 2011년
好井裕明,『ゴジラ・モスラ・原水爆—特撮映画の社会学』, せりか書房, 2007년
吉岡斉,『原子力の社会史』, 朝日新聞社, 1999년
吉岡斉,『科学者は変わるか—科学と社会の思想史』, 社会思想社, 1984년
吉見俊哉,『夢の原子力—Atoms for Dream』, ちくま新書, 2012년
吉田則昭・岡田章子編,『雑誌メディア文化史—変貌する戦後パラダイム』, 森話社, 2012년
米山リサ(小沢弘明・小澤祥子・小田島勝浩訳),『広島記憶のポリティクス』, 岩波書店, 2005년(原著 : Lisa Yoneyama, Hiroshima Traces: Time, Space, and the Dialectics of Memory, University of California Press, 1999)
若尾祐司・本田宏編,『反核から脱原発へ』, 昭和堂, 2012년
三宅泰雄・檜山義夫・草野信男(監修),『ビキニ水爆被災資料集』, 東京大学出版会, 1976년
吉羽和夫,『原子力問題の歴史(復刻新版)』, 河出書房新社, 2012년
吉本隆明,『'反核'異論』, 深夜叢書社, 1983년
四方田犬彦,『漫画原論』, 筑摩書房, 1994년
Spencer R. Weart, The Rise of Nuclear Fear, Harvard University Press, 2012

『朝日新聞』『毎日新聞』『読売新聞』『産経新聞』『中国新聞』

그림의 출전

들어가며

0 - 1 『立風ベストムック⑦ 未発掘の玉手箱 手塚治虫』, 立風書房, 1998년

0 - 2 しりあがり寿,「海辺の村」,『月刊コミックビーム』, 2011년 5월 호

제1장

1 - 1 「科学教育マンガ 原子双六 湯川博士ノーベル賞受賞記念」, 日本発明新聞社, 발행 연월 미기재

1 - 2 田中晋一,『超人アトム—怪奇城の巻』, 東光堂, 1948년

1 - 3 原研兒,「アトム少年」,『少年少女譚海』, 1949년 7월 특대 호

1 - 4 謝花凡太郎,『ピカドン兄さん』, 中村書店, 1951년

1 - 5 野呂新平,『水素ばくちゃん』, 曙出版, 1951년

1 - 6　西條八十,『悲しき草笛』, 東光堂, 1948년

1 - 7　手塚治虫,『来るべき世界』, 不二書房, 1951년

1 - 8　『アサヒグラフ』, 1952년 8월 6일 호

1 - 9　福井英一,『イガグリくん〈完全版〉』, アップルBOXクリエート, 2010년

1 - 10　『朝日新聞』 석간, 1954년 9월 24일

1 - 11　『おもしろブック』, 1955년 11월 호 부록

1 - 12　『おもしろブック』, 1957년 9월 호 부록

1 - 13　『読売新聞』 석간, 1954년 3월 21일

1 - 14　『読売新聞』, 1955년 5월 8일

1 - 15　「ついにきた！原子力時代」,『五年の学習』, 1956년 2월 호

1 - 16　手塚治虫,「鉄腕アトム—気体人間の巻」,『少年』, 1952년 5월 호

1 - 17　オオトモ・ヨシヤス,『マリちゃんの小さな宝石箱』, 中村書店, 1957년

1 - 18　高野よしてる,『13号発進せよ〔完全版〕(下)』, マンガショップ, 2006년

1 - 19　高野よしてる,『13号発進せよ〔完全版〕(下)』, マンガショップ, 2006년

제2장

2 - 1　石森章太郎,「悪魔のフィルム」,『少年サンデー』, 1960년 10월 30일

2 - 2　『世界大戦争』(東宝, 1961년) DVD 패키지

2 - 3　原作・久米みのる, 作画・藤子不二雄,「ロケットけんちゃん—黒いサンタクロース」,『小学二年生』, 1961년12월 호 부록

2 - 4　鈴木光明,「Zの世界」,『小学二年生』, 1961년 4월 호

2 - 5　原作・平井和正, 作画・桑田二郎,『8マン』,『週刊少年マガジン』, 1964년 5월 17일 호

2 - 6　『真田風雲録』(東映, 1963년) 포스터

2 - 7　園田光慶(ありかわ栄一),『車大助』,『週刊少年キング』, 1963년 12월 8일 호

2 - 8 原作・梶原一騎, 作画・吉田竜夫, 『チャンピオン犬<完全版>④』, マンガショップ, 2006년

2 - 9 石ノ森章太郎, 『時間局員Ｒ』, 講談社, 2014년【電子書籍】

2 - 10 山上たつひこ, 「ヒロシマ一九六七」, 『オール怪談』 79集, 1967년

2 - 11 中沢啓治, 「黒い雨にうたれて」, 『漫画パンチ』, 1968년 5월 29일 호

2 - 12 『週刊アサ日』, 1971년 8월 13일 호

제3장

3 - 1 原作・梶原一騎, 作画・石井いさみ, 『ケンカの聖書』, 双葉社, 1979년

3 - 2 ムロタニ・ツネ象, 『人形地獄』, 朝日ソノラマ, 1970년

3 - 3 もりたじゅん, 『キャー！先生 前編』, 集英社, 1972년

3 - 4 『ゴジラ対ヘドラ』(東宝, 1971년) 포스터

3 - 5 弓月光, 「ヨットどっこう！」, 『リボン』, 1973년 9월 호 부록

3 - 6 『朝日新聞』, 1977년 1월 1일

3 - 7 『朝日新聞』 석간, 1974년 9월 2일

3 - 8 手塚治虫, 「死神の化身」, 『少年チャンピオン』, 1974년 10월 28일 호

3 - 9 『太陽を盗んだ男』(キティフィルム, 1979년) DVD 패키지

제4장

4 - 1 『朝日新聞』, 1982년 1월 21일

4 - 2 『週刊少年ジャンプ』, 1983년 9월 26일 호

4 - 3 『ゴジラ』(東宝, 1984년) DVD 패키지

4 - 4 『朝日新聞』, 1986년 4월 29일

4 - 5　『宝島』, 1988년 6월 호

4 - 6　広瀬隆, 『危険な話―チェルノブイリと日本の運命』, 八月書館, 1987년

4 - 7　山岸凉子, 『パエトーン』, 角川書店, 1988년

4 - 8　ごとう和, 『6番めの虹』, 講談社, 1990년

4 - 9　企画編集・教育情報センター, 作画・望月あきら『恋のエネルギー·ゲーム』, 社会経済国民会議, 발행 연월 미기재

4 - 10　セトタツヤ, 『陽子さんの愛はエネルギー―わかりやすい原子力発電』, 日本原子力発電, 1988년

4 - 11　『ふるさと再発見!!たっぷり旅情報』日本電機協会新聞部, 1994년

제5장

5 - 1　吉野朔実, 「Give Me Shelter」, 『いたいけな瞳②』, 小学館, 2004년

5 - 2　江川達也, 『まじかる☆タルるーとくん④』, 集英社, 1990년

5 - 3　『地球少女アルジュナ』(バンダイビジュアル, 2001년) DVD 패키지

5 - 4　井上智徳, 『COPPELION①』, 講談社, 2008년

5 - 5　原作・天王寺大, 作画・渡辺みちお『白竜LEGEND―原子力マフィア編 (上) 』日本文芸社, 2014년

5 - 6　こうの史代, 『夕凪の街 桜の国』, 双葉社, 2004년

5 - 7　萩尾望都, 『なのはな』, 小学館, 2012년

5 - 8　原作・雁屋哲, 作画・花咲アキラ, 『美味しんぼ』, 『ビックコミックスピリッツ』, 2014년 5월 12일・19일 합병 호

5 - 9　『希望の国』(松竹, 2013년) DVD 패키지

共同通信, 中央公論新社写真部 他

『핵과 일본인』 관련 연표

연도	사건
1945	미국에서 세계 최초 핵실험(7월) 원자폭탄을 히로시마와 나가사키에 투하(8월)
1946	제1회 유엔총회에서 제1호 결의안 '원자력위원회 설치. 핵무기 철폐' 채택(1월)
1949	소련이 첫 핵실험(8월)
1950	세계 평화 평의회에서 스톡홀름 어필 채택(3월) 한국전쟁 발발(6월) 트루먼 대통령이 한국전쟁에서 원폭 사용도 고려한다고 발언(10월)
1952	샌프란시스코 강화조약 발효(4월). 더불어 원자폭탄 관련 보도와 핵에너지 연구 금지 해제. 『철완 아톰』 연재 시작
1953	아이젠하워 대통령이 유엔총회에서 '평화를 위한 원자력(Atom for Peace)' 연설(12월)
1954	미국의 수폭 실험으로 일본 어선 피폭: 비키니섬 사건, 원자력 연구개발 예산안이 국회에 제출(3월) 일본학술회의가 '공개', '민주', '자주'의 3원칙을 결의(4월) 영화 <고질라> 개봉(11월)
1955	히로시마에서 제1회 원수폭금지세계대회(8월) 제1회 원자력평화이용국제회의 개최(8월) 원자력평화이용박람회 전국 순회 시작(11월) 원자력 기본법 성립(12월)

1956	원자력위원회 발족(1월)
1957	원폭의료법 시행(4월)
1958	제2회 원자력평화이용국제회의 개최(9월)
1960	프랑스 첫 핵실험 실시(2월)
1961	일본 내 보수파가 핵무기금지평화건설국민회의 설립
1962	쿠바 미사일 위기(10월)
1963	부분적 핵실험금지조약, 제9회 원수폭금지세계대회, 사회주의 국가의 핵실험 시비를 둘러싼 분열(8월)
1964	제3회 원자력평화이용국제회의 개최(8월) 중국 첫 핵실험 실시(10월)
1965	사회당·총평계가 원수폭금지일본국민회의 설립(2월) 미국 원자력잠수함 씨드래곤호가 사세보항에 기항(11월)
1966	일본 최초의 상업용 발전소인 도카이 원자력발전소가 가동 개시(7월)
1967	미국 맥나마라 국방장관이 '상호확증파괴(MAD)'를 제창(9월) 동력로·핵연료 개발 사업단(동연) 설립(10월) 사토 에이사쿠 총리가 '비핵삼원칙' 표명(12월)
1968	미국 원자력 항공모함 엔터프라이즈호가 사세보항에 기항(1월)
1969	원자력선 무쓰 진수(6월)
1970	쓰루가 원자력발전소 1호기 가동 개시. 같은 날 개막한 오사카 만국박람회장으로 송전, 핵확산금지조약 발효(3월), 일본 비준은 1976년

1971	히로시마 평화기념식에 사도 에이사쿠가 역대 총리로는 최초로 참석(8월)
1973	제1차 오일쇼크. 『주간 소년점프』에서 「맨발의 겐」 연재 시작(6월)
1974	인도 첫 핵실험 실시(5월) 전원3법 공포(6월) 원자력선 무쓰 방사능 누출 사고(9월)
1975	제5후쿠류마루가 도쿄에 기증되어 영구 보전 결정(3월) 교토에서 첫 '반원전 전국 집회' 개최(8월)
1977	동연의 도카이 재처리 시설 운전 개시(9월), 11월에 플루토늄의 추출 성공 전국적으로 제1회 '반원자력의 날' 개최(10월)
1978	최고재판소가 한국인 피폭자 손진두에게 피폭자 건강 수첩 교부를 인정하는 판결을 내림(3월)
1979	미국 스리마일섬에서 원자력발전소 사고(3월) 소련의 아프가니스탄 침공(12월)
1980	시미즈 이쿠타로가 핵무장론을 발표(6월) 남태평양 제국 대표단이 외무성, 과학기술성, 수산성에 핵폐기물의 해양 투기 계획 중지를 요청(8월)
1981	쓰루가 원자력발전소에서 방사능 유출 사고. 과거의 사고와 고장을 은폐한 일이 밝혀짐(4월)
1982	문학자의 반핵성명(1월). 1982년부터 1983년에 걸쳐서 핵전쟁 후의 세계를 그린 만화가 연이어 발표됨. 『AKIRA』, 『바람 계곡의 나우시카』, 『북두의 권』 등
1983	나카소네 야스히로 총리가 레이건 대통령과의 회담에서 '일본열도 불침 항모' 발언(1월)

1986	소련 체르노빌에서 원전 사고(4월), 이후 일본에서 반원전 운동이 고양됨
1988	시고쿠전력 회사 앞에서 '원전 굿바이 기념일 집회'(2월) '핵원료 필요 없어! 롯카쇼무라 대행동', 도쿄히비야 공원에서 '원전을 멈추자! 1만인 행동'(4월)
1991	1988년에 사망한 후쿠시마 제1원전 노동자의 산재 인정(12월)
1994	고속증식로 몬주 첫 임계(4월) 피폭자 지원법 성립(12월)
1995	몬주에서 나트륨 누출 사고. 사고 직후의 영상 은폐가 문제가 됨(12월) 미국 국립 항공 우주 박물관에서 '에놀라 게이'호의 전시 중지 결정(9월)
1996	포괄적 핵실험금지조약이 유엔에서 채택(9월)
1999	오키나와가 반환될 때 긴급사태 시 미국의 핵무기 재반입과 통과권을 인정하는 밀약이 체결되었는데, 이 밀약을 입증하는 문서의 존재가 보도됨(1월) JCO 우라늄 재처리 공장에서 작업 중에 임계 사고 발생. 3명이 피폭당하고 2명이 사망(9월)
2002	핀란드가 원자력발전소 증설 계획을 발표. 이후 미국의 부시 정권도 원자력 발전에 적극적인 자세를 표명함. 세계적으로 '원자력 르네상스'라 불리는 원자력 발전 재평가의 기운이 강해짐.
2006	북한에서 첫 핵실험(10월)
2009	오바마 대통령이 프라하에서 '핵무기 없는 세계로' 연설(4월)
2011	도쿄전력 후쿠시마 제1원자력발전소 사고 발생(3월)

2014	에너지기본계획 각의 결정(4월). 그에 따라 원자력 사업자에게 '규제 강화에 대해 신속하면서도 최선의 안전 대책을 강구하여, 지구온난화 대책과 최적화된 원전으로 안정적인 공급에 공헌할 것'이 요구됨 『맛의 달인』에서 후쿠시마 제1원전 폭발 후에 계속 코피가 나는 것을 묘사(5월). 이러한 묘사를 두고 '풍평피해를 조장한다.'라는 비판의 목소리가 높아짐

색인

ㅇ

ㅈ

ㅎ

핵과 일본인 히로시마·고질라·후쿠시마

초판 1쇄 발행일 2023년 9월 26일
지은이 야마모토 아키히로
옮긴이 서동주 · 양지영
펴낸이 박영희
편　집 조은별
디자인 김수현
마케팅 김유미
인쇄·제본 제삼인쇄
펴낸곳 도서출판 어문학사
서울특별시 도봉구 해등로 357 나너울카운티 1층
대표전화: 02-998-0094 / 편집부1: 02-998-2267, 편집부2: 02-998-2269
홈페이지: www.amhbook.com
인스타그램: amhbook
페이스북: www.facebook.com/amhbook
블로그: 네이버 http://blog.naver.com/amhbook
e-mail: am@amhbook.com
등록: 2004년 7월 26일 제2009-2호

ISBN 979-11-6905-021-0
정가 18,000원